Michael Kiefer

Islamkunde in deutscher Sprache in Nordrhein-Westfalen

Islam in der Lebenswelt Europa

herausgegeben von

Prof. Dr. Gritt Klinkhammer (Universität Bremen),
Prof. Dr. Jamal Malik (Universität Erfurt),
Prof. Dr. Stefan Reichmuth (Universität Bochum)

Band 2

LIT

Michael Kiefer

Islamkunde in deutscher Sprache in Nordrhein-Westfalen

Kontext, Geschichte, Verlauf und Akzeptanz
eines Schulversuchs

LIT

Umschlagbild: Michael Kiefer

Bibliografische Information Der Deutschen Bibliothek
Die Deutsche Bibliothek verzeichnet diese Publikation in der Deutschen
Nationalbibliografie; detaillierte bibliografische Daten sind im Internet
über http://dnb.ddb.de abrufbar.

ISBN 3-8258-8881-9
Zugl.: Köln, Univ., Diss., 2005

© LIT VERLAG Münster 2005
Grevener Str./Fresnostr. 2   48159 Münster
Tel. 0251–620320   Fax 0251–231972
e-Mail: lit@lit-verlag.de   http://www.lit-verlag.de

Editorial

In den Staaten Europas ist die Präsenz des Islam in seinen mannigfaltigen religiösen, kulturellen und politischen Ausformungen zur alltäglichen gesellschaftlichen Realität geworden. Mittlerweile gibt es in nahezu allen größeren westeuropäischen Städten repräsentative Moscheen und von Muslimen betriebene Bildungseinrichtungen, die Ausdruck eines vielfältigen und sehr lebendigen Gemeindelebens sind. Dennoch geht das Zusammenleben von Muslimen und Nichtmuslimen in weitgehend säkularisierten und von der Wertordnung pluralistischen, aber kulturell christlich geprägten Gesellschaften teilweise mit gravierenden Problemen einher. Medienwirksame Kontroversen stehen dabei neben alltäglichen Unstimmigkeiten, die im schulischen Bereich wie im kommunalen Zusammenleben allgemein zu Konflikten zwischen Muslimen und Nichtmuslimen führen können.

Die Reihe ISLAM IN DER LEBENSWELT EUROPA schafft ein Forum zur Diskussion von Fragestellungen, die das Zusammenleben von Muslimen und Nichtmuslimen in den säkularisierten Gesellschaften Europas betreffen. Angesichts der Bandbreite der skizzierten Problemlage, die neben diffizilen rechtlichen Problemen auch vielfältige islamwissenschaftliche, pädagogische und soziologische Fragen aufwirft, sollte die Diskussion darüber in einem interdisziplinären Rahmen geführt werden, der alle relevanten kulturwissenschaftlichen und gesellschaftswissenschaftlichen Disziplinen einbezieht.

Der erste Band der Reihe behandelt das aktuelle und sehr kontrovers diskutierte Thema *Islamischer Religionsunterricht.* Die Studie des Islamwissenschaftlers Michael Kiefer analysiert und bewertet aufgrund einer umfangreichen empirischen Untersuchung den Schulversuch *Islamkunde in deutscher Sprache*, der seit dem Schuljahr 1999/2000 in Nordrhein-Westfalen an derzeit 120 Schulen durchgeführt wird. Darüber hinaus bietet das Buch eine Bestandsaufnahme der in Belgien, Österreich, den Niederlanden und Deutschland durchgeführten Unterrichtsmodelle. Die Studie zeigt die Schwierigkeiten auf, die durchaus unterschiedlich verfasste europäische Länder damit haben, ein von Staat und Öffentlichkeit weitgehend akzeptiertes islamisches Unterrichtsangebot zu realisieren.

Prof. Dr. Gritt Klinkhammer
Prof. Dr. Jamal Malik
Prof. Dr. Stefan Reichmuth

Vorwort

Die Philosophische Fakultät der Universität zu Köln hat diese Schrift im Mai 2005 als Dissertation angenommen. Für die Drucklegung wurde das Schrifttum auf den aktuellen Stand (Juli 2005) gebracht.

Besonders bedanken möchte ich mich bei meiner Lehrerin und Betreuerin Prof. Dr. Monika Gronke, die meine Arbeit mit sehr viel Interesse, Geduld und zahlreichen wertvollen Hinweisen begleitet hat und bei Prof. Dr. Stefan Reichmuth, der das Zweitgutachten angefertigt hat.

Wertvolle Hinweise und Unterstützung verdanke ich zudem Dr. Klaus Gebauer, der mir in zahlreichen Gesprächen mit außerordentlich großer Sachkenntnis Auskünfte gewährte, und den Lehrern Metin Öszinmaz und Mohammed Assila, ohne deren Hilfe die Elternbefragung nicht möglich gewesen wäre.

Herzlich danken möchte ich schließlich auch meiner Ehefrau Luitgard Hornstein, ohne deren Geduld und Liebe die Fertigstellung dieser Arbeit sicherlich nicht möglich gewesen wäre.

Düsseldorf, August 2005
Michael Kiefer

Inhalt

1. Einleitung

Im Juni 2004 konnte das *Ministerium für Schule, Jugend und Kinder* in Nordrhein-Westfalen auf eine erste positive Zwischenbilanz im Schulversuch *Islamische Unterweisung als eigenständiges Unterrichtsfach*[1] zurückblicken. Im Zeitraum von nur fünf Jahren war die Zahl der teilnehmenden Schulen von 22 auf 110 angestiegen. In mehr als 220 Unterrichtsgruppen wurden im Schuljahr 2003/2004 ca. 5000 Schülerinnen und Schüler unterrichtet.

Durchgeführt wurde das deutschsprachige Unterrichtsangebot landesweit von insgesamt 74 muslimischen Lehrerinnen und Lehrern, die im Schuljahr 2003-/2004 eine einjährige fachliche und didaktische Qualifizierungsmaßnahme durchlaufen haben oder als Islamwissenschaftler an einer deutschen Universität ausgebildet wurden.[2] Nahezu zeitgleich mit dem Abschluss der ersten einjährigen Qualifizierungsmaßnahme konnten an der Universität Münster die ersten muslimischen Lehramtstudentinnen und –studenten den Erweiterungsstudiengang *Religion des Islam* belegen.[3]

Diese aus gesamtdeutscher Perspektive beeindruckenden Fakten zeigen, dass das Land Nordrhein-Westfalen in den vergangenen Jahren erhebliche Anstrengungen unternommen hat, um ein islamisches Unterrichtsangebot im Schulsystem des Landes zu etablieren.[4] Zumindest dieser Sachverhalt ist in der gegenwärtigen Integrationsdebatte unstrittig. Gestritten wird aber darüber, ob der eingeschlagene Weg - das Konzept *Islamische Unterweisung* - zur schulischen und gesellschaftlichen Integration der muslimischen Schülerinnen und Schüler erfolgreich beitragen

---

1   Im März 2005 wurde das Fach in Islamkunde in deutscher Sprache umbenannt.

2   Ministerium für Schule, Jugend und Kinder in Nordrhein-Westfalen: Pressemitteilung vom 29. Juni 2004, und: Bildungsportal NRW – Islamische Unterweisung, unter: http://www.bildungsportal.nrw.de/BP/Schule/System/Faecher/Islamische_Unterweisung /index.html (06.12.2004).

3   Die ersten Studentinnen und Studenten haben im Wintersemester 2004/2005 den Erweiterungsstudiengang aufgenommen. Eine formale Einschreibung ist jedoch erst zum Sommersemester 2005 möglich. Vgl. unter: http://www.uni-muenster.de/ArabistikIslam/ (06.12.2004).

4   Islamische Unterrichtsangebote als Modellversuche werden z. Z. auch in anderen Bundesländern durchgeführt. Im Vergleich mit dem NRW-Schulversuch ist die Zahl der beteiligten Schulen durchweg erheblich geringer. So nehmen am Schulversuch "Islamischer Religionsunterricht" in Niedersachsen lediglich 8 Schulen teil.

kann. Folgt man der Sichtweise der muslimischen Dachverbände und der großen christlichen Kirchen fällt die Antwort negativ aus. Denn dort wird die Ansicht vertreten, die *Islamische Unterweisung* bzw. *Islamkunde* sei kein Religionsunterricht im Sinne des Art. 7 Abs. 3. Das vom Staat allein entwickelte und verantwortete, nicht bekenntnisorientierte Unterrichtsangebot beschneide in unzulässiger Weise die grundgesetzlich garantierten Rechte der muslimischen Religionsgemeinschaft.

Im nordrhein-westfälischen Bildungsministerium ist diese grundlegende Kritik seit langem bekannt. Die verantwortliche Kultusbehörde weiß um die rechtliche Grauzone, in der sich das Unterrichtsangebot bewegt. Aus ihrer Sicht ist die *Islamische Unterweisung* - mangels unstrittiger Ansprechpartner auf muslimischer Seite - eine dem Pragmatismus geschuldete, aber sehr erfolgreich verlaufende Interimsmaßnahme, die mittelfristig in einen hochwertigen *Islamischen Religionsunterricht* übergehen soll. Dies war zumindest die Sichtweise der bis zum Juni 2005 regierenden Sozialdemokraten. Ob die neue christlich-liberale Koalition am Konzept *Islamkunde* über das Schuljahr 2006/2007 hinaus festhalten wird, ist z. Z. unklar. Als gesichert gilt lediglich, dass auch die neue Regierung einen ordentlichen *Islamischen Religionsunterricht* anstrebt.[5]

Die vorliegende Arbeit stellt in einer detailreichen Darstellung und Analyse den Kontext, die Geschichte, die Entwicklung und die Akzeptanz des Schulversuchs *Islamische Unterweisung* vor. Es wird im Wesentlichen der Frage nachgegangen, ob das Konzept des NRW-Schulversuchs geeignet ist, die vielfältigen Probleme, die mit der Einführung eines möglichst breit akzeptierten islamischen Unterrichtsangebots einhergehen, zu bewältigen. Der Untersuchung voraus geht ein umfassender Problemaufriss zum Themenfeld Islamunterricht, aus dem die Leitfragen und Methoden hergeleitet werden. In einem weiteren einführenden Kapitel werden grundlegende Informationen zur Geschichte der Muslime in Deutschland und den wichtigsten islamischen Verbänden vermittelt.

Das Themenfeld Islamunterricht wird in den folgenden Ausführungen zunächst aus einer europäischen Perspektive betrachtet. Kurz gefasste Länderskizzen zu den Niederlanden, Belgien und Österreich zeigen, dass alle Länder vergleichbare Problemlagen zu überwinden hatten. Ergänzt wird die Darstellung durch eine Beschreibung und Analyse der schwierigen Rechtslage in Deutschland und einen vollständigen Überblick über die in den Bundesländern durchgeführten staatlichen oder staatlich unterstützten islamischen Unterrichtsangebote.

Die Hauptuntersuchung beginnt mit einem historischen Exkurs, der die Entwicklungslinien der *Islamischen Unterweisung* vom muttersprachlichen Unterricht

---

5   CDU-NRW / FDP-NRW: Entwurf der Koalitionsvereinbarung von CDU und FDP zur Bildung einer neuen Landesregierung in Nordrhein-Westfalen, Düsseldorf, 16. Juni 2005, S. 54, unter: http://www.cdu-nrw.de/3192.php (10.06.05)

zum eigenständigen Unterrichtsfach nachzeichnet. Weitere Ausführungen bieten einen ausführlichen Einblick in die Entwicklung und Wahrnehmung des Schulversuchs. So werden die Rahmenbedingungen, die Organisation, die Lehrerfortbildung, die Erlassgrundlage und eine Auswahl von Stellungnahmen zum Schulversuch ausführlich vorgestellt und teilweise kritisch kommentiert. Das folgende Kapitel stellt die bislang geleistete Curriculumarbeit vor. Im Mittelpunkt steht die Inhaltsanalyse von drei ausgewählten Themeneinheiten des Curriculums für die Jahrgangsstufen 7-10. Ergänzt wird das Kapitel durch skizzenhafte Darstellungen und Bewertungen des noch nicht vollständigen neuen Grundschullehrplans und einer Handreichung zum Alevitentum. Abschließend wird die Akzeptanz des Schulversuchs umfassend dargestellt. Neben den nach Herkunftsländern aufgeschlüsselten Beteiligungsdaten bis zum Jahr 2003 enthält die Darstellung auch die umfassend dokumentierten Ergebnisse einer Elternbefragung, die im Sommer 2002 durchgeführt wurde.

2. Einführung in das Forschungsvorhaben
Islamische Unterweisung

2.1 Ausgangssituation

Bereits Mitte der siebziger Jahre war deutlich geworden, dass zahlreiche muslimische Arbeitsmigranten, die seit den frühen sechziger Jahren nach Deutschland gekommen waren, einen dauerhaften Verbleib anstrebten. Das Abrücken von der Rückkehrorientierung und der damit verbundene grundsätzliche Perspektivenwechsel in der Lebensplanung führten allmählich auch zu einer veränderten Bedürfnislage in Sachen Religionsausübung. Bislang hatten sich die muslimischen Migranten in der Ausübung ihrer Religion zumeist mit Provisorien abgefunden. Es gab nur wenige und zumeist schlecht ausgestattete Moscheen. Als schwierig erwies sich auch die religiöse Erziehung der zugezogenen Kinder, denn es gab nur wenige Moscheegemeinden mit gut ausgebildetem Personal. Angesichts dieser misslichen Lage wurden Ende der siebziger Jahre erste Stimmen aus den neu gegründeten islamischen Vereinigungen laut, die die Einführung eines ordentlichen *Islamischen Religionsunterrichts* an öffentlichen Schulen forderten. In Nordrhein-Westfalen blieben diese Forderungen nicht ungehört, und bereits 1978 beauftragte der damalige Kultusminister das gerade gegründete *Landesinstitut für Schule und Weiterbildung* mit der Ausarbeitung eines Lehrplans für islamischen Religionsunterricht.[6]

Obwohl zwischenzeitlich ein Vierteljahrhundert vergangen ist, konnte weder in Nordrhein-Westfalen noch in einem anderen Bundesland ein *Islamischer Religionsunterricht* oder eine *Islamkunde* als ordentliches Regelfach etabliert werden. Stattdessen wurde in mehr als zwei Jahrzehnten viel diskutiert, prozessiert und experimentiert. Die bisher erreichten Unterrichtsformen, sofern es welche gibt, nehmen sich bescheiden aus, da sie als sehr kleine bis mittelgroße Schulversuche durchgeführt werden oder aber sie sind längst von der gesellschaftlichen Ent-

---

6 Gebauer, Klaus: Islamische Unterweisung in deutschen Klassenzimmern, in: Recht der Jugend und des Bildungswesens – Zeitschrift für Schule, Berufsbildung und Jugenderziehung 37. Jg., Heft 3/1989, S. 264.

wicklung überholt, so vor allem die islamkundlichen Unterrichtsangebote im muttersprachlichen Unterricht, die die islamische Religion immer noch als Migrationsphänomen behandeln.

Folgt man dem Juristen Martin Stock, ist von vornherein ein "Konstruktionsproblem" für die Dauerblockade verantwortlich. Die Politik stehe – so seine These – vor einer schwierigen Wahl: Soll es eine staatlich–säkulare "religiösen Belangen zugewandte" Religionskunde geben oder aber einen "Bekenntnisunterricht" gemäß Art. 7 Abs. 3 GG "in der vorherrschenden staatskirchlichen Lehre, also in konfessioneller Positivität und Gebundenheit"?[7] Ein Blick auf die Modelle der Länder zeigt, dass beide Ansätze den hiesigen islamischen Gemeinschaften nur unzulänglich gerecht werden.

Allein in der Sparte *islamkundlicher Unterricht* können derzeit sechs Varianten unterschieden werden.[8] Die Urform ist der sogenannte "Konsularunterricht", der von den konsularischen Vertretungen z. B. im Saarland und Baden-Württemberg erteilt wird. Diese Form des Unterrichts ist unstrittig seit Jahrzehnten überholt, da sie vollends ignoriert, dass der Islam längst ein fester und etablierter Bestandteil der religiösen Landschaft dieses Landes ist. Als ähnlich rückständig gilt die an öffentlichen Schulen erteilte *Islamkunde* im muttersprachlichen Unterricht. In Bayern wird dieser Unterricht auf der Grundlage türkischer Lehrpläne erteilt und beschränkt sich ausschließlich auf die sunnitische Ausformung des Islam.[9] Ein wenig fortschrittlicher ist auf dieser Ebene die nordrhein-westfälische Variante. Mit großem Aufwand hat das damalige *Landesinstitut für Schule und Weiterbildung* in Soest für diesen Unterricht eigene Lehrpläne entwickelt, die jedoch ebenfalls alle nichtsunnitischen islamischen Strömungen unberücksichtigt lassen. Hinzu kommt, dass der Lehrplan für die Primarstufe, der bereits Mitte der achtziger Jahre vorgelegt wurde, den Erfordernissen eines modernen Unterrichts nicht mehr gerecht wird.[10] In Bayern und Nordrhein-Westfalen gibt es mittlerweile auch deutschsprachige islamkundliche Unterrichtsangebote als Schulversuche, die sich aber in Konzeption und Umfang erheblich voneinander unterscheiden. In Bayern wird der deutschsprachige Unterricht parallel zum türkischsprachigen Pendant angeboten. Inhaltlich orientiert sich auch das deutsche Unterrichtsangebot an den Richtlinien, die für den türkischsprachigen Unterricht gelten. Ange-

---

7   Stock, Martin: Beitrag auf den Hohenheimer Tagen zum Ausländerrecht 2004: Auf dem Weg zur Rechtsgleichheit? Integration zwischen Zwang und Förderung, veranstaltet von der Diözese Rottenburg-Stuttgart am 31.1.2004 in Hohenheim, unter: http://www.jura.uni-bielefeld.de /Lehrstuehle/Stock/Veroeffentlichungen_Vortraege/Vortrag_K.html?&pp=1 (01.03.04).

8   Eine ausführliche Darstellung der Varianten erfolgt in Kapitel 5.2.

9   Staatsinstitut für Schulpädagogik und Bildungsforschung (Hg.): Islamischer Religionsunterricht an bayrischen Schulen? – ein Problemaufriss, München 2000, S. 22.

10 Landesinstitut für Schule und Weiterbildung (Hg.): Religiöse Unterweisung für Schüler islamischen Glaubens – 24 Unterrichtseinheiten für die Grundschule (Entwurf), Soest 1986.

sichts dieses Sachverhalts kann das bayrische Pilotprojekt kaum als Innovation dargestellt werden.[11] Ganz anders der Schulversuch in Nordrhein-Westfalen. In der Lehrplanentwicklung und auch in der Lehrerausbildung geht man seit fünf Jahren neue Wege. Hierbei bleiben allerdings die islamischen Verbände weitgehend unbefragt. Ob dieses Projekt, das zum Schuljahr 2005/2006 an ca. 130 Schulen verankert sein soll, als zukunftsfähige Innovation angesehen werden kann, thematisiert diese Arbeit. Schließlich gibt es auch noch das Modell *Islamkunde* in Bremen, das an einer Schule alternativ zu *Biblischem Geschichtsunterricht* und zu *Philosophie* angeboten wird.[12]

Neben der Sparte *islamkundlicher Unterricht* haben die Bundesländer Bayern, Niedersachsen und seit dem Schuljahr 2004/2005 auch Rheinland-Pfalz ein neues Experimentierfeld eröffnet, das erstmalig auch lokal oder regional tätige islamische Vereinigungen als Akteure zulässt. Was die Quantität der beteiligten muslimischen Schülerschaft betrifft, beschränken sich die Kultusverwaltungen der genannten Länder bislang auf überschaubare "Laborsituationen". In Niedersachsen wird seit dem Schuljahr 2003/2004 der Schulversuch *Islamischer Religionsunterricht* an acht Grundschulen durchgeführt. Die Lehrpläne wurden mit der *SCHURA-Niedersachsen* und der *DİTİB*[13] abgesprochen, die gemeinsam angeblich 90 Prozent der niedersächsischen Muslime vertreten. Diese Zahl kann jedoch in Zweifel gezogen werden, da der Organisationsgrad der Muslime bundesweit auf ca. 10 bis 25 Prozent geschätzt wird.[14] Ebenfalls seit dem Schuljahr 2003/2004 wird im bayrischen Erlangen der klein dimensionierte Schulversuch *Islamunterricht* durchgeführt. Die Unterrichtsinhalte wurden mit der Religionsgemeinschaft Erlangen abgesprochen. Eine landesweite Ausdehnung des Erlanger Versuchs ist mangels legitimierter Ansprechpartner auf muslimischer Seite nach Angaben der bayrischen Kultusbehörden nicht beabsichtigt.[15] Ein Kleinstversuch in Kooperation mit lokalen islamischen Vereinen läuft seit dem Schuljahr 2004/2005 auch im rheinland-pfälzischen Ludwigshafen an einer Grundschule.[16]

---

11 Bayrisches Staatsministerium für Unterricht und Kultus: Sachstand bei den Angeboten islamischer Erziehung, Bericht vom 20. Januar 2004.

12 Freie Hansestadt Bremen – Der Senat: Pressemitteilung vom 19. August 2003, unter: http://www.bremen.de/web/owa/extern.p_anz_presse2_mitteilung?pi_mid=86378&pi_back=ja vascript:history.back()&pi_begriff=islamkunde&pi_teilsuche=0 (24.03.04).

13 Die SCHURA-Niedersachsen und DİTİB werden im Kapitel 3.5 vorgestellt.

14 Aydin, Hayrettin; Halm, Dirk; Şen, Faruk: "Euro-Islam", Das neue Islamverständnis der Muslime in der Migration, Stiftung Zentrum für Türkeistudien / Renner, Institut, Essen, Mai 2003, S. 6, und: "Frühjahrsumfrage" des Soester Zentralinstituts Islam-Archiv-Deutschland (Stand 15.5.2003) unter: http://www.ekd.de/ezw/36164.html (02.02.04).

15 Bayrisches Staatsministerium für Unterricht und Kultus: Pressemitteilung Nr. 25 vom 6. Februar 2003.

16 Ministerium für Bildung, Frauen und Jugend (Rheinland-Pfalz): Pressemitteilung vom 29. April 2004.

Schließlich gibt es den Sonderfall Berlin. Aufgrund des Art. 141 GG liegt die Erteilung des Religionsunterrichts dort in alleiniger Verantwortung der Religionsgemeinschaften. Gegen den ausdrücklichen Willen des Senats gelang es der *Islamischen Föderation,* gerichtlich den Anspruch auf Erteilung von Religionsunterricht durchzusetzen. Mittlerweile haben auch die Aleviten einen eigenen Religionsunterricht.[17]

Im juristischen Diskurs zum Themenfeld *Islamischer Religionsunterricht* wird vor allem der an den großen Kirchen orientierte Begriff der Religionsgemeinschaft im Sinne des Art. 7 Abs. 3 GG als Haupthindernis auf dem Weg zu einem ordentlichen Religionsunterricht benannt.[18] Diese Sicht der Dinge ignoriert jedoch, dass auch in den Ländern, in denen die spezifisch deutsche Anerkennungsproblematik nicht gegeben ist, die Lage sich ebenfalls problematisch darstellt.

Lehrreich ist in diesem Sachkontext vor allem das belgische Beispiel. In Belgien ist der Islam seit der Verabschiedung des Anerkennungsgesetzes vom 19. Juli 1974 formal den christlichen Kirchen gleichgestellt. Allerdings geht das Gesetz lediglich von einer islamischen Konfession aus. Als Ansprechpartner für den Staat fungierte auf muslimischer Seite lange Zeit das *Islamische Kulturzentrum* in Brüssel, das Ende der achtziger Jahre durch heftige interne Auseinandersetzungen faktisch handlungsunfähig geworden war. Eine repräsentative Vertretung der Muslime im Sinne des Anerkennungsgesetzes wurde erst am 13. Dezember 1998 mit großer Wahlbeteiligung gewählt.[19] Die *Exécutif des Musulmans de Belgique,* die als gewählte Vertretung zentraler Ansprechpartner des Staates sein sollte, scheiterte bislang an internen Differenzen. Die Auseinandersetzungen um die Zusammensetzung der Führung erzwangen im April 2003 eine Intervention des Staates, der damit drohte, die Mitglieder des Vertretungsgremiums per Dekret zu ernennen.[20]

Aufgrund der strittigen Vertretungsfragen gestaltete sich die Einführung eines islamischen Religionsunterrichts als schwierig. Bis Mitte der achtziger Jahre wurde für die türkischsprachigen Kinder ein muttersprachlicher Unterricht auf der Grundlage türkischer Lehrbücher angeboten. Bei den arabophonen Schülerinnen und Schülern verfuhr der Staat nach dem gleichen Muster. Ab dem Jahr 1986 musste der Unterricht auch in den Landessprachen französisch oder flämisch abgehalten werden. Die Curriculumfrage blieb jedoch weiter unbehandelt. Seit

---

17 Kulturzentrum Anatolischer Aleviten Berlin: Presseerklärung vom 19. April 2002.

18 Oebbecke, Janbernd: Islamischer Religionsunterricht – Rechtsdogmatische und rechtspolitische Fragen, in: Bauer, Thomas; Kaddor, Lamya; Strobel, Katja: Islamischer Religionsunterricht: Hintergründe, Probleme, Perspektiven, Münster 2004, S. 55 – 65.

19 Panafit, Lionel: En Belgique, les ambiguïtés d'une représentation "ethnique", in: Le Monde diplomatique vom 16.Juni 2000.

20 Leparmentier, Arnaud: En Belgique, un "exécutif" des musulmans miné par les divisions et les conflits avec le gouvernement, Le Monde vom 15. April 2003.

dem Jahr 1999 ist die *Exécutif des Musulmans de Belgique* für die Erarbeitung des Einheitscurriculums zuständig.[21]

Auch in Österreich ist die rechtliche Anerkennung des Islams als Religionsgemeinschaft längst erfolgt. Der Islam nach hanafitischem Recht wurde bereits 1912 anerkannt. Die vollständige Anerkennung des Islams als Körperschaft des öffentlichen Rechts erfolgte im Jahr 1979.[22] Als konfliktträchtig erwies sich ähnlich wie in Belgien die Beschränkung auf eine "Konfession". Als alleiniger Ansprechpartner des Staates auf muslimischer Seite fungiert die *Islamische Religionsgemeinschaft in Österreich (IGGiÖ)*. Alle Muslime in Österreich sind aus Sicht des Staates Mitglieder der *IGGiÖ*. Partizipationsmöglichkeiten haben jedoch nur die ca. 1 Prozent eingeschriebenen Mitglieder. Angesichts dieser kleinen Zahl ist der Alleinvertretungsanspruch der *IGGiÖ* unter den Muslimen teilweise umstritten. Bei der Besetzung der Gremien kam es in den achtziger Jahren zu Konflikten.[23]

Seit dem Schuljahr 1982/83 wird in Österreich islamischer Religionsunterricht erteilt. Gestaltung und Durchführung des Pflichtunterrichts liegen in alleiniger Verwaltung der *IGGiÖ*, die für die Lehrpläne, das Personal und die unmittelbare Beaufsichtigung verantwortlich zeichnet. Seinem Anspruch nach veranstaltet die *IGGiÖ* ein gesamtislamisches Unterrichtsangebot. Faktisch folgt er jedoch einer konfessionellen Konzeption, da in den Lehrplänen schiitische oder gar alevitische Inhalte keine Berücksichtigung finden.[24]

Schließlich sei auch noch auf das niederländische System hingewiesen. Die niederländische Politik gegenüber den muslimischen Migranten galt über einen langen Zeitraum für die Nachbarländer als vorbildlich. Vor allem auf lokaler Ebene gelang es in Kooperation mit den islamischen Vereinigungen zahlreiche Alltagsprobleme, die vom Schwimmunterricht bis zum Bestattungswesen reichen, zu lösen. Hierbei war die Herangehensweise der Politik stets von einem hohen Pragmatismus gekennzeichnet. Da aufgrund der großen ethnischen und Herkunftsunterschiede sich auf der Landesebene keine einheitliche islamische Spitzenorganisation anbot, agierte die Politik zumeist im lokalen und regionalen Rahmen.[25]

21 Mohr, Irka: Islamischer Religionsunterricht im europäischen Vergleich, unter: http://uni-erfurt.de/islamwissenschaft/mohr-vortrag.html (25.03.04).

22 Schaible, Tilman: Islamischer Religionsunterricht in Österreich und die aktuelle Situation in Bayern,in: Bauer / Kaddor / Strobel (Hg.): Islamischer Religionsunterricht: Hintergründe, Probleme, Perspektiven, S.87ff.

23 Heine, Peter: Halbmond über deutschen Dächern – Muslimisches Alltagsleben in unserem Land, München 1997, S. 336.

24 Mohr: Islamischer Religionsunterricht im europäischen Vergleich, unter: http://uni-erfurt.de /islamwissenschaft/mohr-vortrag.html (25.03.04).

25 Ghadban, Ralf: Staat und Religion in Europa im Vergleich – Großbritannien, Frankreich und die Niederlande, Veranstaltungsdokumentation der Bundeszentrale für politische Bildung (Juli 2000), unter:

Ein staatlicher Religionsunterricht ist an den öffentlichen Schulen nicht vorgesehen. Die Religionsgemeinschaften haben jedoch die Möglichkeit, an öffentlichen Schulen Religionsunterricht auf eigene Kosten zu erteilen. Überdies haben sie die Möglichkeit, konfessionell gebundene Schulen zu errichten, die weitgehend vom Staat finanziert werden. Derzeit gibt es ca. 30 islamische Privatschulen in den Niederlanden. Der Islamunterricht an diesen Schulen wird zumeist in türkischer oder arabischer Sprache durchgeführt, da ausgebildete Islamlehrer nur in geringer Zahl zur Verfügung stehen. In der Öffentlichkeit ist ein Teil der islamischen Schulen mittlerweile in einem hohen Maße umstritten. Kritisiert werden vor allem die einseitige Ausrichtung auf Islamthemen und erhebliche Mängel in den allgemein bildenden Fächern.[26]

2.2 Problemlage

Die aufgeführten Beispiele zeigen deutlich, dass es bislang in keinem Land gelungen ist, ein islamisches Unterrichtsangebot einzurichten, das in wirklich umfassender Weise den islamischen Religionsgemeinschaften gerecht wird und zugleich die gültigen pädagogischen Standards des jeweiligen Schulsystems erfüllt. Verantwortlich für diesen Sachverhalt ist eine komplexe und sperrige Problemlage, die in folgende Einzelprobleme aufgespalten werden kann:

a) Der Begriff der Religionsgemeinschaft und die damit verbundenen spezifischen Rechtsprobleme

Die besonderen Kooperationserfordernisse, die der Art. 7 Abs. 3 stellt, erfordern eine Vereinigung, die in umfassender Weise der Pflege einer Religion dient und die "Gewähr für eine gewisse Dauer bietet".[27] Auch wenn die Verfassung keinen christlichen Kulturvorbehalt kennt, so ist dennoch nicht zu übersehen, dass die deutsche Religionsverfassung sich an den charakteristischen Strukturen der großen christlichen Kirchen orientiert. Unstrittig ist, dass die islamischen Gemeinschaften nicht in eine kirchenähnliche Form gepresst werden können. Gestritten

---

http://www.bpb.de/veranstaltungen/STZS3V,0,0,Staat_und_Religion_in_Europa_im_Ver
gleich.html (24.03.04).

26 Inspectie van het Onderwijs: Islamitische basisscholen in Nederland, Inspectierapport, Nr. 1999-2. unter: http://www.owinsp.nl/documents/pdf/islambs1999 (01.04.04), und: Inspectie van het Onderwijs: Islamitische scholen nader Onderzocht, 2003-17, unter: http://www.owinsp.nl/documents/pdf/Islamitische_scholen_2002_2003 (01.04.04).

27 Oebbecke: Islamischer Religionsunterricht – Rechtsdogmatische und rechtspolitische Fragen, S.57.

wird jedoch darüber, wie die minimal-rechtlichen Voraussetzungen für eine islamische Religionsgemeinschaft aussehen.[28]

b) Religiöse Heterogenität

In den Bundesländern, in denen der Art.7 Abs. 3 gilt, sowie in Österreich und Belgien wird ein islamischer Einheitsunterricht angeboten, der die Pluralität der in Westeuropa vorzufindenden islamischen Gemeinschaften gar nicht oder nur in geringem Maße widerspiegelt. In den Lehrplänen und Unterrichtsmaterialien wird zumeist der sunnitische Mehrheitsislam berücksichtigt. Faktisch bedeutet dies, dass z. B. das Alevitentum als bedeutsame islamische Strömung im Unterricht nicht vorkommt. Mittlerweile fordern die Alevitengemeinden einen eigenen Religionsunterricht. Das Konzept des Einheitsunterrichts, das in den meisten Bundesländern verfolgt wird, ist hierdurch in Frage gestellt.[29] Perspektivisch wird es wahrscheinlich neben einem allgemeinen *islamkundlichen Unterricht* bzw. *islamischen Religionsunterricht* auch ein alevitisches Pendant geben.[30]

c) Nationale Heterogenität

Die islamischen Gemeinden in Europa sind in ihrer Herkunfts-Zusammensetzung erheblich heterogener als die Gemeinden in den traditionellen islamischen Gesellschaften. In Deutschland leben Muslime aus der Türkei, Bosnien-Herzegowina, Iran, Marokko, Afghanistan, dem Irak, Libanon, Pakistan, Tunesien und anderen Staaten mit mehrheitlich islamischer Wohnbevölkerung. Bei der Gründung von Moscheevereinen blieben die muslimischen Migranten zumeist im Kontext ihres jeweiligen Herkunftslandes. Konkret bedeutet dies, dass die türkischen Muslime fast ausschließlich Moscheen aufsuchen, in denen türkischsprachige Imame tätig sind.[31] Nach gleichem Muster verfahren die marokkanischen Muslime. Gerade bei türkischen Muslimen, deren Religionsausübung offenbar in einem hohen Maße mit der Muttersprache verbunden ist, stößt ein deutschsprachiger islamischer Unterricht auf Vorbehalte und teilweise auf Ablehnung.

---

28 Rohe, Mathias: Spezifische Rechtsprobleme des Islamischen Religionsunterrichts in Deutschland, in: Bauer / Kaddor / Strobel (Hg.): Islamischer Religionsunterricht: Hintergründe, Probleme, Perspektiven, S. 79.

29 Die Position der Alevitischen Gemeinde zu den derzeit bestehenden islamischen Unterrichtsangeboten wird in Kapitel 6.5.3 dargestellt.

30 In Nordrhein-Westfalen liegt dem Bildungsministerium ein Antrag der AABF auf Erteilung von alevitischem Religionsunterricht vor. Es ist durchaus möglich, dass der Antrag positiv beschieden wird.

31 Die in den DİTİB-Moscheen tätigen Imame sind Angestellte des türkischen Staates. Sie verfügen über keinerlei Deutschkenntnisse und werden turnusmäßig nach drei Jahren ausgewechselt.

d) Organisationen – Repräsentativität und Ausrichtung

Seit einigen Jahren gibt es in Deutschland eine Reihe von islamischen Verbänden und Spitzenverbänden, die sich gegenüber den Kultusbehörden als Ansprechpartner in Sachen *Islamischer Religionsunterricht* präsentieren. In der Diskussion gilt als strittig, ob dieser Vertretungsanspruch durch ausreichende Mitgliederzahlen legitimiert werden kann. Aktuelle Schätzungen gehen davon aus, dass lediglich 10 bis 25 Prozent der Muslime in Moscheevereinen organisiert sind.[32] Als problematisch gilt auch die Ausrichtung einiger Organisationen. So wird die größte Mitgliedsorganisation des Islamrats, die *IGMG*, nach wie vor von den Verfassungsschutzbehörden beobachtet, weil in der Vergangenheit verbandsnahe Publikationsorgane antisemitische Artikel publiziert haben.[33]

e) Entsendestaaten

Einige Entsendestaaten – vor allem die Türkei – begleiteten die Einführung islamkundlicher Unterrichtsangebote mit großer Skepsis oder gar Ablehnung.[34] Die türkische Regierung vertrat in der Vergangenheit mehrfach die Ansicht, die religiöse Erziehung türkischer Schülerinnen und Schüler im Ausland sei originär Aufgabe der hierfür zuständigen türkischen Behörden. Vor diesem Hintergrund ist auch das umfangreiche Engagement von *DİTİB* als mit Abstand größtem islamischen Dachverband kritisch zu betrachten.[35] Die Führungsspitze von *DİTİB* untersteht unmittelbar türkischen Ministerialbehörden und verfolgt in vielen Angelegenheiten deren Interessen bzw. die Interessen der türkischen Regierung in

---

32 Aydin / Halm / Şen: "Euro-Islam", S. 6, und: "Frühjahrsumfrage" des Soester Zentralinstituts Islam-Archiv-Deutschland (Stand 15.5.2003) unter: http://www.ekd.de/ezw/36164.html (02.02.04).

33 Dokumentiert sind solche Äußerungen unter anderem in: Innenministerium des Landes Nordrhein-Westfalen (Hg.): Islamischer Extremismus in Nordrhein-Westfalen, Düsseldorf 1999. Mittlerweile haben sich führende IGMG-Funktionäre des Reformflügels von diesen Äußerungen distanziert.

34 So protestierte im April 1982 die türkische Regierung gegen die geplante Einführung der *Islamischen Unterweisung* in Nordrhein-Westfalen. Nach Gesprächen zwischen dem Landesinstitut und der türkischen Botschaft gab die Türkei ihre Protesthaltung auf. Verbalnote der türkischen Regierung vom 6. April 1982 (Archiv des Landesinstituts), und: Gebauer, Klaus: Islamische Unterweisung in deutschen Klassenzimmern, in: Recht der Jugend und des Bildungswesens – Zeitschrift für Schule, Berufsbildung und Jugenderziehung, 37. Jg., Heft 3/1989, S.265.

35 Im Rahmen einer möglichen EU-Integration will die DİTİB ihr Engagement weiter ausbauen. Neuerdings versteht sich DİTİB als eine Institution, die in Zukunft bei der Lösung "religiöser Probleme" türkischer Bürger in den EU-Ländern von den jeweiligen staatlichen Stellen als "offizieller Ansprechpartner" anerkannt sein will. Türkische Republik. Ministerpräsidialamt. Präsidium für Religionsangelegenheiten: Beschlüsse des III. Religionsrates zum Thema "Religiöse Bildung und Religiöse Dienste des Präsidiums für Religionsangelegenheiten im Ausland im Laufe des EU-Beitrittsprozesses" vom 24. September 2004.

Deutschland.[36] Die Anerkennung von *DİTİB* als mitgestaltender Ansprechpartner in Sachen *Islamischer Religionsunterricht*, so wie sie z. B. beim niedersächsischen Schulversuch *Islamischer Religionsunterricht* erfolgte, ist angesichts der von der Verfassung geforderten staatlichen Neutralität in religiösen Angelegenheiten ein zumindest zweifelhaftes Unterfangen.

f) Lehrerausbildung

Für die derzeit laufenden Unterrichtsangebote - sei es nun *Islamische Unterweisung* oder *Islamischer Religionsunterricht* im Schulversuch - steht in keinem Bundesland Personal zu Verfügung, das die notwendigen pädagogischen und fachwissenschaftlichen bzw. theologischen Kenntnisse im Rahmen eines Lehramtsstudiums erworben hat. Der größte Teil der eingesetzten Lehrkräfte, die teilweise über keine universitäre Ausbildung verfügen, war vorher mit der Erteilung von muttersprachlichem Unterricht beauftragt. In diesem Zusammenhang muss auch darauf hingewiesen werden, dass die meisten Lehrerinnen und Lehrer bislang keinen Unterricht in deutscher Sprache durchgeführt haben. Ein Teil des Lehrpersonals besitzt nur unzureichende Deutschkenntnisse. In Osnabrück und Münster werden derzeit Studiengänge eingerichtet, die jedoch zunächst nur als Erweiterungsstudiengang (Münster) bzw. wissenschaftliche Weiterbildung geplant sind. Ein sogenanntes "grundständiges Studium" soll erst zu einem späteren Zeitpunkt folgen. Die bereits tätigen Lehrkräfte werden teilweise "nachqualifiziert".[37]

g) Unterrichtsmaterialien

Schließlich muss auch auf das bisher kaum bearbeitete Problem der Unterrichtsmaterialien hingewiesen werden, das von den verantwortlichen Kultusbehörden offenbar nur am Rande wahrgenommen wird.[38] Die Qualität der eingesetzten Lehrmaterialien entspricht durchweg nicht den Qualitätsanforderungen, die für die anderen Fächer der Stundentafel gelten. Da derzeit keine deutschsprachigen

---

36 DİTİB-Vertreter waren in der Vergangenheit stets bemüht, die Eigenständigkeit des Verbandes zu behaupten. Die Fakten sprechen jedoch eine andere Sprache. So ist der Vorsitzende der türkischen Religionsbehörde (DİB) qua seines Amtes Ehrenvorsitzender und Beiratsvorsitzender der DİTİB. Den Vorsitz führt ein Botschaftsrat der diplomatischen Vertretung. Lemmen, Thomas: Islamische Vereine und Verbände in Deutschland, Hg. von Wirtschafts- und sozialpolitischen Forschungs- und Beratungszentrum der Friedrich-Ebert-Stiftung Abteilung Arbeit und Sozialpolitik, 2. Aufl., Bonn 2002, S. 37f.

37 Die Skizzierung des Erweiterungsstudiengangs erfolgt in Kapitel 6.4.3.

38 In Nordrhein-Westfalen liegt für den Schulversuch Islamische Unterweisung trotz fünfjähriger Versuchsdauer immer noch kein einheitliches deutschsprachiges Lehrmaterial vor. Die renommierten Schulbuchverlage blieben bislang auf diesem Feld untätig, da der Erlös aus dem zu erwartenden Buchverkauf die Entwicklungskosten nicht deckt.

Unterrichtsmaterialien vorliegen, die den jeweiligen curricularen Vorgaben entsprechen, wird der Unterricht zumeist mit Hilfsmaterialien durchgeführt, die aus türkischen oder arabischen Quellen übernommen wurden.[39]

2.3 Leitfragen

Vor dem Hintergrund der dargestellten Problemlage bemüht sich die vorliegende Forschungsarbeit um die Beantwortung zweier Leitfragen:
a) Beinhaltet der in Nordrhein-Westfalen seit dem Schuljahr 1999/2000 durchgeführte Schulversuch *Islamische Unterweisung* als eigenständiges Unterrichtsfach Lösungsansätze für die skizzierten Problemfelder?
b) Wie wird das Unterrichtsangebot von den muslimischen Eltern angenommen?

2.4 Methoden

Die Bearbeitung der Fragestellungen erfolgte vom Januar 2000[40] bis zum Abschluss des Schuljahres 2003/2004 in fünf miteinander verschränkten Teiluntersuchungen bzw. -erhebungen. Im Einzelnen waren dies:
a) Wissenschaftliche Begleitung der Lehrplanentwicklung, Lehrerfortbildung und Beratungsgruppe im Schulversuch
In diesem Untersuchungsabschnitt ging es um die Beantwortung folgender Fragestellungen:
- Welche Lehrkräfte sind im Schulversuch tätig?
- Über welche Qualifikation verfügen die Lehrkräfte?
- Wie wurde das Fortbildungskonzept entwickelt?
- Wie sieht die inhaltliche Gestaltung des Fortbildungskonzepts aus?
- Nach welchen inhaltlichen Kriterien arbeitet die Lehrplankommission?
- Welche Lehrmaterialien und Handreichungen wurden entwickelt?
- Wie ist die Qualität der Materialien und Handreichungen zu beurteilen?
- Wie ist der Schulversuch an den Schulen verankert?
- Wie sieht die Organisation des Schulversuchs aus?

---

39 Ähnlich ist die Lage auch in den aufgeführten Nachbarländern Belgien und den Niederlanden. Auch dort wurde und wird mit Unterrichtsmaterialien gearbeitet, die auf türkischen oder arabischen Quellen basieren.
40 Der Schulversuch startete landesweit im Januar 2000.

Um diese Fragen zu beantworten, habe ich im Untersuchungszeitraum an fast allen relevanten Veranstaltungen und Treffen, die vom heutigen *Landesinstitut für Schule (LfS)*[41] durchgeführt wurden, als Beobachter teilgenommen. Im Einzelnen waren dies:

- 20 Arbeitstreffen der Beratungsgruppen (Januar 2000 – Juli 2004)
- 12 zweitägige Tagungen (Fortbildungsveranstaltungen) der Lehrerinnen und Lehrer des Schulversuchs in Soest (Januar 2000 – Juli 2003)
- 3 Fachtagungen mit allen Beteiligten des Schulversuchs (Vertreterinnen und Vertreter des Bildungsministeriums, der Schulleitungen, der Bezirksregierungen, der Schulämter so wie allen Lehrerinnen und Lehrern)
- 15 Fachgespräche mit Mitgliedern der Curriculumkommission (Januar 2002-Juli 2004)[42]
- 6 Unterrichtshospitationen an drei Grundschulen und drei Schulen der Sekundarstufe I in Duisburg und Köln (Januar – Juli 2002).

b) Inhaltsanalyse Lehrpläne

In diesem Untersuchungsabschnitt standen folgende Fragestellungen im Vordergrund:

- Werden alle konfessionsartigen islamischen Strömungen in den vorliegenden Lehrplänen angemessen berücksichtigt?
- Welche islamischen Quellen werden herangezogen?
- Wird die hiesige Lebenswirklichkeit der Schülerinnen und Schüler berücksichtigt?
- Wie behandeln die Curricula strittige Themen und Fragestellungen? Beispiel: Wer ist Muslim?
- Nach welchen Kriterien erfolgte die Auswahl der Themen?

Ursprünglich sollten alle vorliegenden Curricula in die Analyse miteinbezogen werden.[43] In der Unterrichtspraxis des ersten Schulversuchsjahres zeigte sich jedoch rasch, dass das Grundschulcurriculum aus dem Jahr 1986 und das Curri-

---

41 Zu Beginn des Schulversuch führte das LfS den Namen Landesinstitut für Schule und Weiterbildung. Das LfS ist als nachgeordnete Behörde des Ministeriums für Schule in Nordrhein-Westfalen für die Betreuung und Weiterentwicklung des Schulversuchs verantwortlich.

42 Die meisten Gespräche fanden mit Dr. Klaus Gebauer statt, der am LfS den Schulversuch betreut und für die Lehrplanentwicklung verantwortlich ist.

43 Dies sind im Einzelnen: Landesinstitut für Schule und Weiterbildung (Hg.): Religiöse Unterweisung für Schüler islamischen Glaubens – 24 Unterrichtseinheiten für die Grundschule (Entwurf), Soest 1986, und: Landesinstitut für Schule und Weiterbildung (Hg.): Religiöse Unterweisung für Schülerinnen uns Schüler islamischen Glaubens – 12 Unterrichtseinheiten für die Klassen 5 und 6 (Entwurf), Soest 1991, und: Landesinstitut für Schule und Weiterbildung (Hg.): Religiöse Unterweisung für Schülerinnen uns Schüler islamischen Glaubens – 24 Unterrichtseinheiten für die Klassen 7-10 (Entwurf), Soest 1996.

culum für die Jahrgangsstufen 5 bis 6 aus dem Jahr 1991 den Erfordernissen eines modernen islamkundlichen Unterrichts, der in deutscher Sprache durchgeführt wird, nicht mehr entsprachen. Beide Curricula werden vermutlich bis zum Jahr 2007 durch Neuentwürfe ersetzt. Aufgrund dieser Entwicklung beschränkt sich die Darstellung und Analyse der Lehrplanentwürfe auf das 24 Themeneinheiten umfassende Curriculum der Jahrgangsstufen 7 bis 10 aus dem Jahr 1996. Darüber hinaus wird die Konzeption des neuen Grundschulcurriculums vorgestellt, das in einer ersten, bislang nicht veröffentlichten Vorfassung vorliegt. Auf eine inhaltliche Analyse der Themeneinheiten musste leider verzichtet werden, da diese zum Zeitpunkt der Abfassung noch nicht vorlagen.

c) Erhebung: Neue Unterrichtsgruppen

Die erste Erhebungsreihe wurde zur Erfassung der jeweils neuen Unterrichtsgruppen durchgeführt. Die zentrale Frage lautete: Wird die *Islamische Unterweisung* von den muslimischen Schülerinnen und Schülern angenommen?

Um quantitative Aussagen zur Akzeptanz des Schulversuchs machen zu können, erwiesen sich relativ umfangreiche Datenerhebungen zu den Angebots- und Teilnehmergruppen als notwendig.[44] In einer Erhebungsreihe wurden vom Januar 2000 bis Januar 2003 die Angebots- und Teilnehmergruppen der neuen Kurse – aufgeschlüsselt nach den 16 in Nordrhein-Westfalen am stärksten vertretenen Herkunftsländern – mit einem standardisierten Erhebungsinstrument erfasst. In drei Durchläufen wurden jeweils alle am Schulversuch beteiligten Schulen angeschrieben. Der Rücklauf lag in allen Durchgängen bei ca. 70 Prozent.

d) Erhebung: Bestehende Unterrichtsgruppen

Die zweite Erhebungsreihe erfasste die Veränderungen in bestehenden Unterrichtsgruppen. Die Fragen lauteten hier:
- Gab es Abmeldungen?
- Sind die Gründe bekannt, die zu den Abmeldungen führten?
Befragt wurden zum Schuljahresbeginn alle Lehrkräfte, die vom Januar 2000 bis Juli 2003 an den Fortbildungsveranstaltungen im Soester *Landesinstitut für Schule* teilnahmen. An den insgesamt drei Befragungen, die mit einem teilstandardisierten Fragebogen durchgeführt wurden, beteiligten sich 14 Lehrerinnen und Lehrer.

---

44 Die Schulstatistik erfasst lediglich die Religionszugehörigkeit der Schülerinnen und Schüler. Gesonderte Zahlen zum Schulversuch werden nicht erfasst.

Ihre Auskünfte bezogen sich auf die bestehenden Unterrichtsgruppen an landesweit 18 Schulen.[45]

e) Elternbefragung

In einer weiteren Erhebung wurden schließlich auch die Eltern zum Schulversuch befragt. Die Eltern gaben unter anderem Antwort auf folgende Fragen:

- Wurden die Eltern über Inhalte und Konzeption der *Islamischen Unterweisung* unterrichtet?
- Kennen die Eltern den Unterschied zwischen *Islamischer Unterweisung* und regulärem *Islamischem Religionsunterricht?*
- Wünschen die Eltern bei der zukünftigen Ausgestaltung des Faches die Beteiligung der islamischen Verbände?
- Wenn ja, welche Verbände sollen beteiligt werden?
- Soll es für alle Muslime – also Sunniten, Schiiten und Aleviten – einen einheitlichen Islamunterricht geben?
- Wie stehen die Eltern zur Unterrichtssprache Deutsch?
- Besuchen die Kinder neben der Islamischen Unterweisung auch den Koranunterricht einer Moschee?

Durchgeführt wurde die Befragung mit einem teilstandardisierten Befragungsbogen, der in Kooperation mit den Schulleitungen im Juni 2002 an die Eltern von insgesamt 288 Schülerinnen und Schülern ausgegeben wurde. Insgesamt wurden 153 verwertbare Fragebögen zurückgegeben.

---

45 Die Zahlen beziehen sich auf Unterrichtsgruppen an Grundschulen und allen Schulformen der Sekundarstufe I.

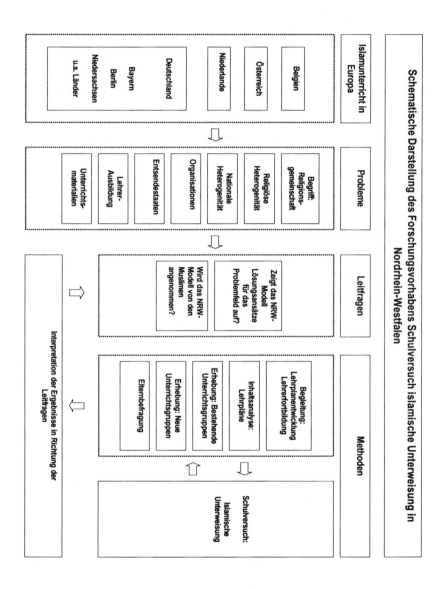

Schematische Darstellung des Forschungsvorhabens Schulversuch islamische Unterweisung in Nordrhein-Westfalen

2.5 Forschungsstand zum Schulversuch *Islamische Unterweisung* in Nordrhein-Westfalen

Die Einführung der *Islamischen Unterweisung* als eigenständiges Unterrichtsfach in Nordrhein-Westfalen im Schuljahr 1999/2000 löste eine seit Jahren andauernde kontrovers geführte Debatte aus, in der vor allem über die spezifischen Erfordernisse des Art.7 Abs. 3 GG gestritten wurde und wird.[46] Welche Kriterien müssen die islamischen Verbände erfüllen, um als Religionsgemeinschaften im Sinne der Verfassung anerkannt zu werden? Verstößt die Durchführung der islamischen Unterweisung, die Elemente eines Bekenntnisunterrichts aufweist, gegen die Verfassung? Diese und andere Rechtsfragen bestimmen seit fünf Jahren die Diskussion zum Schulversuch. Bearbeitet wurden diese Fragestellungen zwischenzeitlich auch im Rahmen zweier umfangreicher rechtswissenschaftlicher Untersuchungen, die im Jahr 2003 vorgelegt wurden.

Die Studie von Axel Emenet[47], die im ersten Teil einen detailreichen historischen Abriss der konzeptionellen Entwicklung des Schulversuchs bietet, untersucht im Hauptteil zunächst die Frage, ob es sich bei der *Islamischen Unterweisung* tatsächlich nur um ein islamkundliches Angebot oder vielmehr um einen *Islamischen Religionsunterricht* handelt. An diese Frage anknüpfend wird die *Islamische Unterweisung* auf ihre Verfassungsmäßigkeit überprüft.

---

46 In diesem Kapitel werden nur die möglichst aktuellen Arbeiten berücksichtigt, die sich hauptsächlich auf den Schulversuch in Nordrhein-Westfalen beziehen. Die Literaturlage zum Themenfeld Islamischer Religionsunterricht bzw. Islamkundlicher Unterricht ist aufgrund zahlreicher Neuerscheinungen kaum zu überblicken. Zur Einführung empfehlenswert ist der materialreiche Band von: Baumann, Urs (Hg.): Islamischer Religionsunterricht. Grundlagen, Begründungen, Berichte, Projekte, Dokumentationen, Frankfurt / Main 2002, und: Schreiner, Peter; Wulff, Karen (Hg.): Islamischer Religionsunterricht. Ein Lesebuch, Münster 2001. Zur allgemeinen Rechtsproblematik: Heckel, Martin: Religionsunterricht für Muslime? Kulturelle Integration unter Wahrung der religiösen Identität. Ein Beispiel für die komplementäre Natur der Religionsfreiheit, in: Juristenzeitung 1999, S. 741, und: Muckel, Stefan: Islamischer Religionsunterricht und Islamkunde an öffentlichen Schulen in Deutschland, in: Juristenzeitung 2001, S. 58 und: Rohe, Mathias: Rechtliche Perspektiven eines islamischen Religionsunterrichts in Deutschland, in: Zeitschrift für Rechtspolitik 2000, S.200. Eine aktuelle Bestandsaufnahme zur Rechtsproblematik in allen Bundesländern bietet: Simone, Spriewald: Rechtsfragen im Zusammenhang mit der Einführung von islamischem Religionsunterricht als ordentliches Lehrfach an deutschen Schulen, Berlin 2003. Die Positionen der islamischen Verbände referieren: Cavdar, Ibrahim: Islamischer Religionsunterricht an deutschen Schulen, in: Recht der Jugend und des Bildungswesens 1993, S.265 und: Wehner, Marlies: "Islamische Unterweisung". Zur Beteiligung der islamischen Verbände und ihre Kritik des Schulversuchs, in: Gottwald, Eckart; Siedler, Dirk, Chr.: "Islamische Unterweisung" in deutscher Sprache. Berichte, Stellungnahmen und Perspektiven zum Schulversuch in Nordrhein-Westfalen, Neukirchen-Vluyn 2001.

47 Emenet, Axel: Verfassungsrechtliche Probleme einer islamischen Religionskunde an öffentlichen Schulen. Dargestellt anhand des nordrhein-westfälischen Schulversuchs "Islamische Unterweisung", in: Burger, Martin; Butzer, Hermann; Muckel, Stefan (Hg.): Hochschulschriften zum Staats- und Verwaltungsrecht, Band 5, Frankfurt a. M. 2003.

Nach der inhaltlichen Analyse des Runderlasses und der Curricula gelangt Emenet zu dem Ergebnis, "dass es sich beim Schulversuch *Islamische Unterweisung* inhaltlich nicht um eine bloße Religionskunde, sondern vielmehr um einen islamischen Religionsunterricht mit Verkündigungscharakter handelt, da identitätsstiftende und identitätssichernde Fragen behandelt werden."[48] Dieses Ergebnis habe zur Konsequenz, dass auf den Schulversuch die gesetzlichen Vorgaben, die an einen konfessionellen Religionsunterricht gestellt werden, zu übertragen seien. Anschließend untersucht Emenet die Frage, "ob der Schulversuch den Anforderungen genügt, die an einen konfessionellen Religionsunterricht gestellt werden".[49] Hierbei gelangt er zu dem Ergebnis, dass der Staat durch die Einführung eines faktisch islamischen Religionsunterrichts das Selbstbestimmungsrecht der islamischen Religionsgemeinschaften in unzulässiger Weise verletze. Im Schulversuch werde staatlicherseits verordnet, was Muslime zu glauben haben. Damit verstoße der Staat gegen das Neutralitätsgebot, und aufgrund dieses Sachverhalts sei der Schulversuch verfassungswidrig.[50] Der verfassungswidrige Zustand durch den Schulversuch stehe aber den "Interessen der hiesigen islamischen Religionsgemeinschaften sowie den Interessen der muslimischen Erziehungsberechtigten und Schüler näher, als ein vollständiger Verzicht auf islamische Unterrichtsangebote in den öffentlichen Schulen Nordrhein-Westfalens." Daher sei der Schulversuch für eine Übergangszeit zu tolerieren. Die verantwortlichen Behörden seien aufgefordert, "ihr christlich geprägtes Verhaften an korporativen Kirchenstrukturen aufzugeben und die hiesigen Moscheevereine als lokale Ansprechpartner in die konzeptionelle Entwicklung eines regulären islamischen Religionsunterrichts einzubinden".[51] Zu berücksichtigen ist bei dieser Empfehlung jedoch, dass Emenet in seiner Studie zu der Feststellung gelangt, die islamischen Verbände und Spitzenorganisationen seien keine Religionsgemeinschaften. Als solche seien nur die lokal tätigen Moscheevereine anzusehen.[52]

Der Autor der zweiten Studie[53], der Bielefelder Jurist Martin Stock, hält anders als Emenet den Schulversuch in Nordrhein-Westfalen keineswegs für verfassungswidrig. In einer interdisziplinär orientierten rechtswissenschaftlichen Untersuchung, die in vergleichender Absicht auch den christlichen Religionsunterricht

---

48 Ebd., S. 101.
49 Ebd., S. 103.
50 Ebd., S. 266.
51 Ebd., S. 327.
52 Nach Emenets Auffassung erfüllen nur die lokalen Moscheevereine die erforderlichen strukturellen Merkmale einer Religionsgemeinschaft. Dies sind: a) Zusammenschluss natürlicher Personen, b) Organisatorische Verfestigung, c) Gewähr auf Dauer und d) Umfassende Glaubensverwirklichung. Ebd., S. 202 ff.
53 Stock, Martin: Islamunterricht: Religionskunde, Bekenntnisunterricht oder was sonst? in: Bielefeld / Davy / Krech / Rossen-Stadtfeld / Stock (Hg.): Religion und Recht, Band 1, Münster 2003.

analysiert, vertritt er die These, dass eine orthodoxe, "monokonfessionell-herr-schaftliche" Auslegung des Art. 7 Abs. 3 GG in der Sache nicht weiter hilft. Stock geht davon aus, dass einem Islamunterricht, der als "Gegenstück" zum christlichen Religionsunterricht konzipiert wird, kein Erfolg beschieden sein kann.[54] Ein islamischer Bekenntnisunterricht hätte zur Vorraussetzung, dass das "bunte" islamische Spektrum sich auf dem Verhandlungsweg "konsequent homogenisieren und institutionalisieren" müsse.[55] Die Erfolgsaussichten für einen solchen Prozess seien aus zahlreichen Gründen gering. Neben "sehr prinzipiellen und tiefliegenden islamisch-theologischen antiinstitutionellen Dispositionen", die zu einer "Zerklüftung" der islamischen Religion geführt hätten, fehle es dem Islam an einer unseren Anforderungen entsprechenden modernen Religionspädagogik. Auch der "Reform-Islam" sei zu "schwach und inkonsistent", um etwas derartiges leisten zu können. Selbst wenn es in einem Bundesland zu einer "taktisch-situativ motivierten Einigung am Runden Tisch käme, wäre damit noch keine Formation gegeben, die tatsächlich fähig wäre, einen islamischen Religionsunterricht als substantiell pädagogisches und öffentlich-schulisches ordentliches Lehrfach zu konzipieren, mit dem Staat abzustimmen und dauerhaft mitzutragen."[56]

Abschließend plädiert Stock für die Einführung eines partizipatorisch offenen, auch islamischen religiösen Belangen zugewandten religionskundlichen Ansatzes als Dauerlösung. Ausgehend von dem derzeitigen Sachstand in den Bundesländern sei vor allem der nordrhein-westfälische Schulversuch wegweisend und zukunftsfähig. Trotz bestehender Unsicherheiten sollte dieser fortgesetzt werden. Die Forschungs- und Lehrkapazität sollte konsequent ausgebaut werden. Auch sei von unabhängiger Seite eine wissenschaftliche Evaluierung erforderlich, deren Ergebnisse in der Fachwelt und Politik zu diskutieren seien. Erst danach sollte darüber entschieden werden, wie in Nordrhein-Westfalen eine Dauerlösung aussehen könne.[57]

Wissenschaftliche Empfehlungen zur Weiterentwicklung des nordrhein-westfälischen Schulversuchs und eine erste Zwischenbilanz bietet auch der von Eckart Gottwald und Dirk Chr. Siedler im Jahr 2001 herausgegebene Band *"Islamische Unterweisung" in deutscher Sprache*.[58] Neben Stellungnahmen von Gerd Bildau[59],

---

54 Ebd., S. XIII.
55 Ebd., S. 85.
56 Ebd., S. 86.
57 Ebd., S. 87.
58 Gottwald, Eckart; Siedler, Dirk, Chr. (Hg.): "Islamische Unterweisung" in deutscher Sprache. Berichte, Stellungnahmen und Perspektiven zum Schulversuch in Nordrhein-Westfalen, Neukirchen-Vluyn 2001.
59 Gerd Bildau war Beigeordneter der Stadt Duisburg und Dezernent für Organisation und Personal, Bildung und Kultur. Bildau, Gerd: Die Bedeutung des Schulversuchs Islamische Unterweisung für die Stadt Duisburg, in: Gottwald / Siedler (Hg.), S. 64

Marlies Wehner[60] und Werner Habel[61] enthält der Band detailreiche Berichte des maßgeblichen Curriculumentwicklers Klaus Gebauer[62], der im Schulversuch tätigen Lehrer Metin Özsinmaz[63] und Hüseyin Cetin[64] und des Autors[65] der vorliegenden Studie, die das erste Jahr des Schulversuchs kritisch reflektieren und sich teilweise um eine Zwischenbilanz bemühen. Angesichts der zum damaligen Zeitpunkt kurzen Versuchsdauer und der geringen Anzahl beteiligter Schulen, besitzen die vorgelegten Fakten und Zahlen und die auf ihnen basierenden Schlussfolgerungen jedoch nur einen eingeschränkten Aussagewert. Im abschließenden Kapitel mit dem Titel "Perspektiven" nehmen die beiden Herausgeber aus evangelischer religionspädagogischer Sicht Stellung zum Schulversuch. Gottwald führt aus, dass das neue Fach die Einführung eines "verfassungsgemäßen Islamischen Religionsunterrichts" blockiere. Ein richtiger Religionsunterricht müsse den Glaubens- oder Bekenntnisgrundsätzen der Religionsgemeinschaft entsprechen. Deshalb fordert er "wie zahlreiche Vertreter/innen der christlichen Kirchen, der wissenschaftlichen Theologie sowie der Erziehungswissenschaften..." die Ersetzung des Schulversuchs durch einen bekenntnisgebundenen Islamischen Religionsunterricht.[66] Auch Siedler kann dem Schulversuch wenig Positives abgewinnen. Mit dem Schulversuch stellen sich – so seine Ausführungen – eine Vielzahl von bildungspolitischen und pädagogischen Fragen, auf die nach Lage der Dinge keine Antwort zu erwarten sei, da das Bildungsministerium auf eine unabhängige wissenschaftliche Begleitung verzichtet habe. Statt dessen habe man das *Landesinstitut für Schule* mit der Begleitung beauftragt, das nun gleichzeitig für Evaluation und Durchführung der *Islamischen Unterweisung* verantwortlich sei. Siedler sieht hier erheblichen Änderungsbedarf und schlägt ein unabhängiges

---

60 Marlies Wehner ist Mitglied der *Kommission Islamischer Religionsunterricht (KIRU)* des *Zentralrats der Muslime in Deutschland* und des *Islamrats*. Wehner, Marlies: Islamische Unterweisung – Zur Beteiligung der islamischen Verbände und ihre Kritik am Schulversuch, in: Gottwald / Siedler (Hg.), S. 74.

61 Werner Habel ist Professor für Schulpädagogik und Allgemeine Didaktik an der Gerhard-Mercator-Universität Duisburg. Habel, Werner: Pädagogische Anfragen an den Schulversuch Islamische Unterweisung, in: Gottwald / Siedler (Hg.), S. 79

62 Gebauer, Klaus: Schulversuch Islamische Unterweisung in deutscher Sprache, in: Gottwald / Siedler (Hg.), S. 23.

63 Öszinmaz, Metin: Zum Curriculum der Islamischen Unterweisung, in: Gottwald / Siedler (Hg.), S.56.

64 Cetin, Hüseyin: Islamische Unterweisung im Schulhjahr 1999/2000, in: Gottwald / Siedler (Hg.), S. 54.

65 Kiefer, Michael: Der Islam in der Schule, in: Gottwald / Siedler (Hg.), S. 40, und: Kiefer, Michael: Islamische Unterweisung in deutscher Sprache, in: Gottwald / Siedler (Hg.), S. 61.

66 Gottwald, Eckart: Ordentlicher Islamischer Religionsunterricht statt Islamischer Unterweisung. Mitverantwortung der Muslime beim Religionsunterricht fördert auch die gesellschaftliche Integration, in: Gottwald / Siedler (Hg.), S. 83 ff.

interdisziplinäres Forschungsprojekt vor, das "didaktische, pädagogische, religionspädagogische und politologische Kompetenzen" zusammenführt.[67]

Neben den skizzierten größeren Arbeiten gibt es eine große Zahl von Artikeln und Einzelberichten, die sich aus juristischer, pädagogischer, islamwissenschaftlicher und theologischer Perspektive mit dem Schulversuch auseinandersetzen.[68] Was die aktuelle Entwicklung des Schulversuchs betrifft, so besitzt vor allem der detailreiche Beitrag von Klaus Gebauer zur Weimarer Konferenz "Lerngemeinschaft – Das deutsche Bildungswesen und der Dialog mit den Muslimen" vom 13. bis 14. März 2003 einen sehr hohen Informationswert. Neben allgemeinen Angaben zur Organisation und Zielsetzung des Schulversuchs beinhaltet der Beitrag auch eine ausführliche Darstellung der gegenwärtigen Curriculumentwicklung für den Primarschulbereich.[69]

67 Siedler, Dirk, Chr.: Kritik und Perspektiven des Schulversuchs Islamische Unterweisung in Nordrhein-Westfalen. Ein Forschungsprogramm zur wissenschaftlichen Begleitung, in: Gottwald / Siedler (Hg.), S. 99ff.

68 Eine informative Zusammenstellung von Einzelbeiträgen enthält der Band: Gebauer, Klaus: Religiöse Unterweisung für Schülerinnen und Schüler islamischen Glaubens in den Schulen des Landes Nordrhein-Westfalen (1979-1995). Begleitende Informationen und Kommentare, Bönen 1995.

69 Gebauer, Klaus: Islamische Unterweisung in den Schulen Nordrhein-Westfalens. Beitrag zur KMK-Konferenz "Lerngemeinschaft". Das deutsche Bildungswesen und der Dialog mit den Muslimen. Forum 4: Islamunterricht. unter:
http://www.kmk.org/doc/publ/Lerngemeinschaft_7.pdf (27.08.04).

3. Muslime in Deutschland

3.1 Historischer Rückblick

Die ersten Muslime, die für einen längeren Zeitraum in Deutschland lebten, kamen während der Türkenkriege als Kriegsgefangene nach Deutschland. Von ihrem unfreiwilligen Aufenthalt künden heute noch einige Grabsteine in Brake bei Lemgo von 1689 und in Hannover von 1691. Die steinernen Monumente und einige wenige Eintragungen in Kirchenchroniken sind die einzigen Zeugnisse aus dieser Epoche.[70] Weitere Spuren muslimischen Lebens in Deutschland finden sich ebenfalls im Zusammenhang mit kriegerischen Unternehmungen in der ersten Hälfte des 18. Jahrhunderts. 1739 überließ der Herzog von Kurland dem preußischen König Friedrich Wilhelm I. 22 türkische Soldaten, die er im osmanisch-russischen Krieg 1735-39 gefangen genommen hatte.[71] 1741 wurden unter Friedrich II. tatarische und bosnische Muslime in das "Ulanenregiment"[72] eingegliedert, das zeitweise bis zu 1000 Soldaten umfasste.[73]

Die vermutlich ersten muslimischen Zivilisten, die freiwillig für einen längeren Zeitraum in Deutschland lebten, kamen im Zuge der preußisch-osmanischen Kontaktaufnahme nach Deutschland. Im Jahr 1763 wurde in Berlin die Gesandtschaft des Osmanischen Reiches eingerichtet. Nach dem Tod des dritten osmanischen Gesandten, Ali Aziz Efendi, genehmigte der preußische König 1798 die Einrichtung eines islamischen Friedhofs, der jedoch später einem Kasernenbau weichen musste.[74] Die sterblichen Überreste der osmanischen Diplomaten wurden 1866 am Columbiadamm beigesetzt. Das Friedhofsgelände wurde dem Osmanischem Reich überlassen. Nach Faruk Şen ist der türkische Friedhof am Columbiadamm nach wie vor der einzige islamische Friedhof in Deutschland.[75]

---

70 Lemmen, Thomas; Miehl Melanie: Islamisches Alltagsleben in Deutschland. Hg. von Wirtschafts- und sozialpolitischen Forschungs- und Beratungszentrum der Friedrich-Ebert-Stiftung Abteilung Arbeit und Sozialpolitik, 2. Aufl., Bonn 2001, S. 17.
71 Şen, Faruk; Aydın Hayrettin: Islam in Deutschland, München 2002, S. 10.
72 Ulanen ist abgeleitet vom türkischen oğlan =Junge bzw. Soldat.
73 Şen / Aydın: Islam in Deutschland, S. 11.
74 Lemmen / Miehl: Islamisches Alltagsleben in Deutschland, S. 17.
75 Şen / Aydın: Islam in Deutschland, München 2002, S. 10.

Mit dem Beginn des Ersten Weltkrieges gelangten bis zum Jahr 1916 ca. 15000 muslimische Kriegsgefangene aus den alliierten Streitkräften nach Deutschland, die in Wünsdorf und Zossen bei Berlin interniert wurden. In Wünsdorf im sogenannten "Halbmondlager" entstand im Jahr 1915 die erste muslimische Gebetsstätte auf deutschem Boden. Die Wünsdorfer Moschee – ein hölzerner Kuppelbau mit einem 25 Meter hohen Minarett – hatte jedoch keinen langen Bestand. Wegen Einsturzgefahr wurde sie bereits 1930 abgerissen.[76]

Zwischen den beiden Weltkriegen gründeten muslimische Exilanten und Studenten in Berlin die ersten islamischen Vereine, die ein bescheidenes Gemeindeleben entfalteten. So wurde z. B. 1922 die Islamische Gemeinde Berlin, die Muslime unterschiedlicher nationaler und ethnischer Herkunft vereinigte, ins Leben gerufen. 1927 folgte die Gründung des bis heute tätigen *Zentralinstituts Islam-Archiv-Deutschland*.[77] Im Zentrum der Gemeindeaktivitäten, die ca. 2000 Muslime erreichte, stand die von der *Deutsch-Moslemischen Gesellschaft* gegründete Moschee in Berlin-Wilmersdorf.[78] In dieser Phase repräsentierte vor allem die indisch-pakistanische Ahmadiyya den Islam in Deutschland.[79]

Mit der Machtergreifung der Nationalsozialisten begann auch für die Muslime des damaligen Deutschen Reiches eine schwierige Zeit.[80] Konflikte innerhalb der islamischen Vereine, sowie deren Instrumentalisierung durch das nationalsozialistische Regime beeinträchtigten das religiöse Leben der muslimischen Gemeinden in einem erheblichen Maße.[81] Polarisierend wirkten vor allem die Aktivitäten des Muftis von Jerusalem, Amin el-Husseini, der von 1941 bis 1945 mehrfach Berlin besuchte und zeitweise auch dort lebte. Der Mufti, der als einer der "engagiertesten Parteigänger" des Nationalsozialismus angesehen werden muss, arbeitete zeitweise mit einem Stab von sechzig Arabern im Dienste der nationalsozialistischen Kriegs- und Vernichtungsmaschinerie.[82]

Unmittelbar nach Kriegsende gab es faktisch keine Gemeindeaktivitäten mehr. Die vor dem Krieg gegründeten islamischen Organisationen und Vereine

---

76 Höpp, Gerhard: Die Wünsdorfer Moschee: Eine Episode islamischen Lebens in Deutschland, 1915-1930, in: Die Welt des Islams, Vol. 36, Nr. 2, Juli 1996, S. 204-218
77 Şen / Aydın: Islam in Deutschland, S. 12.
78 Lemmen / Miehl: Islamisches Alltagsleben in Deutschland, S. 17.
79 Spuler, Stegemann: Muslime in Deutschland – Informationen und Klärungen, 3. Auflage, Freiburg 2002.
80 Die Machtübernahme der Nationalsozialisten wurde von vielen Muslimen im Ausland – vor allem in der arabischen Welt - begrüßt, da sie der trügerischen Hoffnung erlagen, die faschistische Bewegung könnte dazu beitragen, das Joch des französischen und englischen Kolonialismus abzustreifen. Vgl. Kiefer, Michael: Antisemitismus in den islamischen Gesellschaften – Der Palästinakonflikt und der Transfer eines Feindbildes, Düsseldorf 2002, S. 75.
81 Lemmen / Miehl: Islamisches Alltagsleben in Deutschland, S. 18.
82 Küntzel, Matthias: Djihad und Judenhaß – Über den neuen antijüdischen Krieg, Freiburg 2002, S. 39.

hatten sich aufgelöst. Lediglich in der Wilmersdorfer Moschee gab es muslimische Aktivitäten. Neue Impulse für eine Wiederaufnahme muslimischen Lebens kamen von außen. Im Jahr 1955 ließen sich in Hamburg die aus Großbritannien kommenden Qadiani-Ahmadis nieder, die in mehreren Städten Niederlassungen gründeten. Wenige Jahre später konstituierten sich weitere islamische Vereinigungen. 1958 wurde in München die *Geistliche Verwaltung der Muslimflüchtlinge in der Bundesrepublik Deutschland e. V.* gegründet, die sich um ehemalige muslimische Wehrmachtsangehörige bemühte. In den sechziger Jahren wurden in Hamburg, München und Aachen von Studenten und Kaufleuten islamische Zentren gegründet.[83]

Bis zum Beginn der sechziger Jahre lebten, gemessen an den aktuellen Zahlen, nur sehr wenige Muslime in Deutschland. Einen grundlegenden Wandel brachte erst die Unterzeichnung von Anwerbeabkommen mit Staaten, die über eine große muslimische Bevölkerungsgruppe verfügen. 1961 wurde mit der Türkei eine Anwerbevereinbarung geschlossen. Kurz darauf folgten Vereinbarungen mit Marokko (1963), Tunesien (1965) und Jugoslawien (1968).[84] Den Arbeitskräften wurde zunächst nur ein temporäres Aufenthaltsrecht zugebilligt. Nach dem Rotationsprinzip sollten nach Ablauf der vereinbarten Beschäftigungsdauer neue Arbeitskräfte die Zurückgekehrten ersetzen. Diese Form der Anwerbung wurde jedoch bereits auf dem Höhepunkt der wirtschaftlichen Krise in den frühen siebziger Jahren mit der Verhängung eines Anwerbestopps im Jahr 1973 aufgegeben. In dieser schwierigen wirtschaftlichen Situation entschieden sich viele muslimische Migranten, die zunächst nur einen vorübergehenden Aufenthalt geplant hatten, für den dauerhaften Verbleib und organisierten den Nachzug der Ehefrauen und Kinder. Die nachhaltig veränderten Lebensbedingungen der muslimischen Arbeitsmigranten führten rasch zu einer veränderten Bedürfnislage. Mit den Einschränkungen in der Religionsausübung hatte man vor dem Hintergrund der Rückkehrorientierung leben können. Nun ergab sich die Notwendigkeit, kulturelle und religiöse Belange umfassend zu regeln. Diesen Aufgaben widmeten sich ab Mitte der siebziger Jahre islamische Vereine und Organisationen, die in größerem Umfang gegründet wurden. Bereits 1973 wurde der heutige *Verband der Islamischen Kulturzentren (VIKZ)*[85] gegründet, der bundesweit zahlreiche Moscheen und Bildungseinrichtungen betreibt. Zwei Jahre später, im Jahr 1975, erfolgte die Gründung der Vorläuferorganisation der heutigen *Islamischen Gemeinschaft Milli Görüş e. V. (IGMG)*, die unter ihrem Dach ebenfalls bundesweit zahlreiche Moscheen vereinigt. Die mit Abstand größte islamische Organisation, die *Türkisch-*

---

83 Lemmen / Miehl: Islamisches Alltagsleben in Deutschland, S. 18.

84 Şen / Aydın: Islam in Deutschland, S. 14.

85 Die Ausrichtung, Zielsetzung und Geschichte der Islamischen Vereinigungen und Organisationen wird in Kapitel 3.5 ausführlich dargestellt.

Islamische Union der Anstalt für Religion e. V. (DİTİB), die heute fast 900 Kultur-, Sozial- und Moscheevereine vereint, wurde im Jahr 1984 gegründet.[86] Die in dieser Phase gegründeten Organisationen repräsentieren weitgehend den türkischen Islam in Deutschland, der bis zum Beginn der achtziger Jahre das Erscheinungsbild des Islams in der Öffentlichkeit bestimmte.[87]

Seit dem Beginn der achtziger Jahre sind auch zahlreiche muslimische Kriegs- und Bürgerkriegsflüchtlinge nach Deutschland gekommen. An erster Stelle sind die Iranerinnen und Iraner zu nennen, die nach der Islamischen Revolution von 1979 in großer Zahl ihr Land verlassen mussten. Größere Gruppen von Flüchtlingen kamen aus Afghanistan (seit 1979) und aus dem vom Bürgerkrieg geplagten Libanon (seit 1975). In den neunziger Jahren kamen muslimische Flüchtlinge aus Bosnien-Herzegowina (1992) und dem Kosovo (1999). Im Unterschied zu den Arbeitsmigranten leben diese Muslime zu einem erheblichen Teil mit einem unsicheren Rechtsstatus. Oftmals sind sie nur geduldet.[88]

Schließlich sollte in diesem Kontext auch darauf hingewiesen werden, dass die Existenz islamischer Glaubensgemeinschaften in der Bundesrepublik nicht nur ausschließlich als eine Folgeerscheinung von Arbeitsmigration anzusehen ist. Es gab und gibt auch deutschstämmige Muslime (Konvertiten und Kinder aus binationalen Ehen), die jedoch gemessen an ihrer Zahl als randständiges Phänomen behandelt werden können.[89]

3.2 Zahl und Herkunftsländer der Muslime in Deutschland

In den vergangenen zwei Jahrzehnten haben sich die islamischen Gemeinschaften zur zweitgrößten Religionsgemeinschaft in der Bundesrepublik Deutschland entwickelt.[90] Exakte Angaben zur Gesamtzahl der Muslime liegen derzeit nicht vor. Nach Thomas Lemmen sind für die statistische Unfassbarkeit der Anzahl der Muslime zum einen die "äußere Wahrnehmung" und zum anderen das "Selbstverständnis der Muslime" verantwortlich.[91] So erfassen die Einwohnermeldeämter

---

86 Lau, Jörg; Staud, Torlaf: "Das Kopftuch ist nicht so wichtig", ZEIT-Gespräch mit Rıdvan Çakir (DİTİB), DIE ZEIT vom 3. Juni 2004.
87 Lemmen / Miehl: Islamisches Alltagsleben in Deutschland, S. 19.
88 Şen / Aydın: Islam in Deutschland, S. 14.
89 Das Zentralinstitut Islam-Archiv-Deutschland e. V. schätzte im Jahr 2000 die Zahl der deutschstämmigen Muslime auf ca. 10900 Personen. Das Zentralinstitut Islam-Archiv-Deutschland e.V.: Neue Daten und Fakten über die islamischen Großverbände in der Bundesrepublik Deutschland, in MR,2, S. 115.
90 Şen / Aydın: Islam in Deutschland, S. 15.
91 Lemmen: Islamische Vereine und Verbände in Deutschland, S. 17.

die Muslime lediglich unter der Kategorie "Verschiedene" oder sie werden – sofern sie die deutsche Staatsangehörigkeit nicht besitzen – unter der Staatsbürgerschaft geführt. Unklarheiten bestehen auch darüber, wer aus innermuslimischer Sicht unzweifelhaft als Muslim gelten kann. Nach Auffassung vieler Muslime können z. B. die in der Bundesrepublik zahlreich vertretenen Anhänger der Ahmadiyya-Bewegung nicht zur Weltgemeinschaft der Muslime gerechnet werden, da die Ahmadis zentrale Glaubensinhalte, wie den Glauben an die Gesandten Allahs und an Muhammad als den letzten Gesandten, leugnen.[92] Ähnliches gilt für das Alevitentum. So stellte die *Islamische Religionsgemeinschaft Hessen* fest: "Die Aleviten können nicht zur Weltgemeinschaft der Muslime gerechnet werden, weil fundamentale Iman-Inhalte, wie u. a.: Der Iman an Allah ..., an seine Einheit und Einzigkeit / Tauhid, sowie die Verpflichtung zur Praxis der gottesdienstlichen Handlungen von ihnen abgelehnt bzw. in Frage gestellt werden."[93]

Angesichts dieser Voraussetzungen gestalten sich Schätzungen als außerordentlich schwierig. Will man dennoch einen Eindruck über die Zahlenrelationen gewinnen, so ist man auf die Daten des Statistischen Bundesamtes angewiesen, die unter der Sparte "Ausländische Bevölkerung nach Geburtsland" die Hauptherkunftsländer der überwiegend ausländischen Muslime auflisten. Der Umgang mit der hier vorzufindenden Datenbasis ist jedoch nicht unproblematisch, da bei dieser Vorgehensweise die religiösen Minderheiten aus Ländern mit einer muslimischen Bevölkerungsmehrheit nicht berücksichtigt werden können. Überdies ist es nicht möglich, die muslimischen Minderheiten aus Ländern mit mehrheitlich christlicher Bevölkerung und die deutschen Muslime zu erfassen.[94]

Nimmt man die genannten Ungenauigkeiten in Kauf, so lassen sich folgende Zahlen aus den Daten des Statistischen Bundesamtes herauslesen.[95] Die mit Abstand größte Gruppe bilden die türkischen Muslime mit 1,87 Millionen. Es folgen Muslime aus Bosnien-Herzegowina (167 081), Iran (81 495), Marokko (79 794), Afghanistan (65 830), Irak (60 913)[96], Libanon (46 812), Pakistan (35 081) und Tunesien (24 533). Des Weiteren gibt es kleinere Gruppen aus Algerien, Ägypten, Indonesien und verschiedenen afrikanischen und asiatischen Ländern.

---

92 In Pakistan, dem Herkunftsland der Ahmadiyya, wurden Ahmadis aufgrund eines Beschlusses des Parlaments vom 7. September 1974 zur nichtislamischen Minderheit erklärt, was in Pakistan selbst und anderen islamischen Staaten zu Beschränkungen in der Religionsausübung und zu Verfolgungen führte. Vgl. Ahmed, Munir, D.: Ausschluß der Ahmadiyya aus dem Islam. Eine umstrittene Entscheidung des pakistanischen Parlaments, in: Orient, 1, S. 112-143.

93 Islamische Religionsgemeinschaft Hessen e. V., o. J., S. 5 (nicht eingesehen, zit. nach: Lemmen: Islamische Vereine und Verbände in Deutschland, S. 18).

94 Ebd.

95 Statistisches Bundesamt: Ausländische Bevölkerung nach Geburtsland am 31.12.2004, unter: http://www.destatis.de/cgi-bin/printview.pl (12.05.04).

96 Stand: 31. Dezember 2000.

Über die Zahl der Muslime, die aus den Nachfolgestaaten des ehemaligen Jugoslawien nach Deutschland gekommen sind, herrscht bislang Unklarheit. Ebenfalls unklar ist die Zahl der deutschen Muslime, die in den letzten Jahren aufgrund der mittlerweile erfolgten Einbürgerungen erheblich zugenommen hat. Schätzungen gehen davon aus, dass ca. 732 000 Muslime die deutsche Staatsbürgerschaft besitzen. Die Gesamtzahl der Muslime in Deutschland schätzte das *Zentralinstitut Islam-Archiv-Deutschland* im Jahr 2003 auf 3,1 Millionen.[97]

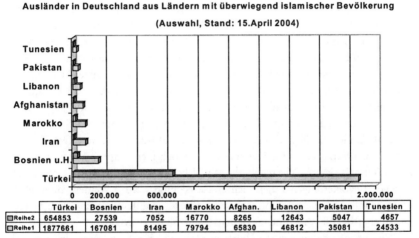

Ausländer in Deutschland aus Ländern mit überwiegend islamischer Bevölkerung

(Auswahl, Stand: 15.April 2004)

	Türkei	Bosnien	Iran	Marokko	Afghan.	Libanon	Pakistan	Tunesien
□Reihe2	654853	27539	7052	16770	8265	12643	5047	4657
□Reihe1	1877661	167081	81495	79794	65830	46812	35081	24533

Tab. 1: Ausländer in Deutschland aus Ländern mit überwiegend islamischer Bevölkerung.
Reihe 1: Im Ausland geboren, Reihe 2: In Deutschland geboren.
Zahlenangaben: Statistisches Bundesamt Deutschland 2004. Grafik: Michael Kiefer

3.3 "Konfessionen" und Strömungen

Wie in den anderen westeuropäischen Staaten vermitteln die in Deutschland vertretenen islamischen Strömungen oder "konfessionsartigen" Gruppen ein sehr heterogenes Bild vom Islam. Die Pluralität des Islams ist zurückzuführen auf die unterschiedlichen Herkunftsstaaten, die in kultureller und religiöser Hinsicht eigene Entwicklungen durchlaufen haben.[98] Die meisten der in der Bundesrepu-

---

97 Zahlenangaben des Zentralinstituts Islam-Archiv-Deutschland , unter:
   http://www.kirchliche-dienste.de/fachgebiete/meldung.php?fg=21&id=136 (16.6.2004)
98 Şen / Aydın: Islam in Deutschland, S. 17.

blik lebenden Muslime können den großen islamischen Denominationen – den Sunniten und Schiiten – zugeordnet werden.[99] Die Sunniten bilden die mit Abstand größte Konfession. Etwa 85 bis 90 Prozent aller Muslime auf der Welt sind Sunniten. Da sich in der Bundesrepublik unter den türkischstämmigen Muslimen zahlreiche Aleviten befinden, sind die Prozentzahlen für die Sunniten leicht nach unten zu korrigieren. Lemmen schätzt den Anteil der Sunniten auf ca. 80 Prozent. Von diesen gehören die meisten Muslime mit türkischer, pakistanischer oder bosnischer Herkunft der hanafitischen Rechtsschule an. Die anderen Rechtsschulen, so die malikitische, zu der sich die meisten Muslime marokkanischer Herkunft zugehörig fühlen, sind mit weitaus geringerer Anhängerschaft in der Bundesrepublik vertreten. In relativ kleiner Zahl finden sich auch Anhänger der schiitischen Glaubensrichtung in Deutschland. Ihre Zahl wird auf ca. 125 000 geschätzt. Die Schiiten mit iranischer, libanesischer oder afghanischer Herkunft rechnen sich der Zwölferschia zu. Formal zur Schia gehören auch die ca. 400 000 hier lebenden Aleviten. Aufgrund der erheblichen Unterschiede in der Glaubenslehre und Praxis sollten diese jedoch als eigenständige islamische Strömung betrachtet werden. Schließlich ist auch noch die Ahmadiyya-Bewegung zu nennen, die über ca. 60 000 Anhänger verfügt.[100]

3.4 Bedeutung des Islams im Alltag

Auf die Frage, welche Bedeutung der Islam im Alltagsleben der muslimischen Migranten einnimmt, gibt es bislang keine fundierte Antwort. Die wenigen in Deutschland vorliegenden Untersuchungen vermitteln eher ein diffuses Bild. So kommt eine im Oktober 2000 vom *Zentrum für Türkeistudien (ZfT)* durchgeführte Befragung unter 2000 türkischstämmigen Migranten zu dem Ergebnis, dass eine deutliche Mehrheit der Befragten sich als religiös definiert. Sieben Prozent der befragten Muslime betrachten sich als "sehr religiös". Etwa zwei Drittel sehen sich als "eher religiös". Ein Viertel der türkischstämmigen Migranten stuft sich als "eher nicht religiös" ein und drei Prozent betrachten sich als "gar nicht religiös".[101] Diese Zahlen bestätigen die in der hiesigen Islamdebatte oftmals formu-

---

99 Auf eine Darlegung der unterschiedlichen konfessionsartigen Strömungen kann an dieser Stelle verzichtet werden. Hierzu gibt es mittlerweile eine Fülle ausgezeichneter Darstellungen. Verwiesen sei hier lediglich auf das bereits mehrfach zitierte Standardwerk der Marburger Islamwissenschaftlerin Ursula Spuler-Stegemann: Muslime in Deutschland, Freiburg 2002.

100 Lemmen: Islamische Vereine und Verbände in Deutschland, S. 20.

101 Aydin / Halm / Şen: "Euro-Islam" – das neue Islamverständnis der Muslime in der Migration, S. 9f.

lierte Annahme, dass die muslimischen Migranten der Religiosität einen hohen Stellenwert beimessen. Betrachtet man jedoch die weiteren Untersuchungsergebnisse zu "häufig ausgeführten religiösen Handlungen nach soziodemographischen Merkmalen", so zeigt sich, dass zwischen älteren und jüngeren Befragten beträchtliche Unterschiede bestehen. In der Gruppe der 18-29 Jahre alten Migranten verrichten lediglich 20,8 Prozent der Befragten "häufig" das "tägliche Gebet". In der Gruppe der 46-60 Jahre alten Muslime werden die Pflichtgebete von 54,3 Prozent befolgt. Ähnlich sind die Zahlenrelationen beim Freitags- und Feiertagsgebet.[102]

Zu ganz ähnlichen Ergebnissen kommen die Untersuchungen von Worbs und Heckmann[103] auf der Grundlage des EFFNATIS-Datensatzes, der auf der Befragung von 587 Jugendlichen und jungen Erwachsenen von 16 bis 25 Jahren basiert. Befragt nach der Häufigkeit des "Gotteshausbesuchs" gaben lediglich 10,2 Prozent der muslimischen Jugendlichen an, dass sie "regelmäßig" ein Gotteshaus besuchen; wohingegen die katholischen und christlich orthodoxen Nicht-Muslime der gleichen Altersgruppe mit 14,5 Prozent häufiger in Kirchen zu finden sind als muslimische Migranten in der Moschee.

Ein wiederum anderes Bild bietet sich in Bezug auf die Frage nach der "Wichtigkeit der gleichen Religion beim Lebenspartner". In der Sozialforschung ist dies ein häufig verwendeter Indikator für die soziale Distanz oder Nähe zwischen Bevölkerungsgruppen, die sich in kultureller und religiöser Hinsicht unterscheiden. Bei den befragten muslimischen Migranten finden ca. 50 Prozent einen Partner mit gleicher Religion "sehr wichtig" oder "wichtig". Ähnlich fällt auch die Bewertung der religiösen Feste aus dem Herkunftsland der Eltern aus. Eine deutliche Mehrheit von über 60 Prozent der muslimischen Migranten sieht die Feste als sehr wichtig an. Lediglich 5 Prozent messen den religiösen Festen keinerlei Bedeutung zu. Bei den nichtmuslimischen Befragten sind parallel 49 Prozent bzw. 15,7 Prozent anzugeben. Ebenfalls eine deutliche Mehrheit der muslimischen Befragten befolgt das religiös begründete Alkoholverbot. Drei Viertel der muslimischen Interviewpartner gaben an, selten oder nie Alkohol zu konsumieren.[104]

Die skizzierten Ergebnisse beider Studien ermöglichen aufgrund der schmalen Datenbasis keine generellen Aussagen zur Bedeutung der Religiosität im Alltagsleben der muslimischen Migranten. Festhalten lässt sich lediglich, dass das Ausmaß gelebter Religiosität vom Alter abhängig ist: Mit zunehmendem Alter steigt

---

102 Ebd.

103 Worbs, Susanne; Heckmann, Friedrich: Islam in Deutschland: Aufarbeitung des gegenwärtigen Forschungsstandes und Auswertung eines Datensatzes zur zweiten Migrantengeneration, Bundesministerium des Inneren (Hg.): Texte zur inneren Sicherheit, Islamismus, Roggentin 2003, 2. Aufl., S. 133- 220.

104 Ebd. S.148.

die religiöse Bindung, und die alltägliche Erfüllung der religiösen Pflichten gewinnt an Bedeutung. Die jüngeren muslimischen Befragten sind durchweg weniger religiös. Dies bedeutet jedoch nicht, dass der Islam im Alltagsleben der jungen Muslime keine Rolle spielt. Die zweite Studie zeigt, dass die tradierten islamischen Festtage und die gleiche religiöse Zugehörigkeit des Lebenspartners hoch eingeschätzt werden. Hingegen hält man regelmäßige Moscheebesuche oder die Mitgliedschaft in religiös-kulturellen Vereinen für nicht so wichtig.[105]

3.5 Islamische Organisationen in Deutschland

Im Laufe der letzten Jahrzehnte sind in der Bundesrepublik zahlreiche islamische Vereine, Organisationen und Verbände entstanden, die die Interessen der Muslime wahrzunehmen versuchen. Neben ca. 2400 Moscheevereinen[106], die in umfassender Weise die religiöse Infrastruktur für die Gemeinden auf lokaler Ebene bereitstellen, gibt es mehrere Verbände, deren Mitglieder zumeist aus einem Herkunftsland stammen. Diese Verbände, denen die meisten Moscheevereine angeschlossen sind, verfügen oftmals über europaweite Netzwerkstrukturen und unterhalten enge organisatorische Kontakte zu den Stammorganisationen in den Heimatländern. Ein Teil der Verbände hat sich trotz divergierender politischer und religiöser Auffassungen zur Wahrnehmung ihrer gemeinsamen Interessen zu Dachverbänden und Landesorganisationen zusammengeschlossen. Neben den Vereinen und Verbänden, die sich um die grundsätzlichen religiösen Belange der Muslime bemühen, gibt es eine Reihe von Vereinen und Organisationen, die sich an bestimmte Zielgruppen, wie z. B. Studenten und Jugendliche, richten oder aber als Bildungs- oder Hilfswerke tätig sind. Nicht selten verfügen auch diese Organisationen über europaweite Kontakte und sind mit den großen Spitzenverbänden verbunden.[107]

Die folgende Darstellung beschränkt sich im Wesentlichen auf die Verbände und Spitzenorganisationen, die in der Auseinandersetzung um den *Islamischen Religionsunterricht* den Anspruch erheben, die Interessen der Muslime zu vertreten. Dies sind auf der bundesweiten Verbandsebene vor allem die drei großen tür-

---

105 Ebd.
106 Zur Zahl der Moscheevereine, die den Nukleus der religiösen Infrastruktur bilden, gibt es lediglich Schätzungen. Das Zentrum für Türkeistudien schätzt die Zahl der Moscheevereine auf 2400. Diese sind in überwiegender Mehrheit an türkisch-muslimische Dachorganisationen angeschlossen. Vgl. Aydin / Halm / Şen: "Euro-Islam" – das neue Islamverständnis der Muslime in der Migration, S. 6.
107 Lemmen: Islamische Vereine und Verbände in Deutschland, S. 25.

kisch-muslimischen Verbände: die *Türkisch-Islamische Anstalt für Religion (DİTİB)*, die *Islamische Gemeinschaft Milli Görüş (IGMG)* und der *Verband der Islamischen Kulturzentren (VIKZ)*. In einem weiteren Abschnitt wird die *Alevitische Gemeinde Deutschland (AABF)* als bundesweit tätiger alevitischer Spitzenverband vorgestellt. Schließlich werden auch die beiden großen Spitzenverbände *Zentralrat der Muslime in Deutschland (ZMD)* und der *Islamrat für die Bundesrepublik Deutschland* sowie einige landesweite Zusammenschlüsse – wie die *SCHURA-Niedersachsen* - vorgestellt. Auf eine skizzenhafte Darstellung der kleineren Organisationen wie der *Jama'at un-Nur*, der *Türk-Federasyon*, der *Türkisch-Islamischen Union in Europa (ATİB)* u. a., die ebenfalls in den genannten Spitzenverbänden organisiert sind, wird an dieser Stelle verzichtet, da ihnen in Relation zu den großen Verbänden nur eine vergleichsweise geringe Bedeutung zukommt.[108]

3.5.1 Dachverbände

3.5.1.1 Türkisch-Islamische Union der Anstalt für Religion (DİTİB)

Die *Türkisch-Islamische Union der Anstalt für Religion (Diyanet İşleri Türk İslam Birliği*, abgekürzt *DİTİB)* ist die mit Abstand größte Organisation der Muslime in Deutschland. Der Dachverband, der im Jahr 1984 gegründet wurde und mit seiner Zentrale in Köln ansässig ist, vereint ca. 900 Moschee-, Kultur-, Sozial-und Sportvereine.[109] Wie bereits der türkische Vereinsname erkennen lässt, steht der Verband in enger Beziehung zum *Diyanet İşleri Başkanlığı (DİB)*, dem Präsidium für Religionsangelegenheiten, das in direkter Linie dem türkischen Ministerpräsidenten unterstellt ist.[110] Diese bereits im Jahr 1924 gegründete Behörde kontrolliert in umfassender Weise die Ausübung der islamischen Religion in der Türkei. So ist sie zuständig für den Bau und den Erhalt von Moscheen und die Bestellung des notwendigen Personals, die Einrichtung von Korankursen, die Klärung theologischer Fragen und die religiöse Betreuung der Auslandstürken.[111] Der Präsident von *Diyanet* ist zugleich Vorsitzender des Vereinsbeirats der *DİTİB*. Der türkische Botschaftsrat für religiöse Angelegenheiten in Deutschland vertritt diesen vor Ort und wird auf der Konsulatsebene von den Religionsattachés der

---

108 Nicht berücksichtigt werden auch die Vereine und Organisationen, die aus den unterschiedlichen Strömungen der Muslimbruderschaft hervorgegangen sind (z.B. die islamischen Zentren in Aachen und München). Eine vollständige Aufnahme aller Vereine und Organisationen würde den Rahmen dieser Darstellung sprengen.
109 Lau, Jörg; Staud, Torlaf: "Das Kopftuch ist nicht so wichtig", ZEIT-Gespräch mit Rıdvan Çakir (DİTİB), DIE ZEIT vom 3. Juni 2004.
110 Lemmen: Islamische Vereine und Verbände in Deutschland, S. 34.
111 Ebd.

Konsulate vertreten. Aufgrund der Weisungsgebundenheit der Organisationsspitze kann *DİTİB* nicht als eigenständiger bzw. unabhängiger Dachverband angesehen werden.[112] Vielmehr ist sie, wie Thomas Lemmen überzeugend ausführt, als eine unmittelbar vom türkischen Staat abhängige Organisation zu betrachten.

Die Hauptaufgabe der in Deutschland tätigen *DİTİB* definiert die Satzung wie folgt: "Der Verein hat den Zweck, die in der Bundesrepublik Deutschland lebende türkische Gemeinschaft in allen Angelegenheiten der islamischen Religion zu betreuen, aufzuklären und zu unterweisen, geeignete Räume für religiöse Andachten und Unterweisungen einzurichten und zu unterhalten, Laienprediger auszubilden, Sprachkurse, soziale und kulturelle Aktivitäten sowie Maßnahmen zur Förderung der beruflichen Bildung der türkischen Staatsangehörigen durchzuführen."[113] Bei der Durchführung des umfangreichen Dienstleistungsangebots setzt man überwiegend Personal aus der Türkei ein. Die ca. 685 Imame in den *DİTİB*-Moscheen sind in der Regel Beamte oder Angestellte von *Diyanet*, die für 5 bis 6 Jahre einer Moscheegemeinde zugewiesen werden. Dienstaufsicht und Bezahlung erfolgen durch die Konsulate. In der Regel verfügen die in Deutschland tätigen Imame über keinerlei Deutschkenntnisse. Auf der Ebene der lokalen Moscheevereine gibt es aufgrund dieses Sachverhalts große Kommunikationsprobleme. Erschwerend hinzu kommt, dass die Imame turnusmäßig ausgetauscht werden. Kontinuierliche Beziehungen zum Moscheeumfeld werden durch diese Regelung nahezu unmöglich gemacht.[114]

Aufgrund der starken Anbindung an den türkischen Staat verzichtete *DİTİB* bislang auf eine Mitgliedschaft im *Zentralrat der Muslime* oder *Islamrat*. Dem Selbstverständnis nach vertritt *DİTİB* in erster Linie einen türkisch geprägten Islam. In der Öffentlichkeit ist *DİTİB* in der Vergangenheit kaum in Erscheinung getreten. Seit der *AKP*-Regierung unter dem Ministerpräsidenten Recep Tayyip Erdoğan präsentiert sich die Organisation zunehmend als Ansprechpartner für die deutsche Seite. Welche Position *DİTİB* in Bezug auf einen deutschsprachigen islamischen Religionsunterricht vertritt, ist derzeit unklar. Die frühere schroffe Ablehnung scheint jedoch mittlerweile von einer eher verhaltenen Zustimmung abgelöst worden zu sein.[115]

---

112 Seidel, Eberhard; Dantschke, Claudia; Yıldırım Ali: Politik im Namen Allahs, Der Islamismus – eine Herausforderung in Europa, 2. Aufl., September 2001.

113 Türkisch-Islamische Union der Anstalt für Religion e. V.: Wir über uns, Selbstdarstellung , Köln 1999, S.2.

114 Şen / Aydın: Islam in Deutschland, S. 53.

115 Der derzeitige DİTİB-Vorsitzde Rıdvan Çakir hat sich in einem ZEIT-Gespräch indirekt für einen deutschsprachigen Islamunterricht ausgesprochen. Lau, Jörg; Staud, Torlaf: "Das Kopftuch ist nicht so wichtig", ZEIT-Gespräch mit Rıdvan Çakir (DİTİB), DIE ZEIT vom 3. Juni 2004.

3.5.1.2 Islamische Gemeinschaft Milli Görüş e.V. (IGMG)

Der zweitgrößte in der Bundesrepublik tätige islamisch-türkische Dachverband ist die *Islamische Gemeinschaft Milli Görüş e.V. (IGMG)*, deren Europazentrale sich in Kerpen bei Köln befindet. Nach Eigenangaben umfasst die *IGMG* in mehreren europäischen Ländern 514 Moscheegemeinden. Hinzuzurechnen sind zahlreiche Sport-, Jugend- und Frauenvereine. Die Gesamtzahl aller angeschlossenen Vereine beträgt ca. 2200. [116] Die IGMG hat derzeit ca. 87 000 Mitglieder.[117] Die Gemeindegröße wird auf 230 000 Personen geschätzt.

Ihrer Selbstauffassung nach ist die *IGMG* "eine islamische Religionsgemeinschaft, die das religiöse Leben der Muslime umfassend organisiert. Aufgabe des Vereins ist die Pflege und Verkündung des islamischen Religionsbekenntnisses und die Betreuung und Vertretung der Interessen der Muslime. Der Verein befasst sich mit sämtlichen Angelegenheiten, die Muslime betreffen".[118]

Nach Thomas Lemmen hat die *IGMG* eine lange und komplizierte Entwicklungsgeschichte, die bereits Mitte der siebziger Jahre begann.[119] Der erste Verein der *Milli Görüş* wurde bereits 1972 in Braunschweig gegründet.[120] 1976 entstand in Köln die *Türkische Union Europa e. V. (Avrupa Türk Birliği)*, die 1982 in *Islamische Union Europa e. V.* umbenannt wurde. 1983 kam es im Verband zu heftigen internen Auseinandersetzungen um die politische Ausrichtung der Vereinigung. Der Richtungsstreit endete mit der Abspaltung der Radikalislamisten, die sich um Cemalettin Kaplan gruppiert hatten. 1985 erfolgte erneut eine Umbenennung in *Vereinigung der neuen Weltsicht in Europa e. V. (Avrupa Milli Görüş Teşkilatları / AMGT)*. 1995 wurde die Organisationsstruktur grundlegend modifiziert. Die Rechtsnachfolge der bisherigen *AMGT* übernahm die *Europäische Moscheebau und - unterstützungsgemeinschaft e. V. (EMUG)*, die die Verwaltung des umfangreichen Immobilienbesitzes der *AMGT* übernahm. Die religiösen, sozialen und kulturellen Aufgaben übernahm der Bonner *AMGT*-Ortsverein, der im Januar 1995 in *Islamische Gemeinschaft Milli Görüş e. V. (IGMG)* umbenannt wurde.[121]

---

116 IGMG – Islamische Gemeinschaft Milli Görüs: Wir über uns, (Selbstdarstellung), unter: http://www.igmg.de/index.php?module=ContentExpress&func=display&ceid=6 (28.06.04).
117 Die Mitgliederzahlen der IGMG werden von den Verfassungsschutzbehörden deutlich niedriger angesetzt. Der NRW-Verfassungsschutzbericht beziffert im Jahresbericht 2003 die Zahl der Mitglieder auf 26 500. Innenministerium des Landes Nordrhein-Westfalen (Hg.): Verfassungsschutzbericht des Landes Nordrhein-Westfalen über das Jahr 2003, Düsseldorf 2004, S. 113.
118 IGMG – Islamische Gemeinschaft Milli Görüs: Wir über uns.
119 Lemmen: Islamische Vereine und Verbände in Deutschland, S. 40.
120 Şen / Aydın: Islam in Deutschland, S. 53.
121 Ebd., und: Lemmen: Islamische Vereine und Verbände in Deutschland, S. 40.

Nach Lemmen zeigt bereits die Selbstbezeichnung *Milli Görüş*[122] in welchem politischen Kontext sich die Organisation versteht. Der Name *Milli Görüş* verweist auf einen Buchtitel und das politische Konzept des türkischen Islamistenführers Necmettin Erbakan, der seit Jahrzehnten unter wechselnden Bezeichnungen die islamistische Partei in der Türkei führt.[123] Neben dem programmatischen Titel gab es eine Reihe von inhaltlichen und organisatorischen Verbindungen, die deutlich machen, dass es sich bei der *IGMG* lange Zeit um die "Auslandsorganisation der politischen Bewegung von Necmettin Erbakan handelt".[124] So z. B. wurden im Jahr 1995 von *Milli Görüş* erhebliche Geldbeträge in Europa für Erbakans Wahlkampfkampagne in der Türkei eingesammelt. Weitere Unterstützung erhielt der Islamistenführer durch fast alle Mitglieder der *IGMG*-Führung, die den Wahlkampf in der Türkei unterstützten.[125] Als weiteres Indiz kann die personelle Verschränkung der *IGMG*-Führung mit der Erbakan-Partei angeführt werden. Bis vor wenigen Jahren hatten stets Familienangehörige des türkischen Islamistenführers wichtige Positionen in der Führungsspitze inne. Mehmet Sabri Erbakan, ein Neffe von Necmettin Erbakan, war von 1996 bis 2002 Generalsekretär der *IGMG*. Seine Mutter, Amina Erbakan, führt seit geraumer Zeit die *Deutschsprachige Islamische Frauengemeinschaft (DIF)*.[126] Aufgrund der Verbindungen zu der politischen Bewegung des Islamistenführers Erbakan wird die *IGMG* seit einigen Jahren durch die Verfassungsschutzbehörden der Länder und des Bundes überwacht. Nach einer Studie von Dantscke, Seidel und Yildrim besteht das Hauptziel von Erbakan darin: "Die von Mustafa Kemal Atatürk 1923 eingeleitete Trennung von Staat und Religion rückgängig zu machen. Denn nach Auffassung der Islamisten ist die Orientierung der Türkei an der modernen westlichen Zivilisation nichts anderes als ein Akt der Selbstverleugnung. Dadurch werden in den Menschen die natürlichen Anlagen zu anständigem und tugendhaftem Handeln untergraben und die türkische Nation fortlaufend von innen zerstört."[127] Neben relativ

---

122 Früher wurde Milli Görüş mit "nationale religiöse Sicht" übersetzt. Heute bevorzugt die IGMG die Übersetzung "monotheistische Ökumene". Vgl. unter: http://www.igmg.de/index.php?module=ContentExpress&func=display&ceid=6 (7.7.2004).

123 Erbakans Partei firmierte zunächst unter dem Titel MSP (Nationale Heilspartei). Diese wurde 1980 verboten. 1983 gründete Erbakan die Refah-Partei (Wohlfahrtspartei) und entwickelte das Parteiprogramm Adil Düzen (Gerechte Ordnung). Nach den Wahlen 1995 stellte die Wohlfahrtspartei mit Erbakan für ein Jahr den Ministerpräsidenten. 1998 wurde die Wohlfahrtspartei wegen ihrer antilaizistischen Orientierung verboten. Als Nachfolgeorganisation trat nun die Fazilet-Partei (Tugendpartei) in Erscheinung. Diese wurde ebenfalls im Juni 2001 verboten. Aktuell führt Erbakans Partei den Titel Saadet-Partei (Partei der Glückseligkeit).

124 Lemmen: Islamische Vereine und Verbände in Deutschland, S. 46.

125 Innenministerium des Landes Nordrhein-Westfalen (Hg.): Islamistischer Extremismus in Nordrhein-Westfalen, Düsseldorf 1999, S.36.

126 Lemmen: Islamische Vereine und Verbände in Deutschland, S. 46.

127 Seidel / Dantschke / Yıldırım: Politik im Namen Allahs, Der Islamismus – eine Herausforderung in Europa, S. 45.

vagen islamistischen Zielvorstellungen propagiert der Islamistenführer auch antisemitische Feindbilder. So heißt es in der programmatischen Schrift *Adil Ekonomik Düzen (Gerechte Ordnung)*: "Die Zionisten glauben, dass sie die tatsächlichen und auserwählten Diener Gottes sind. Ferner sind sie davon überzeugt, dass die anderen Menschen als ihre Sklaven geschaffen wurden. Sie gehen davon aus, dass es ihre Aufgabe ist, die Welt zu beherrschen. Sie verstehen die Ausbeutung der anderen Menschen als Teil ihrer Glaubenswelt."[128] Ähnliche Antisemitismen fanden sich bis zum Jahr 2000 auch in der verbandsnahen Zeitung *Milli Gazete*.

Im Jahr 2001 zerfiel die islamistische Partei in zwei Lager. Die "Traditionalisten" um Erbakan gründeten die *Saadet Partisi (SP* -Glückseligkeitspartei) und die sogenannten "Erneuerer" um Recep Tayyip Erdoğan, die sich weitgehend von radikalislamistischen Positionen gelöst haben, gründeten die *Adalet ve Kalkinma Partisi (AKP – Partei der Gerechtigkeit und Entwicklung)*. Der große Erfolg der "Erneuerer" um Erdoğan bei den türkischen Parlamentswahlen im November 2002 führte die *IGMG* in heftige interne Auseinandersetzungen. Nach Schiffauer macht die Organisation im Moment einen "komplexen Eindruck". Derzeit existieren mehrere Strömungen nebeneinander. Neben Radikalislamisten und Traditionalisten gibt es in wachsender Zahl Anhänger eines reformorientierten europäischen Islams.[129] Mit Oğuz Üçüncü und Mustafa Yeneroğlu, die Antisemitismus und Radikalislamismus scharf verurteilen, stellen die Reformer mittlerweile auch die Organisationsspitze.[130] Die *IGMG* ist das mit Abstand größte Mitglied des *Islamrats* und fordert gemeinsam mit den anderen Mitgliedsorganisationen bereits seit Jahren die Einführung eines deutschsprachigen Islamunterrichts, der Art. 7 Abs. 3 GG entspricht. Die bestehenden Unterrichtsmodelle eines islamkundlichen Unterrichts werden abgelehnt.[131]

3.5.1.3 Verband der Islamischen Kulturzentren (VIKZ)

Zu den großen islamischen Dachverbänden gehört auch der 1973 gegründete *Verband der Islamischen Kulturzentren e. V. (VIKZ)*, dessen deutsche Hauptverwaltung sich ebenfalls in Köln befindet. Der zentralistisch organisierte Verband unterhält europaweit ca. 430 Niederlassungen, von denen sich ca. 300 im Gebiet

---

128 Zit. in: Innenministerium des Landes Nordrhein-Westfalen (Hg.) Islamistischer Extremismus in Nordrhein.Westfalen, S. 40f.

129 Schiffauer, Werner: Thesenpapier zur Islamische Gemeinschaft Milli Görüs, unter: http://www.mi.niedersachsen.de/master/C3221806_N3015436_L20_D0_I522.html (10.09.04).

130 Ostereich, Heide; Reinecke, Stefan: "Es geht darum, uns wehzutun", Streitgespräch mit Oguz Ücüncü, Mustagfa Yeneroglu und Eberhard Seidel, Die Tageszeitung vom 7. Mai 2004.

131 IGMG: Islamischer Religionsunterricht, unter: http://www.igmg.de/index.php?module=ContentExpress&func=display&ceid=71&itmid=1 (08.07.04).

der Bundesrepublik Deutschland befinden. Nach Eigenangaben verfügte der Verband im Jahr 1998 in Deutschland über 21 000 Vereinsmitglieder. Die Gesamtzahl der Gemeindemitglieder wurde auf 121 000 geschätzt.[132]

In der Satzung definiert der *VIKZ* seine Zwecke und Ziele wie folgt: "Der Verein bietet den in Europa lebenden oder sich in Europa aufhaltenden Menschen islamischen Glaubens die Möglichkeit zur Religionsausübung an."[133] Hierzu werden vom Verband unter anderem folgende in der Satzung benannte Tätigkeiten ausgeübt:

- "Einrichtung und Unterhaltung von Gemeinden ... sowie von Schüler- und Studentenwohnheimen im Rahmen der erzieherischen Aktivitäten in ganz Europa."
- "Unterweisung im islamischen Glauben und Lehre und Wahrung der islamischen kulturellen Werte."
- "Soziale Hilfeleistungen"
- "Durchführung von wissenschaftlichen Seminaren und Einrichtung von Bibliotheken."[134]

Nach Şen und Aydın gilt "das Hauptaugenmerk des Verbandes der Wahrung der türkisch-islamischen Identität der Jugendlichen".[135] Um dieses Ziel zu gewährleisten, konzentrieren sich die Aktivitäten der Verbandsorgane auf Korankurse und Kurse in islamischem Recht und Geistesgeschichte, die zunehmend in internatsähnlichen Einrichtungen erteilt werden. Überdies werden die Verbandsräumlichkeiten den Gemeindemitgliedern für Familienfeste überlassen. Bei der Religionsausübung wird in einem hohen Maße "auf eine strenge Orthopraxie Wert gelegt".[136]

Der *VIKZ* wird als eine Gründung der *Süleymancılar* angesehen.[137] Der Name verweist auf Süleyman Hilmi Tunahan, der als Theologe in der Tradition des Nakşibendi-Ordens in der Türkei wirkte. Nach dem Verbot des Ordens 1925 schuf Tunahan eine landesweit wirkende Korankursbewegung, die es sich zum Ziel setzte, die religiöse Erziehung und Bildung von Kindern in einer weitgehend

---

132 Verband der Islamischen Kulturzentren e. V.: Stellungnahme des VIKZ zu der Studie "Islamische Organisationen in der Bundesrepublik Deutschland, eine aktuelle Bestandsaufnahme und Analyse" von Prof. Dr. Udo Steinbach, Köln 1998.

133 Verband der Islamischen Kulturzentren e. V.: Satzung des Verbandes der Islamischen Kulturzentren e. V.,unter: http://www.vikz.de (12.07.04).

134 Ebd.

135 Şen / Aydın: Islam in Deutschland, S. 56.

136 Ebd., S.57.

137 Troll, Christian W: Muslime in Deutschland – Ziele, Strömungen, Organisationen/Strukturen, unter: http://www.jesuiten.org/aktuell/jubilaeum/files/jahresthema_2001_troll_1.pdf (17.07.04).

säkularisierten Türkei zu gewährleisten.[138] Die *Süleymancılar* sind in der Türkei straff hierarchisch organisiert. Nach dem Tod des Stifters übernahm sein Schwiegersohn Kemal Kaçar die Führung in der Bewegung. Im Jahr 2000 übernahm Ahmet Arif Denizoğlun, ein Enkel des Stifters, die Führung in der Bewegung.[139] Der Führungswechsel in der Türkei hatte erhebliche Auswirkungen auf den in Deutschland ansässigen *VIKZ*. Auf Anweisung der neuen Führung wurde eine grundlegende Neuorientierung des Verbandes eingeleitet. Die als Dialogprojekt hochgelobte Islamische Akademie *ISLAH*, die in Köln in der Villa Hahnenburg ansässig war, wurde im Juli 2000 kurzerhand geschlossen. Wenige Wochen später gab der *Zentralrat der Muslime in Deutschland (ZMD)* den Austritt des *VIKZ* aus diesem Spitzenverband bekannt. Parallel zu diesen Maßnahmen wurde die Führung des *VIKZ* mit Personen besetzt, die unmittelbar aus der Türkei kamen.[140] Die Ereignisse des Jahres 2000 zeigen sehr deutlich, dass der *VIKZ* nicht als eine eigenständige islamische Organisation angesehen werden kann. Über die Zielsetzung und das Führungspersonal entscheidet offenbar die in der Türkei ansässige Führung.

Nach der Umstrukturierung des Verbandes und dem Austritt aus dem *ZMD* ist derzeit unklar welche Position der *VIKZ* in Bezug auf den *Islamischen Religionsunterricht* vertritt. Stellungnahmen hierzu hat es seit dem Jahr 2000 nicht gegeben. Auf der Homepage des Verbandes (www.vikz.de) befindet sich nach wie vor die aus dem Jahr 1993 stammende Stellungnahme des ehemaligen Generalsekretärs Ibrahim Çavdar, in der ein deutschsprachiger islamischer Religionsunterricht nach Art.7 Abs.3 gefordert wird.[141]

3.5.1.4 Alevitische Gemeinde Deutschland e. V. (AABF)

Die *Alevitische Gemeinde Deutschland e. V. (AABF)* gilt als der wichtigste alevitische Dachverband in Deutschland.[142] Der *AABF* gehören ca. 96 eigenständige Vereine an. Die Zahl der Mitglieder liegt nach Eigenangaben zwischen 20 000 – 30 000 Personen.[143] Der Organisationsprozess der Aleviten, der erheblich später einsetzte als bei den sunnitischen Muslimen, steht in einem engen Zusammenhang mit

---

138 Şen / Aydın: Islam in Deutschland, S. 57.
139 Lemmen: Islamische Vereine und Verbände in Deutschland, S. 51.
140 Troll, Christian W: Muslime in Deutschland – Ziele, Strömungen, Organisationen/Strukturen.
141 http://www.vikz.de/public/islamischerReligionsuntericht.html (13.7.2004).
142 Neben der AABF ist die sogenannte CEM-Stiftung als Dachverband in der Bundesrepublik tätig. Die CEM-Stiftung, der ca. 10 alevitische Vereine angehören, gilt aufgrund ihrer Regierungsnähe nach Lemmen als "DITIB der Aleviten". Vgl. Lemmen: Islamische Vereine und Verbände in Deutschland, S. 61.
143 Landesinstitut für Schule (LfS); Alevitische Gemeinde Deutschland (AABF): Das Alevitentum – Informationen und Materialien für den Unterricht, Vorabdruck, o. J., S. 18.

der religiösen Wiederbelebung des Alevitentums, die in Westeuropa Anfang der neunziger Jahre einsetzte. Der erste Alevitenverband, die *Vereinigung der Aleviten-gemeinden e.V.*, wurde im Jahr 1990 in Trebur-Astheim bei Mainz gegründet. 1993 verlegte die Organisation ihren Sitz nach Köln. Nachdem weitere Vereine aus anderen europäischen Ländern beigetreten waren, erfolgte eine Umstrukturierung des Verbandes. Seit Oktober 1994 wirkte die Vorläuferorganisation der heutigen *AABF* unter dem Namen *Förderation der Aleviten Gemeinden in Europa e.V.* 1997 wurde beschlossen, die europaweite Verbandsstruktur als Konförderation zu gestalten. Der in Deutschland tätige Verband trägt heute den Namen *Alevitische Gemeinde Deutschland e. V. (AABF).*[144]

Die AABF definiert sich in § 2 ihrer Satzung "als eine Glaubensgemeinschaft im Sinne des Grundgesetzes der Bundesrepublik Deutschland."[145] Nach ihrer Selbstdarstellung aus dem Jahr 2001 verfolgt sie folgende Ziele:

- "Schutz, Weiterentwicklung und kulturelle Eigenständigkeit der religiösen und philosophischen Werte der in Deutschland lebenden Aleviten und gleichzeitig die Schaffung eines harmonischen Zusammenspiels mit allen anderen Bevölkerungsgruppen."

- "Einsatz für die sozialen und kulturellen Belange"
- Einsatz für die freie Religionsausübung
- Bewahrung der Tradition
- "Beseitigung jeder Form der Diskriminierung von Menschen ..."
- "Schutz von Minderheiten durch Schaffung einer besseren rechtlichen Stellung."[146]

Nach Şen und Aydın versteht sich die laizistisch orientierte *AABF* als demokratische und unabhängige Interessensvertretung der Aleviten, in der nicht "auf Unterschiede der Religion, Rasse, Sprache und nationalen Herkunft geachtet wird". So seien im Verband nicht nur türkische, sondern auch kurdische Aleviten organisiert.[147]

In Bezug auf den islamischen Religionsunterricht vertritt der Verband einen pragmatischen Kurs, der den jeweils unterschiedlichen rechtlichen Bedingungen in den Bundesländern gerecht zu werden versucht. In Berlin erteilen die Aleviten neben der *Islamischen Förderation* einen eigenständigen Religionsunterricht. In

144 Alevitische Gemeinde Deutschland e. V.(AABF): Zur Entstehungsgeschichte der AABF, unter: http://www.alevi.com/sites/wir/geschichte.htm (14.7.2004).
145 Alevitische Gemeinde Deutschland e.V.(AABF): Satzung für die Alevitische Gemeinde Deutschland e.V., unter: http://www.alevi.com/sites/wir/satzung.htm (14.07.04).
146 Alevitische Gemeinde Deutschland e. V.(AABF): Die Ziele der AABF, unter: http://www.alevi.com/sites/wir/ziel.htm (14.07.04).
147 Şen / Aydın: Islam in Deutschland, S. 65.

NRW und anderen Bundesländern hat der Verband mittlerweile Anträge auf Einführung alevitischen Religionsunterrichts gestellt. Parallel hierzu erklärten sich Verbandsvertreter auch bereit, an dem bestehenden islamkundlichen Angebot in NRW mitzuarbeiten.[148]

3.5.2 Spitzenverbände

3.5.2.1 Islamrat für die Bundesrepublik Deutschland – Islamischer Weltkongress e. V.

Der *Islamrat für die Bundesrepublik Deutschland* wurde im November 1986 "als bundesweite Koordinierungsinstanz und gemeinsames Beschlussorgan islamischer Religionsgemeinschaften" gegründet und ist der Rechtsnachfolger des 1932 gegründeten Vereins *Islamischer Weltkongreß Zweigstelle Berlin*. In seiner Selbstdarstellung definiert sich der *Islamrat* als "eine autonome islamische Glaubensgemeinschaft ... im Sinne der Verfassung und der Gesetze der Bundesrepublik Deutschland".[149] Grundlagen des Islamrats "sind die islamische Lehre und Tradition sowie die Ordnungen, wie sie vom Grundgesetz ... und Verfassungen der Länder vermittelt werden". Der *Islamrat* tritt ein für die Gleichstellung der islamischen Religionsgemeinschaften mit den christlichen Kirchen und strebt die Anerkennung als Körperschaft öffentlichen Rechts an. Als Hauptaufgabe formuliert der Islamrat "die religiöse, soziale und kulturelle Betreuung der in der Bundesrepublik lebenden Muslime." Hierzu gehören insbesondere:

- "die Lehre des islamischen Glaubens und Wahrung der kulturellen islamischen Werte"
- "die Erteilung von Glaubensunterweisungen an muslimische Kinder, Jugendliche und Erwachsene"
- "die Durchführung von Gebets- und Predigtgottesdiensten, Bestattungen, Veranstaltung religiöser Feste und Feierlichkeiten" und
- "die Durchführung von Glaubensseminaren und –lehrgängen".[150]

In Bezug auf die Mitgliederstruktur blickt der Islamrat auf eine wechselvolle und schwierige Geschichte zurück. Bereits zwei Jahre nach seiner Gründung verließ der mitgliederstarke *VIKZ* aufgrund interner Differenzen den Verband. 1990 erfolgte der Beitritt des *IGMG*-Vorläufers AMGT. 1997 schlossen sich der *Islam-*

---

148 Die vom Landesinstitut für Schule und der Alevitischen Gemeinde gemeinsam erstellte Handreichung zur alevitischen Glaubenslehre wird in Kapitel 6.5.4 ausführlich vorgestellt.
149 Islamrat für die Bundesrepublik Deutschland: Selbstdarstellung, unter: http://www.islamrat.de/selbstd/darstellung.html (14.07.04).
150 Ebd.

rat und der *Islamische Weltkongreß Deutschland (altpreußische Tradition) e V.* zusammen und gründeten die heutige Verbandsstruktur.[151] Nach Angaben des ehemaligen Ratsvorsitzenden Hassan Özdoğan repräsentiert der *Islamrat* mit seinen Mitgliedsorganisationen ca. ein Drittel der in Deutschland lebenden 3,3 Millionen Muslime. Diese sehr hohe Zahl ist jedoch in Zweifel zu ziehen, da sie auf der Grundlage der Moscheebesucher errechnet wird.[152] Die Zahl der tatsächlich eingeschriebenen Mitglieder ist deutlich niedriger anzusetzen.

Derzeit zählt der Spitzenverband folgende Organisationen zu seinen Mitgliedern:[153]

Bundesverbände:

1. *Islamische Gemeinschaft Jama'at un-Nur*
2. *Verband Islamischer Jugendzentren*
3. *Bund Moslemischer Pfadfinder Deutschlands*
4. *Islamische Gemeinschaft Milli Görüş (IGMG)*
5. *IGMG-Jugendverband*
6. *Moslemisches Sozialwerk in Europa*
7. *Muslimischer Sozialbund e. V.*
8. *Dachverband der Türkisch-Islamischen Vereine in Deutschland*
9. *Gemeinschaft der Ahl-al-Bayt Vereine in Deutschland*
10. *Ahl-al-Bayt Alevitische Religionsgemeinschaft*
11. *Verein für neue Deutsche Muslime – Haqqani Trust*
12. *Verband der Islamischen Gemeinden der Bosniaken*
13. *Union marokkanischer Imame*
14. *Ehsan Hilfsorganisation*
15. *Deutsch-somalischer Verein e.V.*
16. *Weimar Institut e. V.*
17. *Deutsch –Afrikanische Transfer-Agency*
18. *Islam-Info e.V.*

---

151 Lemmen: Islamische Vereine und Verbände in Deutschland, S. 85.
152 Nach Özdoğan werden die Mitgliedszahlen wie folgt errechnet: "Diese Zahl errechnet sich aus der periodisch erfassten Anzahl der Moscheebesucher der Freitags- und Festtagsgebete, die wiederum mit Hilfe eines festgelegten Faktors x (für die Anzahl der jeweiligen Moscheegemeinde zugehörigen Familienangehörigen) multipliziert und statistisch hochgerechnet wird." unter: http://.islamrat.de/presse/p2001/mitgliederzahlen.htm (17.07.04). Hierzu ist kritisch anzumerken, dass die auf diesem Wege ermittelten Mitglieder und Mitgliedszahlen mit dem hiesigen Rechtsverständnis von Mitgliedschaft in einer Körperschaft nicht in Einklang zu bringen sind. Auch unter Auslassung der rechtlichen Aspekte kann angezweifelt werden, ob der Besuch einer Moschee mit einer Mandatsvergabe einhergeht.
153 Islamrat für die Bundesrepublik Deutschland: Selbstdarstellung, unter: http://www.islamrat.de/selbstd/darstellung.html (14.07.04).

Selbstständige Landesverbände

1. *Islamische Förderation Bremen*
2. *Bündnis der islamischen Gemeinden in Norddeutschland e. V.*
3. *Islamische Föderation Niedersachsen*
4. *Islamische Föderation Berlin*
5. *Islamische Föderation Baden-Württemberg*
6. *Islamische Föderation in Bayern*
7. *Islamische Föderation Hessen*
8. *Islamrat für Rheinland-Pfalz*
9. *Islamrat für Bayern*
10. *Islamisch-Pädagogisches Institut*

Regionale und lokale Vereinigungen

1. *Gesamtverband der türkischen Gemeinden und Vereine in Düsseldorf e. V.*
2. *Islamisches Informations- und Kulturzentrum e. V.*[154]

Da die meisten Mitgliedsorganisationen – abgesehen von der *Jama'at un-Nur* -nur über relativ wenige Mitglieder verfügen, wird der *Islamrat* faktisch von der mitgliederstarken *IGMG* dominiert.[155] Dieser Sachverhalt dokumentiert sich seit Jahren auch in der Verbandsführung. So war nicht nur der heutige Ratsvorsitzende Ali Kızıkaya vorher Generalsekretär der *IGMG*, auch sein Vorgänger Hassan Özdoğan war über einen langen Zeitraum im Vorstand von *Milli Görüş* aktiv.[156]

Im Zentrum der Außenaktivitäten des Islamrats steht seit vielen Jahren das beharrliche Eintreten für einen regulären *Islamischen Religionsunterricht* nach Art. 7 Abs. 3 GG. Hierbei versteht sich der Islamrat neben dem *ZMD* als umfassender Ansprechpartner des Staates, der als konstituierte islamische Religionsgemeinschaft den rechtlichen Erfordernissen gerecht wird.[157] Auf der Grundlage dieser

154 Die Aufzählung listet alle in der Selbstdarstellung genannten Mitgliedsorganisationen auf. Islamrat für die Bundesrepublik Deutschland: Selbstdarstellung, unter: http://www.islamrat.de/selbstd/mitglied.html (21.11.04).
155 Im Islamrat sind mehrere Organisationen vertreten, die direkt oder indirekt der IGMG zuzurechnen sind. Diese Organisationen verfügen in den meisten Gremien des Islamrats über eine Stimmenmehrheit. Lemmen: Islamische Vereine und Verbände in Deutschland, S. 85, und: Spuler-Stegemann, Ursula: Muslime in Deutschland, Organisation und Gruppierungen, in: Landeszentrale für politische Bildung in Baden-Württemberg (Hg.) Der Bürger im Staat, Islam in Deutschland, Heft 4 2001, S.221-226
156 Fauzi, Silke: Tacheles: Islam in Deutschland. An den Grenzen der Toleranz?, Hannover 2003, S. 129.
157 Der Islamrat und der ZMD haben am 27. Mai 1999 eine Kommission für den Islamischen Religionsunterricht (KIRU) eingerichtet. Dieses Gremium versteht sich als Handlungsorgan beider Organisationen, das umfassend für Errichtung, Planung und Durchführung des islamischen Religionsunterrichts einstehen soll. Emenet: Verfassungsrechtliche Probleme einer islamischen Religi-

Selbsteinschätzung fordert der *Islamrat* umfassende Partizipationsmöglichkeiten in der Lehrplanentwicklung und Lehrerausbildung.[158] Um dieses Ziel zu erreichen beschreitet der *Islamrat* gemeinsam mit dem *ZMD* z. Z. in Nordrhein-Westfalen den Rechtsweg. In den ersten beiden Instanzen scheiterten die Spitzenverbände mit ihrer Klage. Das Oberverwaltungsgericht in Münster befand in seinem Urteil vom 2. Dezember 2003, dass die klagenden islamischen Dachverbände keinen Anspruch darauf haben, dass das Land Nordrhein-Westfalen *Islamischen Religionsunterricht* als ordentliches Fach einführt. Zur Urteilsbegründung führte das Gericht aus, dass die Verbände keine Religionsgemeinschaften seien. Religionsgemeinschaft sei nur, wer natürliche Personen als Mitglieder habe. Überdies fehle *Islamrat* und *ZMD* das Merkmal der "allseitigen Aufgabenerfüllung". [159] Dieses Urteil wurde am 23. Februar 2005 vom Bundesverwaltungsgericht in Leipzig aufgehoben (BVerwG 6 C 2.04). Die Sache wurde zur erneuten Verhandlung an das Oberverwaltungsgericht in Münster zurückverwiesen.[160]

3.5.2.2 Zentralrat der Muslime in Deutschland e. V. (ZMD)

Die Vorgeschichte des *Zentralrats der Muslime in Deutschland (ZMD)* begann im Jahr 1988 mit der Gründung des *Islamischen Arbeitskreises in Deutschland (IAK)*. Der Zusammenschluss wurde gegründet, um in der deutschen Öffentlichkeit in Bezug auf das betäubungslose Schächten nach islamischem Ritus und in Fragen des *Islamischen Religionsunterrichts* eine einheitliche Position zu vertreten. Dem *IAK* gehörten alle großen Dachverbände *(VIKZ, AMGT, DİTİB, ATİB)* sowie auch die großen islamischen Zentren in Hamburg, München und Aachen an. Angesichts dieser Bandbreite konnte der *IAK* von 1988 bis 1993 nach Lemmen tatsächlich als "repräsentative Vertretung" angesehen werden. Die Bestrebungen einiger *IAK*-Mitglieder neben dem Islamrat einen weiteren Spitzenverband zu gründen, führten im September 1993 zum Austritt des mitgliederstarken AMGT, der bereits im Islamrat Mitglied war. Die Ende 1994 durchgeführte Umwandlung des *IAK* in den *ZMD* führte zum Verlust eines weiteren Verbandes. Bei der

---

onskunde an öffentlichen Schulen, Dargestellt anhand des nordrhein-westfälischen Schulversuchs "islamische Unterweisung", S.190f, und: Zentralrat der Muslime in Deutschland; Islamrat: Gründungsprotokoll der gemeinsamen Kommission des ZMD und des Islamrats vom 27 Mai 1999.

158 Islamrat für die Bundesrepublik Deutschland: Pressemitteilung des Ratsvorsitzenden Ali Kizikaya vom 23. Mai 2002.

159 Oberverwaltungsgericht Münster: Pressemitteilung vom 2. Dezember 2003.

160 Bundesverwaltungsgericht Leipzig: Pressemitteilung Nr. 9/2005: BVerwG 6 C 2.04, unter: www.bverwg.de/enid/4c804ad7521869319babeefc7f9856c4,d0fd2a7365617263685f646973706c6 179436f6e7461696e6572092d0935313031/Pressemitteilungen/Pressemitteilungen_9d.html (24.06.05).

Gründung des *ZMD* legte die *DİTİB* ausdrücklich Wert auf die Feststellung, kein Mitglied in der neuen Spitzenorganisation zu sein.[161]

Am 26. März 1995 gab sich der *ZMD* eine neue Satzung und nahm die Rechtsform eines eingetragenen Vereins an. Seinem Selbstverständnis nach ist der *ZMD* den "ethischen Forderungen des Islams und seiner Lehre verpflichtet".[162] Darüber hinaus sind sich die Gründungsorganisationen auch darin einig, "das Grundgesetz der Bundesrepublik Deutschland und ihr Recht zu respektieren".[163] In § 2 definiert sich der *ZMD* als ein "Handlungsorgan" der Mitgliederorganisationen, das sich mit "alle Muslime betreffenden islamischen Angelegenheiten befasst". Der *ZMD* als Spitzenorganisation soll vor allem:

"a) die Tätigkeiten seiner Mitglieder koordinieren,

b) gemeinsame Aktivitäten organisieren,

c) gemeinsame Interessen seiner Mitgliedsgemeinden und einzelner Personen gegenüber den zuständigen staatlichen und gesellschaftlichen Stellen vertreten,

d) die Anliegen und Standpunkte der Muslime in der Öffentlichkeit bekannt machen,

e) alles unternehmen und gegebenenfalls dazu auch die nötigen Finanzmittel einsetzen, was diesen Zwecken dient."[164]

Dem *ZMD* gehören derzeit 19 Mitgliedsorganisationen an. Anders als der mitgliederstarke *Islamrat*, der weitgehend von der *Milli Görüş*-Bewegung dominiert wird, repräsentiert der Zentralrat alle relevanten islamischen Strömungen. Neben unterschiedlichen Nationalitäten finden sich auch die großen konfessionsartigen Strömungen (Sunna, Schia) sowie islamische Organisationen mit unterschiedlichen politischen Zielsetzungen. Im Einzelnen sind dies:

1. *Bundesverband für Islamische Tätigkeiten e.V.*
2. *Deutsche Muslim-Liga Bonn e.V. (DML BONN)*
3. *Deutsche Muslim-Liga e.V. (DML)*
4. *Haqqani Trust - Verein für neue deutsche Muslime e.V.*[165]

---

161 Lemmen: Islamische Vereine und Verbände in Deutschland, S. 88.
162 Zentralrat der Muslime in Deutschland e. V.: Selbstdarstellung, unter: http://www.islam.de/print.php?site=zmd/selbstdarstellung (22.07.04).
163 Die Präambel der Satzung des ZMD beginnt mit folgendem Satz: "Die nachfolgend unterzeichnenden Islamischen Vereinigungen – geleitet von der gemeinsamen Überzeugung, dem Islam, insbesondere seiner Moral und Ethik unterworfen zu sein. Einig darin, als Islamische Religionsgemeinschaften in Deutschland das Grundgesetz der Bundesrepublik Deutschland und ihr Recht zu respektieren, ... geben ihrer gemeinsamen Einrichtung folgende Satzung:"(Zentralrat der Muslime in Deutschland e. V.: Satzung vom 26. März 1995). Diese Reihenfolge, die das Grundgesetz erst an zweiter Stelle nennt, hat in der Vergangenheit immer wieder Diskussionen um die "Verfassungstreue" der ZMD-Mitglieder entfacht. Vgl. Fauzi, S.132.
164 Zentralrat der Muslime in Deutschland e. V.: Satzung vom 26. März 1995.

5. *Haus des Islam e.V. (HDI)*

6. *Islamische Arbeitsgemeinschaft für Sozial- und Erziehungsberufe e.V. (IASE)*

7. *Islamische Gemeinschaft in Deutschland e.V. (IGD)*

8. *Islamisches Bildungswerk e.V. (IBW)*

9. *Islamische Gemeinschaft in Hamburg e.V. (IGH)*

10. *Islamische Religionsgemeinschaft Berlin*

11. *Islamisches Zentrum Aachen e.V. (IZA)*

12. *Islamisches Zentrum Hamburg e.V. (IZH)*

13. *Islamisches Zentrum München e.V. (IZM)*

14. *Muslimische Studentenvereinigung in Deutschland e.V. (MSV)*

15. *Union der in Europäischen Ländern Arbeitenden Muslime e.V. (UELAM)*

16. *Union der Islamisch Albanischen Zentren in Deutschland (UIAZD)*

17. *Union der Türkisch-Islamischen Kulturvereine in Europa e.V. (ATIB)*

18. *Union Muslimischer Studenten Organisation in Europa e.V. (UMSO)*

19. *Vereinigung islamischer Gemeinden der Bosniaken in Deutschland e.V. (VIGB)*[166]

Wie viele Gemeinden bzw. Gemeindemitglieder der *ZMD* vertritt, ist unklar und strittig. Mit dem Austritt des *VIKZ*, der am 30. August 2000 durch den Vorstand bekannt gegeben wurde, verlor der *ZMD* seine mit Abstand größte Mitgliedsorganisation.[167] Schätzungen gehen davon aus, dass sich die Zahl der im *ZMD* zusammengeschlossenen Moscheevereine mehr als halbiert hat. Der amtierende Vorsitzende Nadeem Elyas gab im Jahr 2001 an, dass der *ZMD* 500 Moscheegemeinden mit jeweils 1200 Muslimen umfasse.[168] Diese Angaben halten nach Lemmen "keiner Überprüfung stand". Vielmehr könne von maximal 200 Gemeinden ausgegangen werden, was weniger als 10 Prozent der organisierten Muslime entspräche.[169] Im Zentrum der zahlreichen Aktivitäten des Zentralrats, die von mehreren Fachausschüssen strukturiert und organisiert werden, steht ebenfalls das Themenfeld *Islamischer Religionsunterricht*. Bereits im April 1994 beantragte der *IAK*, Vorgänger des *ZMD*, die Einführung eines regulären islamischen Religionsunterrichts in Nordrhein-Westfalen gemäß Art.7 Abs. 3 und legte ein ausführliches, zehn Punkte umfassendes Konzept zur Realisierung vor.[170] Darin

---

165 Der Verein Haqqani Trust wird bei beiden Spitzenverbänden als Mitglied geführt.

166 Die Auflistung folgt der Schreibweise des ZMD. unter: http://www.islam.de/?site=zmd/mitglieder (22.07.04).

167 Zentralrat der Muslime in Deutschland e. V.: Pressemitteilung vom 30. August 2000

168 Zentralrat der Muslime in Deutschland e. V.: Gegendarstellung zum Spiegelbericht vom 24. Dezember 2001.

169 Lemmen: Islamische Vereine und Verbände in Deutschland, S. 90.

170 Zentralrat der Muslime in Deutschland e. V.: Konzept zur Einführung und Erteilung des islamischen Religionsunterrichts, unter:

forderten die damaligen Mitgliedsorganisationen, zu denen damals auch die *DİTİB* gehörte, die Anerkennung des *IAK* als Ansprechpartner des Staates. Für alle behördlichen Fragen sollte die vom *IAK* gebildete Kommission für Islamischen Religionsunterricht (*KIRU*) als zentraler Ansprechpartner mit umfangreichen Mitwirkungsrechten fungieren.[171] Da der Antrag, der seit 1996 auch vom Islamrat mitgetragen wird, nicht positiv von den nordrhein-westfälischen Kultusbehörden beschieden, bzw. nicht bearbeitet wurde, beschreiten *ZMD* und *Islamrat* derzeit den Rechtsweg.[172] Die in Nordrhein-Westfalen durchgeführte *Islamische Unterweisung* als ordentliches Unterrichtsfach wird lediglich als Übergangslösung akzeptiert.[173]

Am 26. April 1999 legte der *ZMD* einen eigenen Lehrplan für *Islamischen Religionsunterricht* an öffentlichen Schulen vor. Der vom pädagogischen Fachausschuss des Zentralrats erstellte Lehrplan für die Jahrgangsstufen 1-4, der in Kooperation mit "kirchlichen Fachleuten" und anderen gesellschaftlichen Gruppen entwickelt wurde, soll ein "konkreter Schritt von muslimischer Seite zur Lösung der Problematik IRU[174] sein und bundesweit als Diskussionsgrundlage mit Kultusbehörden dienen".[175] Zumindest in Niedersachsen konnte der *ZMD* in dieser Hinsicht im Jahr 2003 einen Erfolg verzeichnen. Der Lehrplan des Schulversuchs *Islamischer Religionsunterricht*, der gemeinsam mit der *SCHURA-Niedersachsen* erarbeitet wurde, basiert auf dem 76 Seiten umfassenden Lehrplanentwurf des Zentralrats.[176]

3.5.3 Regionale Zusammenschlüsse

Ende der neunziger Jahre zeichnete sich ab, dass die bundesweit organisierten Spitzenorganisationen in zentralen Fragen des religiösen Alltagslebens die erhofften Veränderungen nicht bewirken konnten. Als großes Hindernis erwies sich

---

http://www.islam.de/?site=zmd/publikationen/docs&di=im32 (22.07.04).

171 So sollte die Kommission für die Erteilung und den Entzug von Lehrbevollmächtigungen zuständig sein. Die KIRU ist heute als gemeinsame Fachkommission des Islamrats und des ZMD tätig.

172 Wie bereits im letzten Kapitel dargestellt, scheiterte die Klage der Verbände am 4. Dezember 2004 vor dem OVG-Münster. Die Entscheidung des OVG-Münster wurde zwischenzeitlich durch das BVG-Leipzig (BVerwG 6 C 2.04) aufgehoben. Das OVG-Münster muss in der Sache neu verhandeln.

173 Elyas, Naadem: Islamischer Religionsunterricht, Stellungnahme des Vorsitzenden des Zentralrat der Muslime in Deutschland Dr. Nadeem Elyas, Vorgelegt am 19. März 1999 im Nordrhein-Westfälischen Landtag bei der Anhörung der Landtagsfraktion von Bündnis90/Die Grünen "Islam in der Einwanderungsgesellschaft".

174 IRU = Islamischer Religionsunterricht.

175 Zentralrat der Muslime in Deutschland e. V.: Pressemitteilung vom 26. April1999.

176 Lögering, Alois: "Islamischer Religionsunterricht" beginnt an niedersächsischen Grundschulen, unter: www.bistum-osnabrueck.de/downloads/islam_ru.pdf (16.03.03).

vor allem das von den Spitzenverbänden gewählte Organisationsmodell. Sowohl dem *Islamrat* als auch dem *ZMD* wurde in der gerichtlichen Auseinandersetzung um die Einführung eines regulären *Islamischen Religionsunterrichts* in NRW zweimal beschieden, dass die Großorganisationen wesentliche Merkmale einer Religionsgemeinschaft nicht erfüllen.[177] Ein weiterer Grund, der den Misserfolg der Spitzenverbände zu erklären vermag, liegt in der föderalen Struktur der Bundesrepublik Deutschland. Viele Fragen des muslimischen Lebens, die zwischen Staat und Religionsgemeinschaft geregelt werden müssen, sind Angelegenheiten der Bundesländer. So werden z. B. die von den Verbänden angestrebten Körperschaftsrechte von den Ländern vergeben. Ähnlich gelagert sind die Kompetenzen auch in Fragen des Bestattungswesens und des Religionsunterrichts. Auch hier sind ausschließlich die jeweiligen Landesregierungen zuständig. Aufgrund dieser Sachlage haben die Moscheegemeinden in den letzten Jahren begonnen, Landesverbände zu gründen. Folgt man der Aufzählung von Lemmen, so sind derzeit neun derartige Vereinigungen zu benennen. Im Einzelnen sind dies:[178]

1. *Islamische Religionsgemeinschaft Schleswig-Holstein e.V.*
2. *SCHURA – Rat der islamischen Gemeinschaften in Hamburg e. V.*
3. *SCHURA Niedersachsen – Landesverband der Muslime in Niedersachsen e. V.*
4. *Islamische Religionsgemeinschaft in Hessen e. V. (IRH)*
5. *Islamrat für Rheinland-Pfalz*
6. *Zentralrat der Muslime in Baden-Württemberg e. V.*
7. *Religionsgemeinschaft des Islam – Landesverband Baden-Württemberg*
8. *Islamrat für Bayern*
9. *Islamische Religionsgemeinschaft in Bayern e.V.*

In der Frage der Einführung eines *Islamischen Religionsunterrichts* bzw. islamkundlichen Unterrichts mit Beteiligung der islamischen Religionsgemeinschaften konnten einige Landesverbände z. T. bundesweit beachtete Erfolge erzielen. An erster Stelle genannt werden muss in diesem Kontext die erst im April 2002 in Hannover gegründete *SCHURA-Niedersachsen Landesverband der Muslime in Niedersachsen e. V.*[179] Der Landesverband, der aus dem Arbeitskreis *Islamischer Religionsun-*

---

177 Die Urteilsbegründung des OVG Münster wurde bereits im Kapitel 3.5.2.1 vorgestellt.
178 Lemmen: Islamische Vereine und Verbände in Deutschland, S. 75-84.
179 Der Landesverband umfasst nach Angaben einer Pressemitteilung zur Gründung der Schura – Niedersachsen insgesamt 140 Mitgliedsvereine, die 90 Prozent der im Land lebenden Muslime vertreten soll. Vgl., Islamische Zeitung vom 12. Juni 2002, oder unter: http://www.enfal.de/ak30.htm (22.07.04). Nach Lemmen erscheinen diese Zahlen "erheblich übterzogen". Lemmen: Islamische Vereine und Verbände in Deutschland, S. 78. Zwischenzeitlich

terricht Niedersachsen hervorgegangen ist, wurde im Jahr 2003 vom niedersächsischen Kultusministerium de facto als Religionsgemeinschaft anerkannt. Aufgrund dieser Anerkennung beteiligten die Kultusbehörden die *SCHURA* an der inhaltlichen Ausarbeitung des Lehrplans für den Schulversuch *Islamischer Religionsunterricht*, der seit dem Schuljahr 2003/2004 landesweit an acht Grundschulen durchgeführt wird.[180]

Ebenfalls erfolgreich war auch die bereits 1999 gegründete *SCHURA – Rat der islamischen Gemeinschaften in Hamburg e. V.* Die Organisation, die nach Eigenangaben im Jahr 2000 rund 85 Prozent der in Hamburg ansässigen islamischen Vereine und Gemeinschaften vertritt, wirkt gemeinsam mit den nichtislamischen Religionsgemeinschaften am nicht unumstrittenen Hamburger Modell *Religionsunterricht für alle* mit.[181]

Ähnliche Erfolge blieben den anderen Landesverbänden bislang versagt. In Hessen scheiterte im September 2001 die *Islamische Religionsgemeinschaft Hessen e. V. (IRH)*, die nach Eigenangaben 11000 Einzelmitglieder vertritt, mit ihrem Antrag auf Einführung eines islamischen Religionsunterrichts an den massiven rechtlichen Bedenken des Kultusministeriums.[182] Mittlerweile beschreitet die *IRH* den Rechtsweg. In der ersten Instanz wurde die Klage der *IRH* zur Einführung eines islamischen Religionsunterrichts in Hessen vom Verwaltungsgericht in Wiesbaden am 15. Juni 2004 abgelehnt.[183] In Bayern führten die Anstrengungen des Landesverbandes ebenfalls bislang nicht zu den erhofften Ergebnissen. Dort führte das Staatsministerium für Unterricht und Kultus im Jahr 2001 Gespräche mit der *Islamischen Religionsgemeinschaft in Bayern* über die Einführung eines islamischen Religionsunterrichts. Diese führten abgesehen vom Sonderfall Erlangen zu keinen greifbaren Ergebnissen.[184] Im Januar 2004 vertrat das bayrische Kultusministerium nach wie vor den Standpunkt, dass es in Bayern keine islamische Religionsgemeinschaft gäbe, die von ihren Mitgliedern legitimiert sei, verbindliche Aussagen über Glaubensinhalte zu treffen.[185]

---

mussten Vertreter der Schura-Niedersachsen einräumen, dass DİTİB nicht zu den Mitgliedsorganisationen gehört.

180 Der Schulversuch Islamischer Religionsunterricht wird in Kapitel 5.2 vorgestellt.

181 Die Zahlenangaben wurden der Internetseite der SCHURA- Rat der islamischen Gemeinschaften in Hamburg e. V. entnommen, unter: http://www.schura-hamburg.de (22.07.04). Das Hamburger Modell wird in Kapitel 5.2.3 skizziert.

182 Islamische Religionsgemeinschaft Hessen: Islamischer Religionsunterricht in Hessen, Information für Interessierte und Betroffene, für Schülerinnen und Schüler, für Mütter und Väter, für Lehrkräfte, Erzieherinnen und ..., (Faltblatt) Februar 2001.

183 Islamische Religionsgemeinschaft Hessen: Pressemitteilung vom 16. Juni 2004, unter: http://www.irh-info.de/presse/pm20040615.htm (01.08.04).

184 Der Schulversuch in Erlangen wird in Kapitel 5.2.2 vorgestellt.

185 Bayrisches Staatsministerium für Unterricht und Kultus: Sachstand bei den Angeboten islamischer Erziehung, 20. Januar 2004.

Einen Schritt weiter ist der *Zentralrat der Muslime in Baden-Württemberg e. V.*, der nach Eigenangaben 60 Mitgliedsvereine mit insgesamt 50 000 Personen vertritt. Zusammen mit einigen anderen Organisationen saß der *Zentralrat* seit Frühjahr 2000 in der vom Ministerium einberufenen Steuerungsgruppe, die sich im November 2003 in einem zäh verlaufenden Arbeitsprozess auf einen Lehrplanentwurf für die Primarstufe einigen konnte.[186] Ab dem Schuljahr 2006/2007 soll an zwölf Standorten ein bekenntnisorientierter Islamunterricht als Modellversuch eingeführt werden. Ein unmittelbare Beteiligung der Verbände ist nicht vorgesehen. Als Ansprechpartner vor Ort sind Elternverbände und kooperationsfähige lokale Moscheegemeinden vorgesehen.[187]

---

186 Tormählen, Andrea: Islam-Unterricht liegt auf Eis. in: Pforzheimer Zeitung vom 7. Juli 2004.
187 Ministerium für Kultus, Jugend und Sport Baden-Württemberg: Pressemitteilung vom 15. März 2005, unter: http://www.km-bw.de/servlet/PB/-s/49fmhl15lyjho112h7dm1o7mxv9o97lac /menu/1161704/index.html

4. Islamischer Religionsunterricht in Europa – Ein Überblick

4.1 Einleitung

Die in der Bundesrepublik geführte Diskussion um die Einführung eines Islamunterrichts thematisiert zumeist die aus dem Grundgesetz resultierenden juristischen Fragen und ihren föderalen Kontext. Im Zentrum der Debatte steht fast immer der aus Art.7 Abs. 3 GG abgeleitete bekenntnisorientierte Religionsunterricht, der in Übereinstimmung mit einer Religionsgemeinschaft zu erteilen ist. In der Debatte wird oftmals übersehen, dass in anderen westeuropäischen Ländern, in denen ebenfalls große muslimische Minderheiten leben, die Problemlage in vielen Punkten Parallelen aufweist. Wie die folgenden skizzenhaften Ausführungen zeigen, gestaltete sich der Konstitutionsprozess der islamischen Verbände als Religionsgemeinschaft oder als Ansprechpartner des Staates bei den europäischen Nachbarn durchweg als schwierig und ging teilweise – so aktuell in Belgien – mit massiven Konflikten einher. Aufgrund dieser Ausgangslage war es bislang nicht möglich, einen qualitativ hochwertigen und von allen jeweils relevanten islamischen Strömungen akzeptierten islamischen Einheitsunterricht einzuführen, der an öffentlichen Schulen erteilt wird.

4.2 Islam in Europa – Das Verhältnis von Religion und Staat

In den Mitgliedsstaaten der Europäischen Union wird die Zahl der Muslime auf über 13 Millionen geschätzt.[188] Neben Staaten mit kleinen muslimischen Minderheiten – wie z. B. Irland, Finnland und Portugal – gibt es eine Reihe von Staaten, in denen die Zahl der muslimischen Bürger, die zumeist in den vergangenen drei Jahrzehnten zugewandert sind, eine beachtliche Größe darstellt. So leben in Frankreich mittlerweile 5 Millionen Muslime (8 Prozent der Gesamtbevölkerung),

---

188 Aydin / Halm / Şen: "Euro-Islam" – Das neue Islamverständnis der Muslime in der Migration, S. 22.

in Deutschland 3,2 Millionen (3,9 Prozent), in Großbritannien 1,5 Millionen (2,7 Prozent), in den Niederlanden 700 000 (4 Prozent), in Italien 700 000 (1,2 Prozent), in Spanien 400 000 (1,0 Prozent), in Belgien 370 000 (3,7 Prozent) und in Österreich 350 000 (4,0 Prozent).[189]

Die Rechtsstellung der islamischen Gemeinschaften in den genannten Ländern, die an drei Fallbeispielen (Niederlande, Belgien und Österreich[190]) näher ausgeführt werden soll, ist uneinheitlich. Dies hängt in erster Linie damit zusammen, dass die Staaten Westeuropas das grundlegende Verhältnis von Staat und Religion in Verfassung und Gesetzgebung unterschiedlich definieren. Nach Ghadban können auf der formalen Ebene drei Formen des Verhältnisses von Staat und Religion beschrieben werden:

1. *"Das separatistische System"*
In diesem System sind Staat und Kirche voneinander getrennt. Dies ist in Frankreich, Irland, Belgien und auch in den Niederlanden der Fall.

2. *"Das Konkordat und Vertragssystem"*
In diesem System sind die Beziehungen zwischen Religionsgemeinschaft (nicht nur die Kirchen) und dem Staat geregelt. Diesem Modell folgen Deutschland, Italien und Spanien.

3. *"Das Einheitssystem"*
Verkörperung dieses System ist die Staatskirche, in dem das Staatsoberhaupt zugleich das Oberhaupt der Staatskirche ist. Dieses System gilt in Norwegen und Dänemark.[191]

Grundsätzlich gilt, dass diese Typologie keine Aussagen darüber zulässt, welches System für die Religionsgemeinschaften besser ist. So genießt z . B. die *Church of England* das Privileg, Staatskirche zu sein. Faktisch bekommt sie aber viel weniger Unterstützung als die Kirchen in Deutschland. Ein anderes Beispiel kann aus Österreich angeführt werden, in dem das Konkordat und Vertragssystem gilt. Dort ist die *Islamische Glaubensgemeinschaft in Österreich* vom Staat als Religionsgemeinschaft anerkannt worden. Faktisch ist sie damit den christlichen Kirchen, die zahlreiche Privilegien in Anspruch nehmen können, gleichgestellt. Als höchst

---

189 Die Zahlen, die das Zentrum für Türkeistudien im Jahr 2003 vorlegte, beziehen sich auf unterschiedliche Jahre und basieren auf Volkszählungsdaten und Schätzungen. Ebd. S. 23.

190 Von besonderer Bedeutung ist insbesondere das österreichische Modell, das in der deutschen Diskussion von vielen Seiten als nachahmenswertes Beispiel empfohlen wird. Die Skizze zu Österreich wird aus diesem Grund umfangreicher ausfallen als die Skizzen zu Belgien und den Niederlanden.

191 Ghadban, Ralf: Staat und Religion in Europa im Vergleich – Großbritannien, Frankreich und die Niederlande, Veranstaltungsdokumentation der Bundeszentrale für politische Bildung (Juli 2000) unter: http://www.bpb.de/veranstaltungen/STZS3V,0,0,Staat_und_Religion_in_Europa_im_Vergleich.html (24.03.04).

problematisch hat sich jedoch erwiesen, dass der heterogene Islam in Österreich sich zwangsweise unter einem Dach vereinigen muss. In der Konsequenz bedeutet dies, dass die kleinen islamischen Vereinigungen – z. B. die Aleviten – faktisch ausgeschlossen werden.[192]

4.3 Länderskizzen

4.3.1 Niederlande

In den Niederlanden sind Staat und Religion strikt voneinander getrennt. Der niederländische Staat unterstützt jedoch die Religionsgemeinschaften beim Erhalt und Ausbau ihrer Infrastruktur. Hierbei gilt das in der Verfassung verankerte Prinzip der Gleichbehandlung. Das sogenannte Säulensystem, d. h. die parallele Anordnung gesellschaftlicher Gruppen entlang der konfessionellen Zugehörigkeiten, wurde bereits am Ende des 19. Jahrhunderts eingeführt. Konkret bedeutet dies, dass parallel zu den neutralen staatlichen Schulen konfessionelle Schulen bestehen, die vollständig vom Staat finanziert werden. Neben der Bildung umfasst das Säulensystem auch die Wohlfahrt, die Krankenhäuser und die Medien.[193]

Im Jahr 1999 gehörten 4,6 Prozent der niederländischen Bevölkerung - dies sind ca. 700 000 Menschen - dem muslimischen Glauben an. Die größten nationalen Gruppen bilden die Türken mit 319 000 und die Marokkaner mit 272 000 Menschen. Über dies leben 300 000 Surinamesen in den Niederlanden. Von diesen bekennen sich ca. 20 Prozent zum Islam. Die meisten Muslime leben in den vier größten Städten des Landes.[194]

Die niederländische Politik gegenüber den muslimischen Migranten war über einen langen Zeitraum durch hohen Pragmatismus gekennzeichnet. Dieser zeigte sich z. B. im Umgang mit den vielfältigen islamischen Organisationen, die sich hauptsächlich an der jeweiligen nationalen bzw. ethnischen Herkunft orientieren.[195] Vor allem auf lokaler Ebene gelang es in Kooperation mit den islamischen Vereinigungen zahlreiche Alltagsprobleme zu lösen. So gab es Regelungen in Fragen der Ernährung, der Geschlechtertrennung im Schwimmunterricht und der Friedhöfe und islamischen Bestattung. Auf nationaler Ebene gibt es bislang keine

---

192 Mohr: Islamischer Religionsunterricht im europäischen Vergleich.
193 Ghadban: Staat und Religion in Europa im Vergleich.
194 Aydin / Halm / Şen: "Euro-Islam" – Das neue Islamverständnis der Muslime in der Migration, S. 24.
195 Alleine in Amsterdam gibt es über 200 türkische und marokkanische Organisationen. Aydin / Halm / Şen: "Euro-Islam" – Das neue Islamverständnis der Muslime in der Migration, S. 24 .

allgemein anerkannte Vertretung der Muslime. Diese ist auch nicht in Sicht, da die ethnischen Unterschiede in den islamischen Gemeinden offenbar eine beträchtliche Rolle spielen.[196]

Aufgrund der strikten Trennung zwischen Staat und Religion wird in den öffentlichen Schulen kein staatlich verantworteter islamischer Religionsunterricht durchgeführt. Auf der Stundentafel in den Grundschulen steht stattdessen seit dem Jahr 1985 das Pflichtfach *geestelijke stromingen* (geistige Strömungen). Dieses Fach, das im deutschen Schulsystem mit dem brandenburgischen Modell *Lebensgestaltung-Ethik-Religion (LER)* verglichen werden kann, beschränkt sich auf die bekenntnisfreie Vermittlung religiöser und nicht-religiöser Weltanschauungen.[197] Das Ziel des Unterrichts ist es, die Schülerinnen und Schüler unterschiedlichen Glaubens gegenseitig über ihre Religion und Konfession zu informieren. Auf diesem Wege, so die Intention des Erziehungsgesetzes von 1985, sollen die Kinder lernen, mit Unterschieden und Ähnlichkeiten respektvoll umzugehen.[198] Nach van de Wetering ist die Qualität der Unterrichtsmaterialien, die über den Islam informieren sollen, in Zweifel zu ziehen, da das Material größtenteils von Nicht-Muslimen zusammengestellt wurde. Dieser Sachverhalt führte bei einigen Muslimen zu der Befürchtung, dass der Islam im Unterricht "zu kurz kommt" und dass Vorurteile über den Islam kolportiert werden könnten.[199]

Als fakultatives Unterrichtsangebot kann auf Wunsch der Eltern auch ein konfessionsgebundener Religionsunterricht und damit auch ein islamischer Unterricht eingeführt werden. Faktisch handelt es sich bei dieser Unterrichtsform, die nur ungefähr eine Wochenstunde umfasst, um einen Privatunterricht. Die Schule stellt lediglich die Räumlichkeiten zur Verfügung. Die Lehrergehälter gehen zu Lasten der Eltern. In den großen Städten wird der islamische Religionsunterricht meistens von Imamen der lokalen Moscheevereine erteilt. In manchen Städten, so in Rotterdam, gewährt die Kommune Zuschüsse. Die praktische Durchführung des Unterrichts bereitet oft große Probleme. In der Regel müssen die Schülerinnen und Schüler ihre Klassenräume verlassen, um am Religionsunterricht teilzunehmen. An vielen Schulen ist der Islamunterricht von der normalen Stundentafel abgetrennt und findet in den Randbereichen statt.[200]

Neben den öffentlichen Schulen gibt es die staatlicherseits vollständig geförderten konfessionell gebundenen Privatschulen. Derzeit gibt es ca. 30 islamische

---

196 Ghadban: Staat und Religion in Europa im Vergleich.
197 Mohr: Islamischer Religionsunterricht im europäischen Vergleich, S. 5.
198 Van de Wetering, Stella: Der Islam im niederländischen Schulwesen, in: Baumann, Urs (Hg.): Islamischer Religionsunterricht – Grundlagen, Begründungen, Berichte, Projekte, Dokumentationen, Frankfurt/Main 2001, S. 221.
199 Ebd. S. 222.
200 Ebd. S. 223, und: Mohr: Islamischer Religionsunterricht im europäischen Vergleich, S. 5.

Privatschulen in den Niederlanden, die ca. 4 Prozent der muslimischen Schülerinnen und Schüler unterrichten. Der Islamunterricht an diesen Schulen wird zumeist in türkischer und arabischer Sprache durchgeführt, da ausgebildete Islamlehrer nur in geringer Zahl zur Verfügung stehen. Um diesen Missstand zu beheben, wurde im Jahr 1995 in Diemen / Amsterdam erstmals ein Berufstraining für Islamlehrer eingerichtet. Mittlerweile stehen ausgebildete Islamlehrer in geringer Zahl zur Verfügung. In der holländischen Öffentlichkeit ist ein Teil der islamischen Privatschulen in einem hohen Maße umstritten.[201] Kritisiert wird die einseitige Ausrichtung auf islamische Bildungsinhalte, die als nicht integrationsfördernd angesehen wird.[202] Hinzu kommen erhebliche Mängel in den allgemeinbildenden Fächern.[203]

4.3.2 Belgien

In Belgien sind Staat und Religion ebenfalls strikt voneinander getrennt.[204] Die Religionsgemeinschaften sind jedoch staatlich anerkannt und erhalten finanzielle Zuschüsse für verschiedenste Aktivitäten. Formal ist der Islam seit der Verabschiedung des Anerkennungsgesetzes vom 19. Juli 1974 den anderen Konfessionen gleichgestellt.

Im Jahr 1998 lebten in Belgien ca. 370 000 Muslime. Der Anteil an der Gesamtbevölkerung betrug im gleichen Zeitraum 3,7 Prozent.[205] Die meisten Muslime Belgiens stammen aus Nordafrika. Unter ihnen bilden die Marokkaner mit geschätzten 123 000 Personen in der ersten Hälfte der neunziger Jahre die stärkste nationale Gruppe. Die zweitgrößte Gruppe, bestehend aus ca. 72 000 Personen, stammt aus der Türkei. In der regionalen Verteilung konzentrierten sich die marokkanischen Migranten in der Region Brüssel und den wallonischen Industrierevieren.

---

201 So fordert die muslimische Politikerin Ayyan Hirsi Ali seit einigen Jahren die Schließung der islamischen Privatschulen. Herman, Ulrike: Diese Politikerin ist nicht feige!, Die Tageszeitung vom 24. März 2004.
202 Ben Jelloun, Tahar: Wo Glaube vor Recht geht. Besuch in einer niederländischen Grundschule, in: Le Monde diplomatique vom 10. Dezember 2004.
203 Inspectie van het Onderwijs: Islamitische basisscholen in Nederland, Inspectierapport, nr. 1999-2, unter: http://www.owinsp.nl/documents/pdf/islambs1999 (01.04.04), und: Inspectie van het Onderwijs: Islamitische scholen nader Onderzocht, 2003-17, unter: http://www.owinsp.nl/documents/pdf/Islamitische_scholen_2002_2003 (01.04.04).
204 Ghadban: Staat und Religion in Europa im Vergleich
205 Aydin / Halm / Şen: "Euro-Islam" – Das neue Islamverständnis der Muslime in der Migration, S. 23.

Die türkischen Migranten haben sich in Flandern, vor allem in Antwerpen, niedergelassen.[206] Der Organisationsgrad der belgischen Muslime ist im Vergleich zu den anderen europäischen Staaten traditionell als hoch anzusehen. Bereits im Jahr 1969 gründete die *Islamische Weltliga* in enger Zusammenarbeit mit der belgischen Regierung das *Islamische Kulturzentrum*, das sich um die Koordination der belgischen Moscheegemeinden bemühen sollte. Die Einrichtung, die von Anfang an unter starkem saudischem Einfluss stand, wollte ihrem Selbstverständnis nach alle Muslime Belgiens vertreten. Dieser Anspruch wurde von zahlreichen Moscheegemeinden nicht akzeptiert, und folglich kam es zur Gründung konkurrierender Dachverbände. Da die belgische Regierung das *Islamische Kulturzentrum* weiterhin als alleinigen Ansprechpartner auf muslimischer Seite ansah, kam es zu heftigen internen Auseinandersetzungen um die Besetzung der Führungsspitze des *Kulturzentrums*, als deren Höhepunkt im Jahr 1989 die Ermordung des Direktors, Abdallah al-Ahdal, angesehen werden muss.[207]

Bis zur Einrichtung einer repräsentativen Vertretung der belgischen Muslime im Sinne des Anerkennungsgesetzes von 1974 benötigte die belgische Regierung ein weiteres Jahrzehnt. Erst am 13. Dezember 1998 bestimmten die Muslime Belgiens in einem Wahlgang die *Exécutif des Musulmans de Belgique*. Gut zwei Drittel der potentiellen Wählerschaft (70 000) hatten sich in die Wählerlisten eintragen lassen. Von diesen haben 64 Prozent tatsächlich abgestimmt.[208] Zumindest in quantitativer Hinsicht war die Wahl ein Erfolg. Die erhoffte Einigung der Muslime Belgiens in zentralen Sachfragen stellte sich jedoch nicht ein. Aufgrund unüberbrückbarer Differenzen blieb die Exekutive faktisch handlungsunfähig.[209] Die internen Auseinandersetzungen um die Zusammensetzung der Führung des Gremiums erzwangen im April 2003 eine Intervention des Staates, der damit drohte, die 17 Mitglieder der Exekutive per Dekret zu ernennen.[210]

---

206 Heine: Halbmond über deutschen Dächern, S. 323.
207 Abdallah al-Ahdal galt als liberaler Muslim. Der Anlass des Attentats war eine Stellungnahme zur Rushdie-Affäre. Ebd., S. 324.
208 Panafit, Lionel: En Belgique, les ambiguïtés d'une représentation "ethnique", in: Le Monde diplomatique vom 16.Juni 2000.
209 In diesem Zusammenhang sei auch darauf hingewiesen, dass der im Jahr 2003 in Frankreich gewählte und vom Staat anerkannte Muslimrat (Conseil français du Culte musulman) aufgrund interner Differenzen ebenfalls weitgehend handlungsunfähig ist. So war der Rat im Jahr 2004 nicht in der Lage, eine gemeinsame Erklärung über den exakten Beginn des Fastenmonats Ramadan abzugeben. Vgl. Hahn, Dorothea: Geld und Glaube der Imame. Im säkularisierten Frankreich blockieren sich die Mitglieder des Muslimrates gegenseitig, in: Die Tageszeitung vom 13. Dezember 2004.
210 Leparmentier, Arnaud: En Belgique, un "exécutif" des musulmans miné par les divisions et les conflits avec le gouvernement, Le Monde vom 15. April 2003.

Die Einführung eines islamischen Religionsunterrichts erwies sich aufgrund der strittigen Vertretungsfragen als ein schwieriges und langwieriges Unterfangen. Grundsätzlich ist an den öffentlichen Schulen Religions- oder Ethikunterricht obligatorisch. Wie in den meisten Ländern wird der Religionsunterricht konfessionsgebunden erteilt. Da die Muslime Belgiens nach dem Anerkennungsgesetz als eine Konfession angesehen werden, ist auch nur ein Religionsunterricht vorgesehen.[211] Bereits im Schuljahr 1975/76 wurde der islamische Religionsunterricht in Belgien eingeführt. Die Koordination lag bis 1989 beim bereits erwähnten *Islamischen Kulturzentrum* in Brüssel, dessen religiöse Linie durch eine Betonung des arabischen Moments im Islam gekennzeichnet war. Die einseitige Ausrichtung des Kulturzentrums führte dazu, dass die nicht-arabophonen Muslime sich faktisch durch das Zentrum nicht vertreten fühlten. Aufgrund dieses Sachverhalts war es lange Zeit nicht möglich, den angestrebten einheitlichen Islamunterricht zu etablieren. Bis Mitte der achtziger Jahre fand der Unterricht für die Kinder der türkischen Migranten in türkischer Sprache statt. Durchgeführt wurde der Unterricht auf der Grundlage offizieller türkischer Lehrbücher. Der Unterricht für maghrebinische Schülerinnen und Schüler fand nach dem gleichen Muster statt.[212] Ab dem Jahr 1986 musste der Unterricht in den Landessprachen Französisch oder Flämisch durchgeführt werden. Auch zu diesem Zeitpunkt lagen noch keine einheitlichen Lehrpläne vor und die Lehrerinnen und Lehrer mussten erneut improvisieren, indem sie sich mit Unterrichtsmaterialien aus französischen und niederländischen Schulbüchern aushalfen. Da es bis zu den Wahlen der Vertretung der belgischen Muslime keine autorisierte Lehrplankommission gab, blieb die Curriculumfrage bis zum Jahr 1999 unbearbeitet. Seit den Wahlen ist die *Exécutif des Musulmans de Belgique* für die zu erarbeitenden Curricula zuständig.[213]

4.3.3 Österreich

In Österreich gibt es keine strikte Trennung von Staat und Religion. Die Religionsgemeinschaften sind – sofern sie die gesetzlichen Kriterien für die Anerkennung erfüllen – Körperschaften öffentlichen Rechts. Mit diesem Rechtsstatus sind eine Reihe von Privilegien verbunden. Neben steuerlichen Vorteilen und dem Zugangsrecht zu den staatlichen Medien haben die anerkannten Religionsgemeinschaften auch das Recht, an öffentlichen Schulen Religionsunterricht durchzuführen.

---

211 Mohr: Islamischer Religionsunterricht im europäischen Vergleich, S. 2.
212 Ebd., S.3.
213 Ebd.

Der Islam nach hanafitischem Recht wurde bereits 1912 als Religionsgemeinschaft gesetzlich anerkannt. Im Hintergrund stand die Annexion von Bosnien und Herzegowina durch die KuK-Monarchie im Jahr 1908. Das Anerkennungsgesetz sollte die Integration der neuen muslimischen Untertanen ermöglichen. Trotz des Verlusts der annektierten Gebiete im I. Weltkrieg blieb das Anerkennungsgesetz weiterhin gültig.[214] Faktisch kam es aber nicht zur Wirkung, da zum damaligen Zeitpunkt nur eine geringe Zahl von Muslimen in Österreich lebte. Eine grundlegende Änderung trat durch die Arbeitsmigration der fünfziger und sechziger Jahre ein. Die Zahl der Muslime hatte durch Zuzug türkischer und jugoslawischer Arbeitskräfte erheblich zugenommen und auf muslimischer Seite wurden Mitte der sechziger Jahre Stimmen laut, die die Durchführung des Islamgesetzes aus dem Jahr 1912 forderten. Verhandlungen zum bestehenden Anerkennungsgesetz führten Vertreter der Glaubensgemeinschaft und Staat ab dem Jahr 1968 durch. Die vollständige Anerkennung des Islam als Religionsgemeinschaft und Körperschaft öffentlichen Rechts erfolgte jedoch erst im Jahr 1979. Damit war der Islam den großen christlichen Kirchen in allen Belangen gleichgestellt.[215]

Derzeit leben in Österreich rund 350 000 Muslime. Der größte Teil der muslimischen Migranten kommt aus der Türkei. Mit 127 226 Personen im Jahr 2001 bilden sie die größte Zuwanderergruppe.

Die zweitgrößte Gruppe bilden die Migranten aus dem ehemaligen Jugoslawien. Es handelt sich hauptsächlich um Muslime aus Bosnien-Herzegowina (60 000 – 80 000) und dem Kosovo (ca. 30 000). Neben diesen relativ großen Gruppen gibt es in kleiner Zahl Muslime aus Ägypten, Iran und dem Irak. Die Zahlen erfassen nicht die bereits eingebürgerten Muslime.[216]

Als alleiniger Ansprechpartner des Staates auf muslimischer Seite fungiert die *Islamische Glaubensgemeinschaft in Österreich (IGGiÖ)*. Nach Art.3 ihrer Verfassung ist sie "zur Wahrung und Pflege der Religion" verpflichtet. Hierzu zählen im Wesentlichen:

- "Verkündung des Islams"
- Allgemeine Fürsorge für Bedürftige und Kranke der Religionsgemeinschaft
- "Herausgabe und Verbreitung islamischer Zeitschriften und Literatur"
- Bau und Erhalt von Moschee- und Gemeindegebäuden
- Durchführung öffentlicher und nichtöffentlicher Gottesdienste
- "Bestattung der Verstorbenen"

---

214 Schaible: Islamischer Religionsunterricht in Österreich und die aktuelle Situation in Bayern, S. 87.
215 Ebd., S.88.
216 Aydin / Halm / Şen: "Euro-Islam" – Das neue Islamverständnis der Muslime in der Migration, S. 19.

- Ausbildung von Religionslehrerinnen und Religionslehrern und weiterem Personal, das in den Einrichtungen der Gemeinden tätig ist
- Allgemeine Aufklärung über den Islam.[217]

Die *IGGiÖ* wird auf Bundesebene durch drei Gremien repräsentiert. An der Basis befindet sich der sogenannte *Schurarat*. Er ist das legislative Organ, dessen Zusammensetzung weitgehend von den Gemeindeausschüssen bestimmt wird. Auf der nächsthöheren Ebene ist als Exekutivorgan der *Oberste Rat* angesiedelt, dessen Mitglieder vom *Schurarat* gewählt werden. An der Spitze der institutionalisierten Vertretung steht der oberste Mufti. Er wird vom *Schurarat* gewählt und entscheidet über religiöse Fragen in der *IGGiÖ*.[218] Neben der bundesweiten Ebene gibt es auf lokaler Ebene die Gemeindeversammlungen und Gemeindeausschüsse. Sie sind unter anderem für den Bau und Erhalt von Moscheegebäuden zuständig und vertreten die Interessen der Gemeinde.

Alle Muslime Österreichs sind aus der Sicht des Staates Mitglieder der *Islamischen Glaubensgemeinschaft*.[219] Umfassende Partizipationsmöglichkeiten haben jedoch nur die registrierten Mitglieder. Derzeit sind ca. 1 Prozent der Muslime als aktive Mitglieder eingetragen. Nur ihnen steht das Recht zu, an der Wahl zu den Gemeindeausschüssen teilzunehmen, die wiederum den *Schurarat* wählen. Angesichts der geringen Mitgliederzahlen ist der gesetzlich abgesicherte Alleinvertretungsanspruch der *IGGiÖ* unter Muslimen teilweise umstritten. Der Konstitutionsprozess der Gremien Anfang der achtziger Jahre war z.T. von schwerwiegenden Konflikten begleitet. So kam es bei der Wahl des *Nationalen Rates* im Jahr 1980 zu handgreiflichen Auseinandersetzungen. Die Zusammensetzung des Rates blieb auch in der Folgezeit umstritten. Im Jahr 1987 forderten einige Dachverbände Neuwahlen, um ein repräsentatives Gremium zu erreichen.[220]

Insgesamt gesehen bleibt festzuhalten, dass die Gründung der *IGGiÖ* als alleiniger Ansprechpartner des Staates die organisatorische Aufsplitterung des Islams nicht verhindern konnte. Parallel zur Entwicklung in Deutschland bildeten die Muslime aus der Türkei in Österreich vier große Dachverbände. Die wichtigsten sunnitischen Organisationen sind *Milli Görüş (MG)* und die *Union Islamischer Kulturzentren (IKZ – İslam Kültür Merkezleri Birliği)*. Der dritte Dachverband ist

---

217 Verfassung der Islamischen Glaubensgemeinschaft in Österreich gemäß dem Gesetz vom 15. Juli 1912, RGBl. Nr. 159, betreffend die Anerkennung der Anhänger des Islams als Religionsgesellschaft, in der Fassung der Kundmachung BGBL Nr. 164/ 1988 und der Verordnung BGBL Nr. 466/ 1988, unter: http://www.derislam.at/islam.php?name=Themen&pa=showpage&pid=5 (10.08.04).
218 Ebd.
219 Mitgliedschaft in der Islamischen Glaubensgemeinschaft, unter: http://www.derislam.at/islam.php?name=Themen&pa=showpage&pid=2 (26.04.04).
220 Heine, S.336.

die Türkisch-Islamische Union für kulturelle und soziale Zusammenarbeit in Österreich *(Avusturya`da Türk-İslam Birliği – ATİB)*. Wie die deutsche *DİTİB* ist dieser Verband als faktische Auslandsorganisation des Direktoriums für religiöse Angelegenheiten *(Diyanet İşleri Başkanlığı – DİB)* anzusehen. Neben den drei großen sunnitischen Verbänden hat sich Anfang der neunziger Jahre auch ein alevitischer Dachverband in Österreich konstituiert. Die *Föderation der Alevitengemeinden in Österreich (Avusturya Alevi Birlikleri Federasyonu AABF)* vertritt die Interessen der zwischen 10 000 und 17 000 Aleviten.[221]

In Österreich wird seit dem Schuljahr 1982/83 gemäß §1 Religionsunterrichtsgesetz islamischer Religionsunterricht als Pflichtfach für muslimische Schüler durch die *IGGiÖ* erteilt.[222] Die inhaltliche Gestaltung und Durchführung des Religionsunterrichtes liegt in alleiniger Verantwortung der Religionsgemeinschaft. Die *IGGiÖ* erlässt die Lehrpläne, stellt das Personal und ist für die unmittelbare Beaufsichtigung zuständig. Die staatlichen Schulaufsichtsorgane sind für den Religionsunterricht lediglich in organisatorischer und schuldisziplinärer Hinsicht verantwortlich. Die Finanzierung des Unterrichts erfolgt durch den Staat.[223]

Die Bereitstellung qualifizierter Lehrkräfte erwies sich auch in Österreich als zentrales Problem. Anfang der achtziger Jahre gab es kein qualifiziertes Personal, das in einem deutschsprachigen islamischen Religionsunterricht hätte eingesetzt werden können. Aufgrund dieser Sachlage musste die *IGGiÖ* über einen langen Zeitraum mit unzureichend qualifizierten Lehrerinnen und Lehrern den Unterricht durchführen. In der ersten Phase wurden österreichische Muslime als Lehrpersonal herangezogen, die über keine fundierte islamische Ausbildung verfügten. Später ging die *IGGiÖ* dazu über, in der Türkei ausgebildete Religionslehrer einzusetzen. Beiden Varianten war wenig Erfolg beschieden. Bei der ersten Gruppe fehlte die fachwissenschaftliche und pädagogische Qualifikation. Bei der zweiten Gruppe, den türkischen Lehrerinnen und Lehrern, gab es enorme sprachliche Schwierigkeiten.[224] Angesichts dieser Problemlage gelangte die *IGGiÖ* Mitte der neunziger Jahre zu der Überzeugung, dass qualifiziertes Personal nur durch eine eigene akademische Ausbildungsstätte hervorgebracht werden könne. Um dieses Ziel zu erreichen, nahmen Vertreter der Religionsgemeinschaft im Schuljahr 1997/98 Verhandlungen mit den zuständigen Stellen im Bundesministerium für Unterricht und kulturelle Angelegenheiten auf. Parallel dazu wurde mit der *Al-*

---

221 Aydin / Halm / Şen: "Euro-Islam" – Das neue Islamverständnis der Muslime in der Migration, S. 21.

222 Schakfeh, Anas: Islamischer Religionsunterricht an österreichischen Schulen, in: Baumann, Urs (Hg.): Islamischer Religionsunterricht, Grundlagen, Begründungen, Berichte, Projekte, Dokumentationen, Frankfurt/Main 2001.

223 Staatsinstitut für Schulpädagogik und Bildungsforschung (Hg.): Islamischer Religionsunterricht an bayrischen Schulen? – ein Problemaufriss, München 2000, S. 20.

224 Schakfeh, S. 186.

Azhar Universität in Kairo verhandelt, von der man fachwissenschaftliche Unterstützung erwartete. Bereits nach einem Jahr konnten die Gespräche erfolgreich abgeschlossen werden. Am 23. April 1998 erteilte das Bundesministerium für Unterricht und kulturelle Bildung die Genehmigung für die *Islamische Religionspädagogische Akademie (IRPA)* in Wien, die als "konfessionelle Privatschule mit Öffentlichkeitsrecht" anerkannt wurde.[225]

Der Lehrbetrieb der *IRPA* ist auf "religiös-theologische Fachgegenstände" eingeschränkt. Die pädagogische und humanwissenschaftliche Ausbildung der Studentinnen und Studenten wird durch die Pädagogische Akademie des Bundes in Wien durchgeführt. Der insgesamt acht Semester umfassende Studiengang besteht aus zwei Studienabschnitten. In den ersten zwei Semestern absolvieren die Lehramtskandidaten einen Arabischlehrgang, der mit einer Prüfung abgeschlossen wird. Erst nach erfolgreichem Abschluss des Sprachkurses beginnt das eigentliche Fachstudium, das in Vorlesungen, Seminare, Übungen und Schul-, Sozial- und Gemeindepraxis gegliedert ist. Auf dem Lehrplan der *IRPA* stehen neben den traditionellen Fächern *Quranwissenschaft, Quranexegese* und *Islamrecht* auch Fächer, die die zukünftigen Lehrerinnen und Lehrer mit den spezifischen Bedingungen in Österreich vertraut machen. So wird z. B. *Schulrecht, Politische Bildung* und *Vergleichende Religionskunde* angeboten.[226]

Als Problembereich gilt die theologische Ausbildung, die bislang in Kooperation mit der Al-Azhar Universität in arabischer Sprache durchgeführt wird.[227] Die arabischsprachige Ausbildung bereitet vor allem den zumeist türkischstämmigen Studentinnen und Studenten eine Vielzahl von Problemen, da der zweisemestrige Vorbereitungslehrgang in Arabisch faktisch nur Grundkenntnisse vermitteln kann, die für theologische Unterrichtsgegenstände als unzureichend angesehen werden müssen.[228]

Der Unterricht an den Schulen ist seinem Anspruch nach ein gesamtislamisch orientierter Religionsunterricht. Faktisch folgt er jedoch einer konfessionellen Konzeption, da in den Lehrplänen schiitische oder gar alevitische Inhalte keine Berücksichtigung finden. Nach Mohr nehmen aus diesem Grund auch kaum alevitische oder schiitische Kinder am Religionsunterricht teil. Trotz dieses Ma-

---

225 Bescheid des Bundesministeriums für Unterricht und kulturelle Angelegenheiten ZI.24170/II-III/A/4/98 vom 23. April 1998.

226 Schakfeh, S. 194ff.

227 Auch auf der universitären Ebene stellt sich die Frage nach qualifizierten Lehrkräften. Die von der IGGiÖ praktizierte Kooperation mit nicht-deutschsprachigen Fachkräften der Al-Azhar Universität in Kairo perpetuiert die ursprüngliche Problemstellung auf der Hochschulebene. Das grundsätzliche Problem ist damit nicht gelöst, sondern lediglich verschoben. Die Fachausbildung der IRPA unter der Führung arabophoner Professoren kann bestenfalls als Übergangslösung angesehen werden.

228 Schaible: Islamischer Religionsunterricht in Österreich und die aktuelle Situation in Bayern, S. 87.

kels erhält das Fach von den muslimischen Eltern relativ viel Zuspruch. Nach Schaible liegt z. B. die Abmeldequote im Land Salzburg seit Jahren bei ca. 30 Prozent. Bei der Interpretation dieser Zahl ist zu berücksichtigen, dass der Unterricht aufgrund Klassen übergreifender Kursgruppen oft auf die Randstunden oder den Nachmittag fällt. Dort wo der *Islamische Religionsunterricht* parallel zum katholischen Pendant angeboten wird, sind angeblich nur Abmeldungen in geringer Zahl zu verzeichnen.[229]

4.4 Zwischenfazit

In den drei vorgestellten Ländern werden den islamischen Gemeinschaften z. T. seit mehr als drei Jahrzehnten weitreichende gesellschaftliche Partizipationsmöglichkeiten auf gesetzlicher Basis angeboten. Die islamischen Gemeinden in den Niederlanden, Belgien und Österreich sind in den meisten Belangen seit vielen Jahren den christlichen Kirchen gleichgestellt. Dieser aus integrationspolitischer Sicht begrüßenswerte Sachverhalt konnte jedoch keinen innermuslimischen Prozess initiieren, der zur Entwicklung allgemein anerkannter islamischer Unterrichtsangebote führte. Als massives Hindernis erwiesen sich vor allem die folgenden Grundprobleme:

Die Institutionalisierung der islamischen Gemeinschaften erfasste den in Westeuropa sehr heterogen auftretenden Islam nur fragmentarisch.[230] Die staatlich anerkannten Gremien (z. B. der *IGGiÖ*) repräsentieren meist nur den sunnitischen Mehrheitsislam. Die kleineren konfessionsartigen Gruppen, so die Schiiten und Aleviten, sind faktisch ohne Stimme und werden folglich auch nicht berücksichtigt.

Als weiteres Problem muss in diesem Kontext die Aufsplitterung des sunnitischen Mehrheitsislams betrachtet werden. Interne Machtkämpfe – so in Belgien – blockieren seit vielen Jahren die Gremienarbeit.

Schließlich muss auch auf die mangelhafte Lehrerausbildung hingewiesen werden. Alle derzeit praktizierten Modelle, die auf externe Entwicklungshilfe angewiesen sind – so auch die arabischsprachige Fachausbildung der *IRPA* in Wien –, können bestenfalls als Interimslösungen betrachtet werden.

---

229 Ebd., S.89.
230 Die Institutionalisierung des Islams in Österreich und Belgien führte insgesamt betrachtet zu fragwürdigen Formgebungen. Die Schaffung einheitlicher Gremien, die dem Anspruch nach alle Muslime zu vertreten haben, führt dazu, dass die an der Basis vorzufindende Richtungsvielfalt unterdrückt wird.

5. Islamischer Religionsunterricht in Deutschland

5.1 Rechtliche Rahmenbedingungen

Die rechtlichen Vorgaben für die Einführung eines bekenntnisorientierten Religionsunterrichts an staatlichen Schulen finden sich im Grundgesetz in Art. 7, der wie folgt lautet:

1. *Das gesamte Schulwesen steht unter der Aufsicht des Staates.*
2. *Die Erziehungsberechtigten haben das Recht, über die Teilnahme des Kindes am Religionsunterricht zu bestimmen.*
3. *Der Religionsunterricht ist in den öffentlichen Schulen mit Ausnahme der bekenntnisfreien Schulen ordentliches Lehrfach. Unbeschadet des staatlichen Aufsichtsrechtes wird der Religionsunterricht in Übereinstimmung mit den Grundsätzen der Religionsgemeinschaft erteilt. Kein Lehrer darf gegen seinen Willen verpflichtet werden, Religionsunterricht zu erteilen.*

Weitere Rechtsgrundlagen, die hier nicht näher ausgeführt werden, finden sich in den jeweiligen Landesverfassungen und Schulordnungsgesetzen.[231] Diese stehen aber in ihrer Wertigkeit unter der des Art. 7 GG.[232]

Grundsätzlich gilt, dass in Sachen *Islamischer Religionsunterricht* in der Bundesrepublik keine Rechtseinheit festzustellen ist.[233] In den Ländern Berlin und Bremen gilt der Art.7 Abs. 1 nicht. Gemäß Art. 141 GG sind dort die Religionsgemeinschaften und nicht die Kultusverwaltungen für die Durchführung des Religionsunterrichtes verantwortlich. Aufgrund dieser Sonderregelung ist der Religionsunterricht, auch wenn er wie in Berlin in öffentlichen Schulen durchgeführt wird, kein ordentliches Lehrfach.

---

231 Oebbeke: Islamischer Religionsunterricht an deutschen Schulen – Aktuelle Fragen und Problemstellungen, S. 3 – 13.
232 Rohe, Mathias: Der Islam – Alltagskonflikte und Lösungen, Freiburg 2001, S. 159.
233 Oebbeke: Islamischer Religionsunterricht – Rechtsdogmatische und rechtspolitische Fragen, S. 55.

Unklar ist die Rechtslage in den neuen Bundesländern. In Brandenburg wird *Lebensgestaltung-Ethik-Religion (LER)* als wertorientiertes, aber bekenntnisneutrales Pflichtfach erteilt, das auch muslimische Lerninhalte einbezieht. Der über das Fach entstandene Rechtsstreit wurde durch das Bundesverfassungsgericht durch einen Vergleich beigelegt. Ähnlich ist die Lage in Hamburg. Dort wird das Fach *Religionsunterricht für alle* erteilt, an dessen Gestaltung neben den christlichen Kirchen auch die islamischen Gemeinden mitwirken. Nach Oebbeke ist nicht ganz klar, ob diese Form des Religionsunterrichts mit dem Grundgesetz vereinbar ist.[234]

In allen anderen Bundesländern gilt der Art. 7. Jedoch ist es bislang nicht gelungen, die rechtlichen Voraussetzungen für einen regulären *Islamischen Religionsunterricht* sicherzustellen. Als Haupthindernis erwies sich der seit mehr als zwei Jahrzehnten kontrovers diskutierte Begriff der Religions-gemeinschaften.[235]

5.1.1 Der Begriff der Religionsgemeinschaften

Nach herkömmlicher Definition, so Emenet, sind unter Religionsgemeinschaften die religiösen Gruppen zu verstehen, "die über ein Mindestmaß an Organisation und verfestigten Glaubensinhalten in einem gemeinsamen Bekenntnis verfügen." Ein Zusammenschluss oder eine Vereinigung ist dann als Religionsgemeinschaft anzusehen, wenn ihre Mitglieder auf der Basis gemeinsamer religiöser Überzeugungen "die Frage nach dem Sinn des menschlichen Lebens beantworten". Überdies weisen Religionsgemeinschaften "eine umfassende Zielsetzung für einen religiösen Konsens auf."[236]

Die Entscheidung über die Einstufung einer religiösen Vereinigung bzw. eines religiösen Zusammenschlusses als Religionsgemeinschaft trifft der Staat. Als Voraussetzung für die Anerkennung werden in der juristischen Diskussion, die auf der Grundlage von Art. 140 GG / 137 WRV geführt wird, folgende Kriterien bzw. Strukturmerkmale angesehen:

a) Zusammenschluss zu einer Vereinigung
   Mindestens zwei natürliche Personen müssen sich freiwillig zusammengeschlossen haben.

---

234 Ebd.
235 Heckel, Martin: Religionsunterricht für Muslime? – Kulturelle Integration unter Wahrung der religiösen Identität, Ein Beispiel für die komplementäre Natur der Religionsfreiheit, in: Juristenzeitung 1999, S. 752.
236 Emenet: Verfassungsrechtliche Probleme einer islamischen Religionskunde an öffentlichen Schulen, S. 152.

b) Verfestigung (Gewähr für eine gewisse Dauer)
Die Mitglieder dürfen sich nicht nur vorübergehend zusammengeschlossen haben.

c) Gemeinsames religiöses Bekenntnis
Der Zusammenschluss muss über einen Mindestbestand an festliegenden Glaubensinhalten verfügen.

d) Umfassende Glaubensverwirklichung
Die Angehörigen des Zusammenschlusses dürfen den Glauben nicht nur partiell sondern in umfassender Weise verwirklichen.[237]

Die gelegentlich geforderte Anerkennung der Zusammenschlüsse als Körperschaft des öffentlichen Rechts ist nach Auffassung vieler Juristen – so z. B. Heckel und Rohe – keine Voraussetzung für die Einstufung als Religionsgemeinschaft.[238] Ähnlich verhält es sich mit der Verfassungstreue. Religiöse Vereinigungen unterliegen, anders als der Staat, keiner vollen Grundrechtsbindung.[239]

5.1.2 Selbstorganisation der Muslime als "Ansprechpartner"

Auch wenn die Rechtsform der Religionsgemeinschaft nicht ausdrücklich am "religionssoziologischen Modell" der Kirchen orientiert ist, ergeben sich bei der Übertragung der durch die Verfassung genannten Kriterien auf die islamischen Religionsgemeinschaften erhebliche Schwierigkeiten. Zunächst gilt es zu festzustellen, dass der Islam historisch betrachtet über kein strukturiertes Organisationsmodell verfügt, das durch einfache Modifikation an die Verfassungsanforderungen angepasst werden könnte.[240] Hieraus folgt ein Bündel von Einzelproblemen, deren unstrittige Auflösung zum gegenwärtigen Zeitpunkt nicht zu erkennen ist. In der gesellschaftlichen Diskussion und vor allem in der juristischen Auseinandersetzung sind derzeit folgende Probleme bestimmend:

a) Das Problem der Mitgliedschaft
Im Selbstverständnis der Muslime besteht der Islam aus der gelebten Gemeinschaft aller gläubigen Muslime. Eine formalisierte Mitgliedschaft, wie sie bei den christlichen Kirchen vorzufinden ist, gibt es im Islam nicht.[241] Grundsätzlich gilt,

---

237 Ebd. S. 154-168, und Heckel, Religionsunterricht für Muslime?, S. 752.
238 Ebd., und: Rohe, Mathias: Spezifische Rechtsprobleme des Islamischen Religionsunterrichts in Deutschland, in: Bauer / Kaddor / Strobel (Hg.): Islamischer Religionsunterricht: Hintergründe, Probleme, Perspektiven, S. 80.
239 Rohe: Spezifische Rechtsprobleme, S. 81.
240 Dies Aussage gilt vor allem für den sunnitischen Islam.
241 Emenet, S.169.

dass Muslime für ihre Religionsausübung keine besondere Organisation benötigen. Dies erklärt auch, weshalb in den zahlreichen islamischen Vereinen und Verbänden nur eine relativ geringe Zahl von Muslimen organisiert ist.

b) Das Problem der Repräsentation

Im Grundverständnis einer pluralistisch und demokratisch verfassten Gesellschaft ist der Begriff Repräsentation eng mit dem Begriff Legitimität verbunden. Repräsentieren bedeutet, die Interessen eines anderen oder eines Personenverbandes als legitimierter Vertreter wahrzunehmen.[242] Legitimität kann ein Repräsentant dann für sich beanspruchen, wenn er durch die Mitglieder ein Mandat erhalten hat, oder aber er beruft sich auf eine von den Mitgliedern anerkannte Tradition.[243] Bei der Frage, ob es sich bei den islamischen Spitzenverbänden um eine Religionsgemeinschaft handelt, spielt der Aspekt der Legitimität mittlerweile eine wichtige Rolle.[244] So hat im November 2001 das Düsseldorfer Verwaltungsgericht den Antrag des *Islamrats* und des *Zentralrats der Muslime in Deutschland* (ZMD) auf Erteilung von *Islamischem Religionsunterricht* in Nordrhein-Westfalen unter anderem mit der Begründung zurückgewiesen, dass es den klagenden Verbänden an einer durchgehenden "Legitimationskette" zur Basis der Religionsgemeinschaft fehle.[245] Der Verweis auf angeschlossene Vereine als mittelbare Mitglieder reiche nicht aus. Dieses Urteil, das im Dezember 2003 vom Oberverwaltungsgericht in Münster[246] bestätigt wurde, folgt dem Grundsatz, dass eine Religionsgemeinschaft aus einer "gelebten Gemeinschaft natürlicher Personen" bestehen muss.[247] Zwischenzeitlich wurde dieses Urteil durch das Bundesverwaltungsgericht Leipzig aufgehoben und zur Neuverhandlung nach Münster zurückverwiesen (BVerwg 6 C 2.04). In seiner Urteilsbegründung führte das Gericht aus, dass unter einer Religionsgemeinschaft ein Verband zu verstehen sei, der die Angehörigen eines Glaubensbekenntnisses zur allseitigen Erfüllung der durch das gemeinsame Bekenntnis gestellten Aufgaben zusammenfasse. Weil das Glaubensbekenntnis eine höchstpersönliche Sache sei, müsse eine Gemeinschaft auf natürliche Personen zurückführbar sein. Diese Voraussetzung könne auch bei einem mehrstufigen

---

242 Eine gute Darstellung zum Problem Repräsentation ist nachzulesen bei: Schiffauer, Werner: Muslimische Organisationen und ihr Anspruch auf Repräsentativität: dogmatisch bedingte Konkurrenz und Streit um Institutionalisierung, in: Escudier, Alexandre (Hg.): Der Islam in Europa, Der Umgang mit dem Islam in Frankreich und Deutschland, Göttingen 2003, S. 143-159.

243 Dies ist in der Römisch-Katholischen Kirche der Fall. Die Kirchenmitglieder bestimmen nicht die Leitung. Bischöfe und Kardinäle werden in einem undemokratischen Verfahren vom Papst ernannt. Dieses Beispiel zeigt, dass eine demokratische Struktur nicht als Voraussetzung für eine Anerkennung als Religionsgemeinschaft angesehen werden kann.

244 Bielefeldt, S.118.

245 Verwaltungsgericht Düsseldorf : Urteil vom 2. November 2001 (1K10519/98).

246 Oberverwaltungsgericht Münster: Pressemitteilung vom 2. Dezember 2003

247 Emenet, S.178.

Verband gegeben sein, in welchem die Gläubigen auf der lokalen Ebene Vereine gebildet haben, welche wiederum einen landesweiten oder bundesweiten Verband gegründet haben.[248]

c) Das Problem der allseitigen Aufgabenerfüllung

Als Merkmal einer Religionsgemeinschaft gilt auch ein intensives religiöses Gemeinschaftsleben und die allseitige Erfüllung religiöser Ziele. [249] Nach Auffassung des OVG Münster erfüllen die islamischen Spitzenverbände *Islamrat* und *ZMD* diese Merkmale nicht. Die Aufgabenfelder beider Verbände seien hauptsächlich nach außen gewandt. Auch lasse sich nicht feststellen, "dass die Kläger nach religiösem Gehalt und äußerem Erscheinungsbild sowie unter Berücksichtigung ihres Selbstverständnisses der umfassenden Glaubensverwirklichung dienten. Wichtige Aufgaben der praktischen Religionsausübung würden verantwortlich auf niedrigeren Ebenen wahrgenommen."[250] Auch dieser Sichtweise hat das Bundesverwaltungsgericht widersprochen. Die allseitige Erfüllung der Glaubensverwirklichung könne in einem Verband auch arbeitsteilig erfolgen. Diese habe jedoch zur Voraussetzung, dass die Tätigkeit des Dachverbandes auf die Gläubigen in den örtlichen Vereinen bezogen sein müsse.[251]

5.2 Modelle der Länder – der aktuelle Sachstand

Ein regulärer *Islamischer Religionsunterricht* als konfessionsgebundenes ordentliches Lehrfach im Sinne des Art. 7 Abs. 3 GG wird derzeit in keinem Bundesland erteilt. Vielmehr gibt es diverse Formen des "Ersatzunterrichts", der in den meisten Fällen im Rahmen des muttersprachlichen Ergänzungsunterrichts erteilt wird und eine Reihe von Schulversuchen, die sich in qualitativer und quantitativer Hinsicht erheblich voneinander unterscheiden.[252] Im Schuljahr 2003/2004 gab es zwei Grundmodelle, die in ihren Varianten und aktuellen Ausprägungen in den folgenden Kapiteln näher beschrieben werden.[253]

---

248 Bundesverwaltungsgericht Leipzig: Pressemitteilung Nr. 9/2005: BVerwG 6 C 2.04.
249 Emenet, S. 174f.
250 Oberverwaltungsgericht Münster, Pressemitteilung vom 2. Dezember 2003.
251 Bundesverwaltungsgericht Leipzig: Pressemitteilung Nr. 9/2005: BVerwG 6 C 2.04.
252 Stock: Islamunterricht: Religionskunde, Bekenntnisunterricht oder was sonst?, S.6.
253 In der folgenden Darstellung werden nur die staatlichen oder staatlich geförderten Modelle behandelt. Der Islamunterricht der sogenannten Koranschulen findet keine Berücksichtigung.

5.2.1 Islamkundlicher Unterricht

Im Rahmen des bekenntnisfreien islamkundlichen Unterrichts, der bis auf den Sonderfall Bremen ohne Mitwirkungsmöglichkeit der islamischen Religionsgemeinschaften realisiert wurde, gibt es z. Z. sechs Modellvarianten.

a) Religiöse Unterweisung für muslimische Schülerinnen und Schüler im Rahmen des von diplomatischen Vertretungen organisierten muttersprachlichen Ergänzungsunterrichts[254] Der sogenannte "Konsularunterricht" wird in Baden-Württemberg, Schleswig-Holzstein, Berlin und im Saarland erteilt. Organisiert und verantwortet wird der Unterricht von den diplomatischen und konsularischen Vertretungen der Herkunftsländer.[255] Der Unterricht findet zumeist an nichtöffentlichen Schulen in der jeweiligen Sprache der Herkunftsländer statt und wird von den genannten Bundesländern aus den Landeshaushalten finanziell gefördert. Die deutschen Kultusverwaltungen haben bei diesem Typ von Islamunterricht keine Möglichkeit, auf die Unterrichtsinhalte und das Lehrpersonal Einfluss zu nehmen. Der "Konsularunterricht", der unter der Prämisse der "Rückkehrorientierung" der Arbeitsmigranten vor mehr als 25 Jahren eingeführt wurde, gilt als überholt. Da die Zahl der Einbürgerungen in den letzten Jahren erheblich zugenommen hat, wird diese Unterrichtsform in den nächsten Jahren sukzessiv an Bedeutung verlieren.

b) Religiöse Unterweisung für muslimische Schülerinnen und Schüler im Rahmen des von den Kultusverwaltungen der Länder veranstalteten muttersprachlichen Ergänzungsunterrichts[256] Historisch betrachtet handelt es sich bei diesem Modell um den unmittelbaren Nachfolger von Typ a. Der Islamunterricht findet ebenfalls im muttersprachlichen Unterricht statt. Allerdings wird dieser unter Verantwortung der Kultusverwaltungen an staatlichen Schulen von Landesbediensteten erteilt. Dieses Unterrichtsmodell wird derzeit in Hamburg, Niedersachsen, Nordrhein- Westfalen und Rheinland-Pfalz praktiziert. In Nordrhein-Westfalen wurden für die *religiöse Unterweisung* in einem sehr aufwendigen Entwicklungsprozess für die Jahrgangsstufen 1 bis 10 eigene Curricula entworfen, die z. Z. auch im Schulversuch *Islamische Unterweisung als eigenständiges Unterrichtsfach* Verwendung finden. Mittelfristig betrachtet, ist auch der Typ b ein Auslaufmodell, da er den Islam an zentralen Punkten als ein hier nicht beheimatetes Migrationsphänomen thematisiert.[257] Hinzu kommt,

---

254 Staatsinstitut für Schulpädagogik und Bildungsforschung (Hg.): Islamischer Religionsunterricht an bayrischen Schulen? Ein Problemaufriss, München 2000, S.22.
255 In der Regel ist dies die Türkei.
256 Staatsinstitut für Schulpädagogik und Bildungsforschung, S. 22.
257 Die aus den achtziger Jahren stammenden Curricula thematisieren den Islam häufig aus der Perspektive der Migranten. So lautet eine Themeneinheit im NRW-Grundschulcurriculum "Wir

dass der zumeist in türkischer Sprache durchgeführte Unterricht nicht als "ordentliches Fach" in der Stundentafel verankert werden kann.

c) Religiöse Unterweisung für türkische Schülerinnen und Schüler nach deutschen Lehrplänen, die auf der Grundlage türkischer Richtlinien entwickelt wurden

In der Fachdiskussion als problematisch - vor allem aus integrationspolitischer Sicht[258] – gilt auch das in Bayern durchgeführte deutsch-türkische Mischmodell *Religiöse Unterweisung türkischer Schüler islamischen Glaubens,* das auf freiwilliger Grundlage in türkischer Sprache für die Jahrgangsstufen 1 bis 9 seit dem Schuljahr 1987/88 angeboten wird.[259] Die Curricula orientieren sich an den Richtlinien, die das Ministerium für nationale Erziehung der Republik Türkei für den Religions- und Ethikunterricht erstellt hat. Die im Unterricht eingesetzten Schulbücher stammen ebenfalls aus der Türkei.[260] Durchgeführt wird der islamkundliche Unterricht von in der Türkei beschäftigten muslimischen Lehrkräften, die in Bayern in befristete Arbeitsverhältnisse übernommen werden und somit der bayrischen Schulaufsicht unterliegen.[261]

d) Islamische religiöse Unterweisung in deutscher Sprache als Parallelangebot zum gleichnamigen Unterrichtsangebot in türkischer Sprache

Die *Islamische religiöse Unterweisung* wird seit dem Schuljahr 2001/2002 in Bayern als Pilotprojekt an derzeit 21 Schulen durchgeführt.[262] Der Unterricht wird alternativ und möglichst parallel zum türkischsprachigen Pendant angeboten. Er steht allen muslimischen Schülerinnen und Schülern offen, wird aber zumeist von nichttürkischen Schülerinnen und Schülern besucht.[263] Unterrichtssprache ist Deutsch. Die Unterrichtsinhalte orientieren sich an den Richtlinien, die für den türkisch-

---

leben in einer fremden Welt". Siehe Landesinstitut (Hg.): Religiöse Unterweisung für Schüler islamischen Glaubens – 24 Unterrichtseinheiten für die Grundschule (Entwurf).

258   Angesichts der Verbleiborientierung der türkischstämmigen Schülerinnen und Schüler und der zunehmenden Zahl von Einbürgerungen erscheint die enge Kooperation mit der Türkei in einem fragwürdigen Licht.

259   Stock, Martin: Beitrag auf den Hohenheimer Tagen zum Ausländerrecht 2004: Auf dem Weg zur Rechtsgleichheit? Integration zwischen Zwang und Förderung, veranstaltet von der Diözese Rottenburg-Stuttgart am 31.1.2004 in Hohenheim, unter: www.jura.uni-bielefeld.de /Lehrstuehle/Stock/Veroeffentlichungen_Vortraege/Vortrag_K.html (01.03.04).

260   Bayrisches Staatsministerium für Unterricht und Kultus, Pressemitteilung 271 vom 28. September 2001.

261   Stock: Islamunterricht: Religionskunde, Bekenntnisunterricht oder was sonst?, S. 7.

262   Bayrisches Staatsministerium für Unterricht und Kultus: Sachstand bei den Angeboten islamischer Erziehung, Bericht vom 20. Januar 2004, und: Bayrisches Staatsministerium für Unterricht und Kultus: Informationen unter der Pressestelle des Kultusministeriums. Neues im Schuljahr 2004/2005.

263   Die türkischen Schülerinnen und Schüler bevorzugen mehrheitlich das parallel laufende türkischsprachige Angebot.

sprachigen Unterricht gelten. Diese Richtlinien wurden inhaltlich und didaktisch überarbeitet und werden z. Z. an den teilnehmenden Schulen erprobt. Die eingesetzten Lehrkräfte sind bis auf eine Ausnahme unbefristete Angestellte oder Beamte des Landes. Begleitet wird der Schulversuch in der Anfangsphase von der Akademie für Lehrerfortbildung und Personalführung und dem Staatsinstitut für Schulpädagogik und Bildungsforschung. Beide Institutionen sollen einen Lehrgang organisieren, welcher der Evaluation des Schulversuchs dient und der zur Entwicklung von deutschsprachigem Unterrichtsmaterial beitragen soll.[264]

e) Religiöse Unterweisung für muslimische Schülerinnen und Schüler in deutscher Sprache als ordentliches Fach

Dieses Modell wird seit dem Schuljahr 1999/2000 in Nordrhein-Westfalen als Schulversuch an derzeit ca. 110 Schulen durchgeführt. Im Laufe der nächsten drei Jahre soll der Schulversuch auf insgesamt 200 Schulen ausgedehnt werden. Geschichte, Rahmenbedingung und Durchführung des Schulversuchs werden in Kapitel 6 detailliert vorgestellt.

f) Islamkunde in Bremen

Seit dem Schuljahr 2003/2004 wird im Rahmen eines klein dimensionierten Schulversuchs an einer Schule das Fach *Islamkunde* in deutscher Sprache erteilt.[265] Das Fach wird alternativ zu *Biblischem Geschichtsunterricht* und zu *Philosophie* angeboten. Die religionskundlichen Fächer sind nicht bekenntnisorientiert. Das Konzept für die *Islamkunde* wurde am "Runden Tisch" unter der Beteiligung von lokalen Moscheevereinen, Institutionen und Kirchenvertretern erarbeitet. Das neue Fach - wie auch die alternativen Unterrichtsangebote - stehen allen Schülerinnen und Schülern offen.[266] In Bremen wird aufgrund von Art. 141 GG kein staatlicher Religionsunterricht erteilt.

5.2.2 "Islamischer Religionsunterricht"

Regulärer *Islamischer Religionsunterricht* als ordentliches Fach wird, wie bereits einleitend dargelegt, in keinem Bundesland erteilt. Es gibt jedoch Schulversuche in

---

264 Bayrisches Staatsministerium für Unterricht und Kultus: Zwischenbericht an den Ausschuss für Bildung, Jugend und Sport vom 12. Januar 2002, S.4f.

265 Freie Hansestadt Bremen - Der Senat: Pressemitteilung vom 19. August 2003, unter: http://www.bremen.de/web/owa/extern.p_anz_presse2_mitteilung?pi_mid=86378&pi_back=ja vascript:history.back()&pi_begriff=islamkunde&pi_teilsuche=0 (24.03.04).

266 Siebert, Mathias: Vier Jahre Vorlauf, Interview mit Werner Willker (Radiosendung), unter: http://www.radiobremen.de/online/gesellschaft/islam_unterricht.html (24.03.04).

Bayern und Niedersachsen, die in Kooperation mit lokalen Zusammenschlüssen islamischer Vereine bzw. Verbände den Weg für einen Religionsunterricht im Sinne von Art.7 Abs.3 GG ebnen wollen. Und es gibt den Sonderfall Berlin. Dort ist aufgrund der "Bremer Klausel" (Art. 141 GG) der Artikel 7. Abs. 3 GG nicht gültig.

a) Islamischer Religionsunterricht in alleiniger Verantwortung der Religionsgemeinschaften – der Sonderfall Berlin

In Berlin liegt die Erteilung des Religionsunterrichts in alleiniger Verantwortung der Religionsgemeinschaften. Sofern Religionsunterricht durchgeführt wird, handelt es sich faktisch um einen freiwilligen Privatunterricht an öffentlichen Schulen. Die im Unterricht erbrachten Leistungen sind nicht versetzungs- und prüfungsrelevant. Die staatliche Aufsicht beschränkt sich allein auf die Prüfung der Rahmenlehrpläne. Die Kultusbehörde ist verpflichtet, die Räumlichkeiten in öffentlichen Schulen zu stellen, und gewährt Zuschüsse für die Lehrergehälter. Im Schuljahr 2003/2004 erteilten zwei islamische Religionsgemeinschaften einen nach dem Berliner Schulrecht konzipierten gruppenspezifisch-privaten Religionsunterricht.[267]

In einem jahrelangen Rechtsstreit gelang es der *Islamischen Föderation in Berlin e. V. (IFB)*, die wegen ihrer Nähe zur islamistisch orientierten *Milli Görüş* sehr umstritten ist, im Jahr 1998 ihren Anspruch auf Erteilung von Religionsunterricht durchzusetzen. Im August 2003 bot die *IFB* an 15 Berliner Grundschulen *Islamischen Religionsunterricht* an. Ab dem Schuljahr 2004/2005 soll an 15 weiteren Schulen ein Unterrichtsangebot eingerichtet werden. Nach Angaben der *IFB* nehmen mehr als 1700 Schülerinnen und Schüler am Unterricht teil.[268]

Als Religionsgemeinschaft anerkannt ist in Berlin mittlerweile auch das *Kulturzentrum Anatolischer Aleviten.* Die Aleviten hatten bereits im Jahr 2000 den Antrag auf alevitischen Religionsunterricht gestellt und einen Lehrplanentwurf mit 12 Unterrichtseinheiten für die Grundschule vorgelegt, der von einer Arbeitsgruppe der *Alevitischen Gemeinde Deutschland e. V.* erarbeitet wurde. Seit dem Schuljahr 2002/2003 wird der alevitische Religionsunterricht an 10 Schulen für ca. 200 alevitische Schülerinnen und Schüler angeboten.[269]

---

267 Mittlerweile erteilt auch eine buddhistische Gemeinschaft in zwei Berliner Schulen Religionsunterricht. Es wird angenommen, dass weitere Gemeinschaften (z. B. die griechisch-, die serbisch-, die syrisch-, und die russisch-orthodoxe Kirche) folgen. Nach Stock entwickelt sich in Berlin auf dem Boden des Art. 141 GG eine "kleinräumig parzellierte und pluralisierte, postmodern-patchworkartige Curriculumstruktur." Stock: Beitrag auf den Hohenheimer Tagen zum Ausländerrecht 2004, S.2.

268 Aktuelle Zahlen über den *Islamischen Religionsunterricht*, unter: www.islamische-foederation.de/iru.htm (04.03.04).

269 Kulturzentrum Anatolischer Aleviten Berlin: Presseerklärung vom 19. April 2002.

b) Schulversuche auf kommunaler Ebene
Der Schulversuch "Islamunterricht" in Erlangen

Seit dem Beginn des Schuljahres 2003/2004 wird in Bayern an einer Erlanger Grundschule der Schulversuch *Islamunterricht* durchgeführt. Die Erstellung des Lehrplans, der umstrittene Glaubensfragen neutral behandeln soll, und die Auswahl der Lehrkräfte erfolgte in enger Kooperation mit der *Islamischen Religionsgemeinschaft Erlangen e. V.*, die im Jahr 1999 beim bayrischen Kultusministerium die Einrichtung eines Schulversuchs zum islamischen Religionsunterricht beantragte. Der Unterricht ist bekenntnisorientiert und wird in deutscher Sprache erteilt. Damit wird erstmalig – zeitgleich mit dem Modellversuch in Niedersachsen – im Geltungsbereich von Art. 7 Abs. 3 GG in enger Kooperation mit Muslimen ein Islamunterricht erteilt, der als "Vorform" eines vollwertigen islamischen Religionsunterrichts gelten kann. Begleitet wird der Schulversuch durch das *Interdisziplinäre Zentrum für Islamische Religionskunde* an der Universität Erlangen, das eigens für die wissenschaftliche und pädagogische Begleitung des Schulversuchs geschaffen wurde.[270] In Kooperation mit der *Islamischen Religionsgemeinschaft Erlangen e.V.* hat das *Interdisziplinäre Zentrum* seit dem Studienjahr 2002 eine Gastprofessur für *Islamische Religionslehre* eingerichtet. Mittelfristig soll geprüft werden, wie ein ordentlicher Studiengang an der Universität Erlangen oder Bayreuth verankert werden kann.[271] Trotz dieser Bemühungen ist eine landesweite Ausdehnung des Erlanger Schulversuchs nicht beabsichtigt.[272] Nach Auffassung des bayrischen Kultusministeriums fehle dem Staat hierfür ein legitimierter Ansprechpartner auf muslimischer Seite.[273] In Einzelfällen ist jedoch eine Übertragung des Konzepts auf andere Standorte möglich, falls dort vergleichbare Bedingungen anzutreffen sind.[274]

Schulversuch islamischer Religionsunterricht in Ludwigshafen Pfingstheide

Ein lokal begrenzter Schulversuch startete im Schuljahr 2004/2005 auch in Ludwigshafen an einer Grundschule. Mit der Durchführung des deutschsprachigen Unterrichtsangebots, das als ordentliches Fach auf der Stundentafel geführt wird,

---

270 Rohe, Mathias: Zur Genese des Erlanger Schulversuchs "Islamunterricht", unter: www.zr2.jura.uni-erlangen.de/Schulversuch.pdf (10.03.04).

271 Lähnemann, Johannes: Perspektiven in der Ausbildung islamischer Religionslehrer, unter: http://presse.verwaltung.uni-muenchen.de/mum043/essay.htm (10.03.04).

272 Bayrisches Staatsministerium für Unterricht und Kultus: Pressemitteilung Nr. 25 vom 6. Februar 2003.

273 Die auch in Bayern tätigen islamischen Verbände (Zentralrat der Muslime, Islamrat, VIKZ und DITIB) haben mittlerweile einen Verein mit dem Namen Islamische Religionsgemeinschaft in Bayern (IRB) gegründet. Dieser Verein will sich als Ansprechpartner für islamischen Religionsunterricht anbieten. Vgl. Bayrisches Staatsministerium für Unterricht und Kultus: Zwischenbericht an den Ausschuss für Bildung, Jugend und Sport vom 12. Januar 2002, S.3.

274 Bayrisches Staatsministerium für Unterricht und Kultus, Sachstand bei den Angeboten islamischer Erziehung, Bericht vom 20. Januar 2004.

ist zunächst ein türkischer Islamwissenschaftler beauftragt. Inhaltliche Unterstützung erhält das Projekt vom *Christlich-Islamischen Gesprächskreis* und der türkischen Frauenbildungsstätte *IGRA e.V.*.[275] Der Schulversuch ist auf vier Jahre begrenzt. An der Ausarbeitung des Lehrplans war anders als in Erlangen keine lokale islamische Vereinigung beteiligt. Nach Auskunft der Schulleitung ist der Schulversuch als quartierbezogenes Projekt angelegt. Eine Ausdehnung auf andere Schulen sei nicht beabsichtigt.[276]

c) Der Schulversuch Islamischer Religionsunterricht in Niedersachsen

Gleichfalls in einem überschaubaren experimentellen Rahmen angelegt ist der *Schulversuch islamischer Religionsunterricht* in Niedersachsen. Seit dem Schuljahr 2003/2004 wird an acht Grundschulen[277] der *Schulversuch islamischer Religionsunterricht* durchgeführt. Der Schulversuch ist zunächst bis zum Jahr 2007 befristet und soll in der Versuchsphase nicht auf die Schulformen der Sekundarstufe I ausgedehnt werden.[278] Die Teilnahme am bekenntnisorientierten und deutschsprachigen Unterrichtsangebot ist freiwillig. Die im Unterricht erbrachten Leistungen werden zum Jahresende nicht benotet. Wie im Erlanger Modell wurden auch in Niedersachsen die Lehrpläne mit muslimischen Ansprechpartnern abgesprochen. Das Bildungsministerium hatte im Vorfeld des Schulversuchs einen "runden Tisch" einberufen, an dem die *SCHURA-Niedersachsen* und *DİTİB* sich auf einen gemeinsamen Lehrplanentwurf für die Primarstufe einigten. Nach Angaben des Ministeriums repräsentiert der "runde Tisch" 90 Prozent der niedersächsischen Muslime.[279] Die Aleviten sind in diesem Gremium nicht vertreten. Der vom "runden Tisch" gemeinsam mit dem Kultusministerium erarbeitete Lehrplan für

---

275 Ministerium für Bildung, Frauen und Jugend (Rheinland-Pfalz): Pressemitteilung vom 29. April 2004.

276 Nach Angaben des Schulleiters kam das Unterrichtsprojekt in enger Absprache mit den Eltern zustande. Der Lehrplan wurde an der Schule entwickelt.

277 Jeweils zwei ausgewählte Grundschulen pro Regierungsbezirk.

278 Niedersächsisches Kultusministerium: Kultusminister startet Schulversuch Islamischen Religionsunterricht – Bundesweite Pionierrolle, Presseinformation vom 30.05.03.

279 Die Angaben zu den Mitgliederzahlen sind mit Sicherheit deutlich zu hoch angesetzt. Nach Angaben des unabhängigen Soester Zentralinstituts Islam-Archiv-Deutschland sind bundesweit derzeit etwa 9,93 Prozent der Muslime in den Spitzenverbänden organisiert. Ähnliche Zahlen präsentiert auch das Zentrum für Türkeistudien. Der Organisationsgrad der Muslime wird auf ca. 15 Prozent geschätzt. Im Übertrag auf Niedersachsen würde dies bedeuten, dass die SCHURA-Niedersachsen und DİTİB maximal ca. 30 000 Muslime vertreten. Angesichts dieser Zahlen ist die durch das niedersächsische Kultusministerium erfolgte Anerkennung nicht nachvollziehbar. Vgl. Zentrum für Türkeistudien/Rennerinstitut (Hg.): "Euro-Islam" – Das neue Islamverständnis der Muslime in der Migration, Essen 2003. und: "Frühjahrsumfrage" des Soester Zentralinstituts Islam-Archiv-Deutschland (Stand 15.5.2003) unter: www.ekd.de/ezw/36164.html (02.02.04).

die Jahrgangsstufen 1 bis 4 basiert im Wesentlichen auf dem Rahmenlehrplan des *Zentralrats der Muslime*, der bereits im Jahr 1999 vorgelegt wurde.[280]

Durchgeführt wird der Unterricht von muslimischen Lehrkräften, die bislang im muttersprachlichen Unterricht eingesetzt waren.[281] Da sie über keine religionspädagogische Ausbildung verfügen, wurde im Vorfeld des Schulversuchs eine Einführungsfortbildung durchgeführt, in der die Lehrerinnen und Lehrer in die Handhabung des Lehrplans eingewiesen wurden.[282]

Parallel zum laufenden Schulversuch bemüht sich die Universität Osnabrück derzeit um die Einrichtung einer universitären Ausbildung für muslimische Lehrkräfte. Seit dem Sommersemester 2004 stehen 15 Studienplätze in einer Weiterbildungsmaßnahme zur Verfügung, die in Kooperation mit islamischen Instituten (Islamische Religionspädagogische Akademie Wien) und Fakultäten (Ankara, Kairo, Teheran) sowie den Partneruniversitäten Hannover und Erfurt konzipiert wurde.[283] Der internetgestützte Fernkurs, an dem auch die im Schulversuch befindlichen Lehrkräfte teilnehmen können, wird mit einem Zertifikat abgeschlossen. Nach Abschluss des Schulversuchs im Jahr 2007 soll die Weiterbildungsmaßnahme von einem regulären Masterstudiengang *Islamische Religionspädagogik* abgelöst werden.[284]

Ein ähnliches Projekt, gleichfalls überschaubar dimensioniert und bekenntnisorientiert, wird derzeit auch in Baden-Württemberg angestrebt. Eine im Frühjahr 2000 vom Kultusministerium einberufene Steuerungsgruppe, der vier Vertreter von sunnitischen Verbänden, ein Alevitenvertreter und zwei Religionspädagogen angehörten, konnte nach einem äußerst zähen und langwierigen Einigungsprozess im Jahr 2003 einen ersten Lehrplanentwurf für die Klassen 1 bis 4 vorlegen, der ohne staatliche Einmischung zu Stande kam.[285] Zwischenzeitlich wurde der Lehrplan positiv begutachtet. Das Kultusministerium plant nun ab dem Schuljahr 2006/2007 die Einrichtung eines landesweiten Schulversuchs, der an 12 Schulen der Primarstufe stattfinden soll. Als Ansprechpartner sollen lokale Elterninitiativen und kooperationsfähige Moscheegemeinden gewonnen werden. Mit der

---

280 Lögering, Aloys: "Islamischer Religionsunterricht" beginnt an niedersächsischen Grundschulen, unter: www.bistum-osnabrueck.de/downloads/islam_ru.pdf (16.03.03).

281 Im niedersächsischen Schulversuch werden keine islamwissenschaftlich ausgebildeten Fachkräfte eingesetzt.

282 Ebd.

283 Universität Osnabrück, Pressemitteilung Nr. 37 vom 10. März 2004.

284 Fehrmann, Dominik: Geben und Nehmen – Islamunterricht und Kopftuch, in Süddeutsche Zeitung vom 26. Januar 2004.

285 Ministerium für Kultus, Jugend und Sport Baden-Württemberg: Pressemitteilung vom 15. März 2005, unter: http://www.km-bw.de/servlet/PB/-s/18hhe1f1xay4aedby8k9fajjju1xb1v1t/menu/1161704_l1/index.html (20.03.05). und: Schmid, Hansjörg: Neue Phase des Zusammenlebens. Schritte auf dem Weg zum Islamischen Religionsunterricht, in: Herder Korrespondenz 59, 5/2005, S. 239 – 244.

Durchführung des Islamunterrichts werden bereits im Landesdienst befindliche muslimische Lehrkräfte beauftragt, die an den pädagogischen Hochschulen Ludwigsburg und Karlsruhe entsprechende Qualifikationen erwerben sollen. Zur Begleitung des Schulversuchs wird von der Kultusbehörde ein sogenanntes "Dialogforum" eingesetzt, dem Expertinnen und Experten aus Pädagogik, Religionspädagogik und Theologie mit muslimischem und christlichem Hintergrund angehören.[286]

5.2.3 Andere Konzeptionen

Neben den skizzierten beiden religionskundlichen und bekenntnisorientierten Grundmodellen können abschließend zwei weitere Unterrichtsangebote angeführt werden, die im Rahmen einer multireligiösen-ethischen Mischkonzeption ebenfalls islamische Inhalte vermitteln.

Bekannt und zugleich umstritten ist das Hamburger Modell *Religionsunterricht für alle*. Diese Sonderform des Religionsunterricht ist stark interreligiös und dialogisch orientiert und berücksichtigt christliche, jüdische, islamische, alevitische und buddhistische Inhalte.[287] Alleiniger Vertragspartner der Hansestadt Hamburg ist die *Nordelbische Evangelisch-Lutherische Kirche*.[288] Sie kann durch die *Gemischte Kommission Schule/Kirche* bei der Verabschiedung von Rahmenplänen und Stundentafeln für das Fach Religion mitwirken. Unterhalb der staatskirchlichen Verantwortungsebene wurde 1995 der *Gesprächskreis Interreligiöser Religionsunterricht in Hamburg* eingerichtet, der die Mitgestaltung und Mitverantwortung des *Religionsunterrichts für alle* durch die Hamburger Religionsgemeinschaften institutionell absichern soll. An dem Gremium beteiligen sich Mitglieder verschiedener evangelischer Kirchen, der *Buddhistischen Gesellschaft*, des *Tibetischen Zentrums*, der *Jüdischen Gemeinde*, der *SCHURA-Hamburg* und des *alevitischen Kulturzentrums*.

Das zweite Unterrichtsmodell, das seit dem Schuljahr 2002/2003 in Hessen erprobt wird, ist im Ethik-Unterricht verankert. Das Projekt trägt den Namen

---

286 Ebd.

287 Doedens, Folkert: Dialogisch orientierter Religionsunterricht für alle in Hamburg, in: Beauftragte der Bundesregierung für Ausländerfragen (Hg.): Vom Dialog zur Kooperation – Die Integration von Muslimen in den Kommunen, Berlin/Bonn 2002, S.39, und: Doedens: Gemeinsame Grundsätze der Religionsgemeinschaften für einen interreligiösen Religionsunterricht?. Der Hamburger Weg: Religionsunterricht für alle, unter:
http://lbs.hh.schule.de/relphil/pti/downloads/rufalle.doc (15.09.04).

288 Aufgrund dieses Sachverhalts bezeichnen muslimische Kritiker das Hamburger Modell als offenen evangelischen Religionsunterricht. Vgl. Köhler, Asiye; Köhler, Ayyub: Ordentlicher Religionsunterricht oder "Religionsunterricht für alle" an öffentlichen Schulen in Hamburg? unter:
http://www.islamic-centre-hamburg.de/al-fadschr/nr101_110/nr104/af104_27.htm (15.09.04).

Ethik des Islam im Ethik-Unterricht und soll die bereits verbindlichen Unterrichtsinhalte über die Weltreligionen und die grundlegenden Themen der Ethik aus jüdisch-christlicher und abendländisch aufklärerischer Tradition um islamische Inhalte erweitern. Die Unterrichtskonzeption, die alle Jahrgangsstufen der Sekundarstufe I umfasst, gliedert sich in zehn "Bausteine", die den vom Curriculum gesetzten Themenbereichen wie z. B. "Das Gute und das Böse – das Gewissen" zugeordnet sind. Unterrichtet werden die Bausteine von den jeweiligen Fachlehrerinnen und -lehrern. Sofern die Möglichkeit besteht, sollen auch Vertreter islamischer Gemeinden in den Unterricht eingeladen werden. Begleitet und beraten wird der Ethikunterricht von einem Beirat, dem Vertreter verschiedener islamischer Moscheen, der Orientalistik, der christlichen Theologie, der Religionswissenschaft, der jüdischen Ethik und der Erziehungswissenschaft sowie Eltern- und Lehrervertreter angehören.[289]

---

289 Harms, Joachim: Ethik des Islam im Ethikunterricht. Sachstandsbericht vom 9. September 2004 im Auftrag des Hessischen Landesinstituts für Pädagogik (HeLP) in Frankfurt.

Islamunterricht in Deutschland – Modelle der Länder

Staatliche oder staatlich geförderte Unterrichtsmodelle der Länder im Schuljahr 2004/2005

Islamkundlicher Unterricht

Im muttersprachlichen Unterricht und in türkischer Sprache

Baden-Württemberg. Saarland Schleswig-Holstein
Konsular-unterricht
Lehrer: Türkei
Curriculum: nicht gesichert
Ausbildung: nicht gesichert
Schulbücher: Türkei
Curriculum: Türkei

Bayern
Islam. Unterw. in türkischer Sprache
Lehrer: Landesangestellte mit Befristung
Curriculum: Türkei (modifiziert)

Hamburg Niedersachsen Rheinland-Pfalz NRW
In Verantwortung der Kultusverwalt.
Lehrer: Türkei
Curriculum: Türkei u.a.
Ausbildung: nicht gesichert
Schulbücher: Türkei

In deutscher Sprache

Nordrhein-Westfalen
Islamkunde in deutscher Sprache
Ordentliches Fach (Schulversuch an 110 Schulen)
Lehrer: Landesangestellte
Ausbildung: Zert. Qualifizierung Studium Uni Münster ab 2005
Curriculum: Eigene Entwicklung
Schulbücher: In Entwicklung

Bayern
Islamische Religiöse Unterweisung
(Schulversuch an 20 Grundschulen)
Lehrer: Landesangestellte
Ausbildung: nicht gesichert
Curriculum: Türkei (modifiziert)
Schulbücher: keine

Bremen
Islamkunde (1 Schule)
Ausnahme: Art. 141 GG

"Islamischer Religionsunterricht"

In Verantwortung der islam. Gemeinschaften

Berlin
Ausnahme: Art. 141 GG
sog. "Bremer Klausel"
Islamische Föderation
Aleviten
privater Unterricht in öffentlichen Schulräumen

In Verantwortung des Staates

Niedersachsen
Religionsunterricht (Schulversuch an 8 Grundschulen)
Lehrer: Landesangest.
Ausb.: Qualifizierung, Studium Osnabr.
Curric.: Zentralrat (ZMD) (modifiziert)
Schulb.: keine

Bayern
Erlanger Schulversuch
eine Grundschule

Rheinland-Pfalz
Ludwigshafen
eine Grundschule

Baden-Württemberg
in Vorbereitung (ab 06/07)

Grafik: Michael Kiefer

Grafik: Michael Kiefer

6. "Islamische Unterweisung" als eigenständiges Unterrichtsfach in Nordrhein-Westfalen

6.1 Geschichte der "Islamischen Unterweisung" – Vom Muttersprachlichen Unterricht zum eigenständigen Unterrichtsfach

Spätestens in der zweiten Hälfte der siebziger Jahre war auch in Nordrhein-Westfalen deutlich geworden, dass zahlreiche Muslime, die durch Arbeitsmigration in die Industriezentren des Landes gekommen waren, keinen temporären Aufenthaltsstatus als sogenannte "Gastarbeiter" anstrebten. Viele Frauen und Männer aus der ersten Migrantengeneration hatten mittlerweile Familien gegründet und wünschten für ihre Kinder eine Erziehung und schulische Ausbildung, die die tradierten kulturellen und religiösen Werte der Herkunftsländer berücksichtigt.

Die erste Initiative für einen *Islamischen Religionsunterricht* in Nordrhein-Westfalen startete im Jahr 1978 der damalige Vertreter des Islamischen Weltkongresses, Salim M. Abdulla. Dieser hatte gemeinsam mit den Vorläuferorganisationen der heutigen Verbände *VIKZ* , *IGMG* und der *Nurculuk-Bewegung* dem damaligen Kultusminister Girgensohn die Ergebnisse einer Befragung vorgelegt, die als deutliche Forderung nach einem regulären Islamischen Religionsunterricht verstanden werden konnten.[290] Das Ministerium, das aus integrationspolitischen Erwägungen einem solchen Fach grundsätzlich positiv gegenüberstand, beschloss als ersten Schritt die Einrichtung einer Arbeitsgruppe, der neben Vertretern aus türkisch-islamischen Organisationen auch Experten des *Landesinstitutes für Schule und Weiterbildung* angehörten. Die Arbeitsgruppe, die vom Dezember 1978 bis Januar 1979 tagte, führte jedoch zu keinem Ergebnis. Die Organisationsvertreter

---

290 Gebauer, Klaus: Religiöse Unterweisung für Schülerinnen und Schüler islamischen Glaubens in Nordrhein-Westfalen, in: Baumann, Urs (Hg.): Islamischer Religionsunterricht – Grundlagen, Begründungen, Berichte, Projekte, Dokumentationen, Bonn 2001, S. 233. Vgl. auch: Abdullah, Muhammed S.: Drei muslimische Sachverbände in der Bundesrepublik Deutschland, in: CIBEDO-TEXTE, Christlich-Islamische Begegnung (Hg.) Köln 1980.

waren nach Gebauer nicht in der Lage, "miteinander und auch einzeln oder gemeinsam mit dem Landesinstitut zu kooperieren".[291] Trotz dieses Scheiterns und unter Zurückstellung rechtlicher Bedenken, erteilte das Kultusministerium im Dezember 1979 dem neu gegründeten *Landesinstitut für Schule und Weiterbildung* den Auftrag einen Lehrplan für die Grundschule zu entwickeln. Da im Erlass vom 11. Dezember 1979 ausdrücklich von einem Lehrplan für den "islamischen Religionsunterricht"[292] die Rede ist, stieß das Vorhaben nach der Veröffentlichung des Erlasses rasch auf Kritik. Vor allem die evangelische Kirche wies darauf hin, dass der geplante islamische Religionsunterricht - aufgrund der fehlenden Mitwirkung einer oder mehrerer islamischer Religionsgemeinschaften - den Anforderungen der Verfassung (Art.7, Abs.3) nicht genüge. Da aus der Sicht des Ministeriums zum damaligen Zeitpunkt auf muslimischer Seite kein "Ansprechpartner" bereitstand, der mit nachweisbaren Mitgliederzahlen einen legitimen Vertretungsanspruch hätte geltend machen können, wurde im "Einvernehmen" mit den Kirchen die ursprüngliche Planung fallen gelassen.[293] Stattdessen wurde nun ein islamkundlicher Unterricht im Rahmen des *Muttersprachlichen Unterrichtes (MEU)* für türkische Schüler angestrebt, in dem integrationsfördernde und identitätsstärkende Ziele im Vordergrund stehen sollten.[294]

In diese Phase fällt auch die eigentümliche Namensgebung des neuen Faches, das fortan "islamische Unterweisung" heißen sollte. Der Terminus "Unterweisung" steht in der evangelischen Tradition für einen Religionsunterricht, in dem der Glauben und die religiöse Erfahrung im Vordergrund stehen. Eingeführt wurde die "Unterweisung" nach 1945, um sich vom "Weltanschauungsunterricht" der Nationalsozialisten bewusst abzugrenzen.[295] Im Kontext des islamkundlichen Unterrichtes sorgt der Begriff seit nunmehr über zwei Jahrzehnten für Irritationen und Fehlinterpretationen.

Die Ausarbeitung des Grundschulcurriculums, die auf der Grundlage des bereits genannten Erlasses im März 1980 begann, erfolgte durch eine Kommission, der vier türkische Lehrer, eine türkische Lehrerin, zwei Islamwissenschaftler, ein Turkologe und zwei evangelische Religionspädagogen angehörten. Die fachliche und organisatorische Betreuung lag beim *Landesinstitut für Schule und Weiterbildung*

291 Gebauer, Klaus: Geschichte der Islamischen Unterweisung in NRW, in: Landesinstitut für Schule (Hg.): Islamische Unterweisung in Nordrhein-Westfalen, Einige Infos, Stand Juni/Juli 2003 (Materialsammlung).

292 Erlass des Kultusministers des Landes Nordrhein-Westfalen vom 11. Dezember 1979, II A 2.36-6/1 Nr. 3273/79.

293 Gebauer: Geschichte der Islamischen Unterweisung in NRW. S.2 f.

294 Mohr, Irka-Christin: Islam-Unterricht: Wieviel Religion braucht die Schule. in: ifa – Zeitschrift für Kulturaustausch 4/99, unter: http://www.ifa.de/zfk/magazin/europa/dmohr.htm (07.08.03).

295 Gebauer: Religiöse Unterweisung für Schülerinnen und Schüler islamischen Glaubens in Nordrhein-Westfalen, S. 233.

in Soest. Im Dezember 1981 legte die Kommission die ersten drei von insgesamt 24 geplanten Unterrichtseinheiten vor, die durch 19 türkische Lehrerinnen und Lehrer praktisch erprobt werden sollten. Erneut stieß das Vorhaben auf Kritik.[296] Die Erprobung des Lehrplans durch türkische Lehrkräfte und die damit faktisch begonnene Einführung des islamkundlichen Unterrichtes führte zu Irritationen und Protesten in der türkischen Öffentlichkeit, die schließlich im April 1982 auch in einer offiziellen Note der türkischen Regierung zum Ausdruck gebracht wurden.[297] Nach Gesprächskontakten zwischen der türkischen Botschaft in Bonn und dem *Landesinstitut* konnten die meisten Bedenken ausgeräumt werden, und die türkischen Regierung gab ihre Protesthaltung "stillschweigend" auf.[298] Die Bemühungen des Kultusministeriums bzw. des *Landesinstituts* um Anerkennung oder zumindest Duldung waren jedoch nicht immer erfolgreich. Nach der Vorlage eines Lehrplanentwurfs für die erste und zweite Klasse im August 1982 wurden auf zwei Kolloquien im Januar 1983 und im Januar 1984 die islamischen Gemeinden und Verbänden zum geplanten Unterrichtsprojekt angehört. Auf beiden Veranstaltungen wurde deutlich, dass die anwesenden Organisationen nicht gewillt waren, eine inhaltliche Diskussion zu den vorliegenden Unterrichtseinheiten zu führen. Vielmehr forderten sie eine "formelle Beteiligung" und die Anerkennung als "Genehmigungsinstanz" für die Unterrichtsinhalte. Beide Forderungen wurden vom Kultusminister zurückgewiesen.[299]

Mit der Vorlage eines Gesamtentwurfes für ein Grundschulcurriculum im Oktober 1984 war die erste Phase der Entwicklungsarbeit der Kommission faktisch abgeschlossen. Der vollständige Entwurf wurde nun dem türkischen Erziehungsministerium und den theologischen Fakultäten der *Marmara-Universität* und der *Universität Ankara* zur Begutachtung vorgelegt. Alle genannten türkischen Institutionen bescheinigten dem Landesinstitut, dass die Inhalte des Curriculums mit den Grundsätzen islamischer Erziehung in Übereinstimmung stünden.[300] Zu diesem Urteil gelangte auch die renommierte theologische Abteilung der *Al-Azhar Universität*, die ebenfalls um Beratung und Stellungnahme gebeten wurde.[301]

296 Vgl., Siegele, Anna: Die Einführung eines islamischen Religionsunterrichtes an deutschen Schulen – Probleme, Unterrichtsansätze, Perspektiven, Frankfurt 1995, 2. Aufl., S. 40.
297 Verbalnote der türkischen Regierung vom 6. April 1982, (Archiv des Landesinstituts).
298 Gebauer, Klaus: Islamische Unterweisung in deutschen Klassenzimmern, in: Recht der Jugend und des Bildungswesens – Zeitschrift für Schule, Berufsbildung und Jugenderziehung, 37. Jg. Heft 3/1989, S. 264.
299 Ebd., S. 265.
300 Ebd.
301 Die Begutachtung und Beratung erfolgte durch den derzeitigen ägyptischen Kultusminister Prof. Dr. Mahmud Zakzuk, der 1986 an der Al-Azhar Universität lehrte. M. Zakzuk: Bericht zum Entwurf "Religiöse Unterweisung für Schüler islamischen Glaubens", Theologische Fakultät der Al-Azhar Universität, Kairo 30.06.1985, (bei den Akten, Landesinstitut / Curriculumentwicklung) .

Nach sechs Jahren Entwicklungsarbeit und zahlreichen Beratungen und Diskussionen konnte das Grundschulcurriculum[302] schließlich 1986 für die Verwendung in den nordrhein-westfälischen Schulen herausgegeben werden. Der Lehrplan, der sich ausschließlich an der sunnitischen Glaubensrichtung orientierte und zunächst nur im türkischen muttersprachlichen Unterricht zum Einsatz kommen sollte, umfasste insgesamt 24 Unterrichtseinheiten. Die Resonanz auf das neue Fach unter den türkischen Fachlehrkräften war durchweg positiv. Von den ca. 1000 im Landesdienst befindlichen Lehrerinnen und Lehrern erklärten sich 850 freiwillig bereit, die *Islamische Unterweisung* im Rahmen des türkischen muttersprachlichen Unterrichts zu unterrichten.[303]

Mit der Entwicklung und Erprobung des Grundschulcurriculums war im Jahr 1986 der Grundstein für die *Islamische Unterweisung* in Nordrhein-Westfalen gelegt. Ausgebildete Lehrkräfte und Unterrichtsmaterialien bzw. Schulbücher für die Grundschule standen in dieser Phase noch nicht zur Verfügung. Ferner sollte die *Islamische Unterweisung* auch in den türkischen muttersprachlichen Unterricht der Sekundarstufe I integriert werden. Konkret bedeutete dies, dass nach der Veröffentlichung der Lehrpläne mit der Einrichtung einer Lehrerfortbildung begonnen werden musste. Parallel hierzu waren neue Unterrichtsmaterialien zu entwickeln, die den fachlichen und pädagogischen Anforderungen des neuen Faches gerecht wurden. Schließlich waren zwei weitere Lehrpläne für die Klassen 5 und 6 und für die Klassen 7-10 zu erstellen. Bei der Durchführung dieser umfangreichen und vielfältigen Maßnahmen, wurde das *Landesinstitut* bis Anfang der neunziger Jahre durch den Dekan der Theologischen Fakultät der *Universität Konya*, Prof. Dr. Orhan Karmış, fachlich betreut.[304]

Die Lehrerausbildung begann noch im Jahr der Curriculumveröffentlichung. Von 1986 bis 1989 erfolgte eine Lehrerfortbildungsmaßnahme, an der ca. 600 türkische Lehrerinnen und Lehrer jeweils ein Jahr mit einem Volumen von fünf Unterrichtsstunden teilnahmen. Im Vordergrund der Ausbildungsmaßnahme stand die Umsetzung der curricularen Vorgaben in die Unterrichtspraxis.[305] Parallel hierzu arbeitete eine Schulbuchkommission, die aus sechs türkischen Lehrerinnen und Lehrern bestand, an vier Schulbüchern für die Grundschule.[306] Organisiert und fachlich betreut wurde die Kommission vom *Landesinstitut*. Im Jahr 1988 erschien in türkischer Sprache der erste Band von *Dinimizi Öğreniyoruz* (Wir

---

302 Landesinstitut (Hg.): Religiöse Unterweisung für Schüler islamischen Glaubens – 24 Unterrichtseinheiten für die Grundschule (Entwurf).
303 Gebauer: Islamische Unterweisung in deutschen Klassenzimmern, S. 266.
304 Prof. Dr. Orhan Karmis wurde im Juli 1987 vom türkischen Erziehungsminister zum ständigen Berater des Landesinstituts ernannt. Vgl., ebd.
305 Gebauer: Islamische Unterweisung in deutschen Klassenzimmern, S. 266.
306 Siegele, S. 41.

lernen unseren Glauben kennen)[307] und das Lehrerbegleitheft[308], das auch in einer deutschsprachigen Ausgabe vorliegt. 1989 erschien das Lehrbuch der zweiten Klasse[309] und im Jahr 1990 der dritte Band, der die dritte und vierte Klasse umfasst.[310] Ein Jahr später (1991) wurde das Curriculum für die fünfte und sechste Klasse vorgelegt, das 12 Unterrichtseinheiten umfasste.[311] Im Jahr 1996 folgte schließlich das 36 Unterrichtseinheiten umfassende Curriculum der Klassen 7 bis 10.[312]

Seit dem Jahr 1996 liegen abgesehen von der Sekundarstufe II für alle Jahrgangsstufen Curricula vor. Die islamische Unterweisung wurde und wird im Rahmen des muttersprachlichen Unterrichts landesweit in zwei von fünf Wochenstunden unterrichtet. Im Jahr 2003 standen ca. 900 Stellen für die *Islamische Unterweisung* zur Verfügung.[313] Wie viele Schülerinnen und Schüler seit der Einführung an der islamischen Unterweisung teilgenommen haben, kann nicht ausgewiesen werden, da die Schulen hierzu keine Daten erfassen. Schätzungen gehen davon aus, dass bis zur Einführung der "Islamischen Unterweisung als eigenständiges Unterrichtsfach" im Januar 2000 in der Grundschule ca. 50 Prozent aller muslimischen Schülerinnen und Schüler teilnahmen.[314]

Mit dem Erlass vom 28. Mai 1999[315] wurde die bisher versuchsweise durchgeführte "Religiöse Unterweisung für Schüler islamischen Glaubens" in "Islamische Unterweisung im muttersprachlichen Unterricht" umbenannt und zugleich zur Regelform im muttersprachlichen Unterricht erklärt. Der zweite Teil des Erlasses eröffnete parallel zum bisherigen Unterricht den Schulversuch "Islamische Unterweisung als eigenständiges Unterrichtsfach" *(Islamische Unterweisung),* der in den folgenden Kapiteln ausführlich dargestellt werden soll.

---

307 Landesinstitut für Schule und Weiterbildung (Hg.): Dinimizi Ögreniyoruz, Müslüman ögrenciler icin Din Bilgisi kiitabi, Ilkokul 1 sinif, Bochum 1988.

308 Landesinstitut für Schule und Weiterbildung (Hg.): Dinimizi Ögreniyoruz Ögretmen Kilavuzu, 1, sinif, Bochum 1988, und: Landesinstitut für Schule und Weiterbildung (Hg.) Wir lernen unseren Glauben kennen, Lehrerbegleitbuch, Band 1, Bochum 1988.

309 Landesinstitut für Schule und Weiterbildung (Hg.): Dinimizi Ögreniyoruz, Müslüman ögrenciler icin Din Bilgisi kiitabi, Ilkokul 2, sinif, Bochum 1989.

310 Landesinstitut für Schule und Weiterbildung (Hg.): Dinimizi Ögreniyoruz, Müslüman ögrenciler icin Din Bilgisi kiitabi, Ilkokul 3-4, sinif, Bochum 1990.

311 Landesinstitut (Hg.): Religiöse Unterweisung für Schülerinnen und Schüler islamischen Glaubens – 12 Unterrichtseinheiten für die Klassen 5 und 6 (Entwurf).

312 Landesinstitut (Hg): Religiöse Unterweisung für Schülerinnen und Schüler islamischen Glaubens – 24 Unterrichtseinheiten für die Klassen 7-10 (Entwurf).

313 Gebauer: Geschichte der Islamischen Unterweisung in NRW, S. 3.

314 Gebauer: Religiöse Unterweisung für Schülerinnen und Schüler islamischen Glaubens in Nordrhein-Westfalen, S. 235.

315 Runderlaß des Ministeriums für Schule und Weiterbildung, Wissenschaft und Forschung vom 28.5.1999, AZ. 715.31,20/4-488/99. Das Dokument befindet sich im Anhang.

6.2 *Islamische Unterweisung* als eigenständiges Fach in deutscher Sprache – Rahmenbedingungen, Zielsetzungen und Organisation

6.2.1 Erlass

Die inhaltlichen Bestimmungen, die Maßgaben für die Lehrerinnen- und Lehrerauswahl sowie die organisatorischen Vorgaben des Schulversuches sind im Abschnitt II des Erlasses vom 28. Mai 1999 dargelegt. Die *Islamische Unterweisung* schließt mit ihrer Bezeichnung und einigen Durchführungsbestimmungen direkt an die bisher praktizierte "Religiöse Unterweisung" im Rahmen des muttersprachlichen Unterrichtes an:

a) Die *Islamische Unterweisung* ist ebenfalls kein Religionsunterricht, denn sie vermittelt "religiöses Wissen, ohne den Glauben zu verkünden oder zum Glauben zu erziehen".[316]

b) Unterrichtet wird auf der Grundlage der bereits entwickelten Curricula. ("Die Themen des Unterrichtes folgen den Unterrichtseinheiten des Landes Nordrhein-Westfalen zur Islamischen Unterweisung."[317])

c) Durchgeführt wird der Unterricht von "Lehrkräften muslimischen Glaubens", die bisher im muttersprachlichen Unterricht tätig waren.

d) Die Teilnahme am Unterricht ist freiwillig. "Wer angemeldet worden ist, ist ... für die Dauer eines Jahres zur Teilnahme verpflichtet."[318]

Die eigentliche Innovation des Schulversuches versteckt sich hinter der knapp formulierten Erlassregelung des sechsten Abschnittes, die Deutsch als Unterrichtssprache einführt.[319] Damit rückt das bisher randständige Fach für alle erkennbar in die reguläre Stundentafel. Die *Islamische Unterweisung* erfährt hierdurch eine deutliche Aufwertung und wird erstmalig auch für die nichttürkischen muslimischen Schülerinnen und Schüler zugänglich. Überdies hebt der Erlass das neue Unterrichtsangebot in den Rang eines ordentlichen Faches: "Die Leistungen einer Schülerin oder eines Schülers sind im gleichen Maße versetzungs- und abschlusswirksam wie Leistungen in Religionslehre in der besuchten Schulform".[320]

Durchgeführt wird der Schulversuch an allen Schulformen der Primarstufe und der Sekundarstufe I. Für das erste Versuchsjahr ist je Regierungsbezirk die Zahl der teilnehmenden Schulen auf zwei Grundschulen, zwei Hauptschulen, eine

---

316 Ebd.
317 Ebd.
318 Ebd.
319 Ebd.
320 Ebd.

Realschule und ein Gymnasium beschränkt. Des Weiteren können landesweit zwei Sonderschulen teilnehmen. Der Versuchszeitraum ist nicht befristet.[321]

6.2.2 Zielsetzungen

Die *Islamische Unterweisung* als eigenständiges Fach verfolgt nach Klaus Gebauer, der maßgeblich an der inhaltlichen Gestaltung des neuen Faches beteiligt ist, sowohl pädagogische als auch bildungs- und gesellschaftspolitische Ziele.[322]

Die pädagogischen Ziele werden im Erlass vom 28. Mai 2003 wie folgt beschrieben: "Islamische Unterweisung hat das Ziel, den muslimischen Schülerinnen und Schülern in Deutschland die islamische Tradition in ihrer Geschichte, Ethik und Religion zu vermitteln. Sie soll ihnen helfen, in einem säkularisierten, von christlicher Kultur geprägtem Land als Muslime zu leben. Sie soll einen Beitrag leisten zum guten Zusammenleben zwischen Menschen unterschiedlicher Religionen in Gleichberechtigung, Frieden und gegenseitiger Zuwendung".[323]

Die Bildungs- und gesellschaftspolitischen Ziele sind in den "grundlegenden Zielaspekten"[324] der Integrationsdebatte bestimmt, die hier nur stichwortartig wiedergegeben werden sollen. Der Islam ist mit nahezu 3,5 Millionen Bekennern seit geraumer Zeit in der Bundesrepublik die zweitgrößte Religionsgemeinschaft. Trotz zahlreicher integrationspolitischer Absichtserklärungen befinden sich die islamischen Glaubensgemeinschaften immer noch weitgehend in einer gesellschaftlichen Randlage. Eine wirkliche Integration kann nur dann erfolgreich verlaufen, wenn Muslime gleichberechtigt an der Gestaltung der gesellschaftlichen Wirklichkeit mitarbeiten. Ein erster und unumgänglicher Schritt hierzu ist die Öffnung der öffentlichen Schulen für einen Islamunterricht. Ohne diesen Schritt – hierüber besteht in der Debatte weitgehend Einigkeit – wird es einen von den Herkunftsländern unabhängigen Islam nicht geben.

Ein weiterer gewichtiger gesellschaftspolitischer Grund ist durch die komplexen Folgen des islamistischen Terroranschlages vom 11. September gegeben.[325]

---

321 Der Erlass enthält keine Zeitangaben.
322 Gebauer, Klaus: Welche Ziele hat die Islamische Unterweisung als eigenständiges Fach in deutscher Sprache? in: Landesinstitut für Schule (Hg.): Islamische Unterweisung in Nordrhein-Westfalen, Einige Infos, Stand Juni/Juli 2003 (Materialsammlung).
323 Runderlass des Ministeriums für Schule und Weiterbildung, Wissenschaft und Forschung vom 28.5.1999, AZ. 715.31,20/4-488/99. Die zitierten Zielsetzungen sind nicht neu. Eine fast wortgleiche Textpassage befindet sich in der Einleitung des Curriculums "Religiöse Unterweisung für Schülerinnen und Schüler islamischen Glaubens", Jahrgangsstufe 7-10, S. 7.
324 Gebauer: Welche Ziele hat die Islamische Unterweisung als eigenständiges Fach in deutscher Sprache?, S. 5 f.
325 Die erhebliche Ausdehnung des Schulversuches nach dem 11. September und die Einführung einer universitären Lehrerausbildung in Münster lassen meines Erachtens erkennen, dass die Lan-

In der öffentlichen Auseinandersetzung beschreiben vor allem die kulturalistisch argumentierenden Islamkritiker den Islam als eine intolerante und tendenziell gewalttätige Religion.[326] Zur Illustration dieser These werden z. B. aktuell die Ergebnisse der letzten Islamischen Weltkonferenz angeführt, die im April 2002 in Kuala Lumpur tagte. Von 57 anwesenden islamischen Staaten waren nur zwei bereit, Selbstmordanschläge gegen Israelis als Terrorismus zu verurteilen.[327] Einem staatlichen *islamischen Religionsunterricht*, bzw. dem *islamkundlichen Unterricht*, der der Friedenserhaltung und Völkerverständigung verpflichtet ist, kommt in diesem Kontext die Aufgabe zu, junge Muslime zu einem qualifizierten Friedensdialog zu befähigen. Überdies soll er in den höheren Jahrgangsstufen die Schülerinnen und Schüler zu einer kritischen und tabulosen Analyse der theologischen und historischen Grundlagen der islamischen Glaubenslehre befähigen.

6.2.3 Organisation und Durchführung

a) Bedingungen für die Teilnahme
Am Schulversuch können sich landesweit Grundschulen und Schulen aller Schulformen der Sekundarstufe I beteiligen.[328] Die Entscheidung zur Teilnahme erfolgt durch einen Beschluss der Schulkonferenz bzw. durch die entscheidungsbefugten Gremien der Schule. Die neu einzurichtenden Unterrichtsgruppen müssen mindestens zwölf Schülerinnen und Schüler umfassen. Die *Islamische Unterweisung* ist auch für nichtmuslimische Schülerinnen und Schüler offen.[329]

b) Beteiligte Schulen
Zum Schuljahresbeginn 2004/2005 waren in allen fünf Regierungsbezirken des Landes ca. 110 Schulen aller Schulformen (im Vorjahr 100 Schulen) mit 220 Lehrgruppen und knapp 5000 Schülern am Schulversuch beteiligt. Aufgrund der großen Nachfrage soll der Schulversuch erneut um ca. 80 Schulen erweitert wer-

---

desregierung dem islamkundlichen Bildungsangebot nach den Terroranschlägen von New York eine höhere Bedeutung beimisst.
326 Kiefer, Michael, DER Islam. Drei Thesen zum Gebrauch eines sehr fragwürdigen Singulars, in: Jungle World (Hg.): Elfter September Nulleins – Die Anschläge, Ursachen und Folgen, Berlin 2002, S. 175.
327 Kampf gegen Israel kein Terrorismus, Die Tageszeitung, 3.März 2002.
328 Dies sind Hauptschulen, Realschulen, Gesamtschulen und Gymnasien.
329 Gebauer, Klaus: Islamische Unterweisung als eigenständiges Unterrichtsfach im Schulversuch in deutscher Sprache (Organisation), in: Landesinstitut für Schule (Hg.): Islamische Unterweisung in Nordrhein-Westfalen, Einige Infos, Stand Juni/Juli 2003 (Materialsammlung).

den. Eine Begrenzung der Anzahl der am Versuch teilnehmenden Schulen ist nicht geplant.[330]

c) Personal

Im Schuljahr 2003/2004 waren 37 Lehrerinnen und 38 Lehrer mit der Durchführung der *Islamischen Unterweisung* beauftragt. Alle Lehrkräfte sind muslimischen Glaubens. Die meisten Lehrkräfte waren vorher im muttersprachlichen Unterricht (türkisch oder arabisch) tätig. Die meisten Lehrerinnen und Lehrer kommen aus der Türkei. 15 Lehrkräfte sind marokkanischer, tunesischer oder bosnischer Herkunft. Zwei türkische Lehrer sind ausgebildete Imame. 14 Lehrerinnen und Lehrer sind ausgebildete Islamwissenschaftler, die ihren Abschluss (Magister oder Promotion) an einer deutschen Universität erworben haben.

Im Schuljahr 2004/2005 planen die Bezirksregierungen Düsseldorf und Köln die Einstellung weiterer islamwissenschaftlich geschulter Fachlehrkräfte.[331]

d) Fortbildung/Ausbildung

Für alle Lehrkräfte, die kein islamwissenschaftliches Studium absolviert haben, gab es im Schuljahr 2003/2004 erstmalig eine 150 Unterrichtsstunden umfassende obligatorische Qualifizierungsmaßnahme, die am *Landesinstitut* von einer zehnköpfigen Moderatorengruppe durchgeführt wurde. Die im Schulversuch tätigen Islamwissenschaftler werden als sogenannte Seiteneinsteiger an den jeweiligen Bezirksseminaren pädagogisch fortgebildet. Ab dem Wintersemester 2004 soll an der Universität Münster am *Centrum für religiöse Studien* die Ausbildung für Islamlehrerinnen und –lehrer beginnen. Geplant ist zunächst ein viersemestriges Erweiterungsstudium. Ein grundsätzliches Studium soll folgen, sobald die Voraussetzungen geschaffen sind.[332]

e) Schulaufsicht

Die organisatorische Aufsicht bei den Grundschulen und Hauptschulen liegt bei den örtlichen Schulämtern. Bei den Gymnasien, Gesamtschulen und Realschulen erfolgt die Aufsicht durch die Bezirksregierungen. Die steuernde Schulaufsicht liegt bei den Bezirksregierungen.[333]

---

330 Ministerium für Schule, Wissenschaft und Forschung des Landes Nordrhein-Westfalen: Presseinformation vom 19.09.02, und: Ministerium für Schule, Jugend und Kinder des Landes Nordrhein-Westfalen: Presseinformation vom 29. Juni 2004.
331 Ebd.
332 Ministerium für Schule, Wissenschaft und Forschung: Presseinformation vom 21.05.02.
333 Gebauer: Islamische Unterweisung als eigenständiges Unterrichtsfach im Schulversuch in deutscher Sprache (Organisation), S. 8 f.

f) Inhaltliche Betreuung und Weiterentwicklung

Die Betreuung, Weiterentwicklung und Evaluation des Schulversuches erfolgt durch *Das Landesinstitut für Schule (LfS)*. Derzeit laufen folgende Arbeitsprojekte:

- Überarbeitung und Anpassung des Grundschulcurriculums.
- Vorbereitung und Durchführung der Qualifizierungsmaßnahme.
- Erstellung einer Handreichung zur alevitischen Glaubenslehre in Kooperation mit der *Föderation der Aleviten Gemeinden in Deutschland (AABF)*.
- Erstellung der Handreichung Islamische Begriffe im Unterricht.
- Durchführung von Fachtagungen. Bislang wurden drei große Fachtagungen mit allen am Schulversuch beteiligten Lehrkräften und der Schulaufsicht durchgeführt. Die Arbeitsergebnisse von zwei Fachtagungen wurden in umfangreichen Dokumentationen festgehalten.
- Beratung der Lehrerinnen und Lehrer des Schulversuchs durch ein am *LfS* angesiedeltes Team von vier Fachleitern.
- Prüfung, Kommentierung und gegebenenfalls Einbeziehung von Schulbüchern und Materialien.[334]

g) Wissenschaftliche Beratung

Bei der Durchführung der genannten Arbeitsvorhaben wird das *LfS* derzeit durch vier Islamwissenschaftler der Universitäten Bochum, Bonn und Köln beraten.[335]

h) Unterrichtsmaterialien

Für den Schulversuch stehen derzeit keine zugelassenen Unterrichtsmaterialien in deutscher Sprache zur Verfügung. Seit dem Schuljahr 2002/2003 arbeitet eine Materialentwicklungsgruppe bestehend aus einer Lehrerin und zwei Lehrern an der Erstellung von Unterrichtsmaterialien. Die bislang erstellten Materialien werden derzeit begutachtet oder befinden sich in der Erprobung.

i) Beirat

Zur Begleitung des Schulversuchs wurde im Schuljahr 2003/2004 ein Beirat einberufen. In diesem Gremium sind u. a. *Islamrat, ZMD, VIKZ, Föderation der Aleviten*,[336] Islamwissenschaftler und Vertreter von Lehrer- und Elternorganisationen vertreten. Das Gremium tagte erstmalig am 13. Juli 2004. Aufgaben und Kompe-

---

334 Ebd.
335 Ebd.
336 Die genannten Organisationen waren bei der konstituierenden Sitzung des Beirats am 13. Juli 2004 zugegen. Ob alle genannten Organisationen eine dauerhafte Mitgliedschaft anstreben, ist derzeit unklar.

tenzen des Beirats sind nicht abschließend geklärt. Z. Z. räumt das Ministerium dem Gremium keine Mitwirkungsmöglichkeiten ein.[337]

---

337 Ministerium für Schule, Jugend und Kinder des Landes Nordrhein-Westfalen, Presseinformation vom 29. Juni 2004.

Dokumentation: Die Organisation des Schulversuches im Überblick

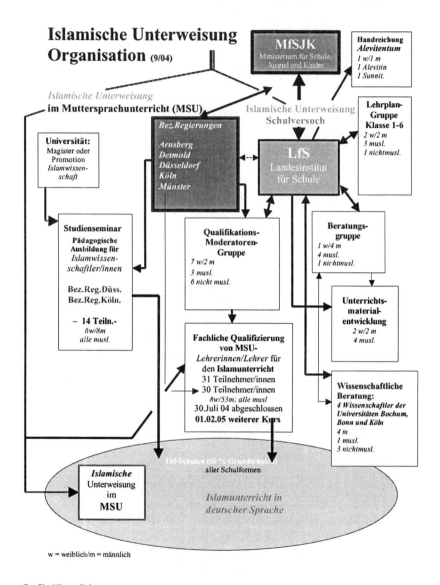

Grafik: Klaus Gebauer
Entnommen aus: Landesinstitut für Schule (Hg.): Islamische Unterweisung in Nordrhein-Westfalen,
Einige Infos, Stand: September 2004 (Materialsammlung).

6.3 Stellungnahmen zum Schulversuch – Eine Auswahl[338]

Die "Aufwertung" der *Islamischen Unterweisung* zu einem "ordentlichen Fach" ist in den vergangenen Jahren vielfach auf Kritik gestoßen. Als besonders problematisch gilt in der Diskussion die Erlassregelung, die besagt, dass die Leistungen einer Schülerin oder eines Schülers im gleichen Maß versetzungsrelevant sind wie "Leistungen in Religionslehre"[339]. Damit wird der Rahmen des islamkundlichen Unterrichts analog zum konfessionellen Religionsunterricht im Sinne der Verfassung bestimmt.[340] Durch diese Analogie, die verstärkt wird durch die Bestimmung, dass nur muslimische Lehrerinnen und Lehrer mit der Durchführung der *Islamischen Unterweisung* beauftragt werden dürfen, bewegt sich das islamkundliche Unterrichtsangebot, das ausdrücklich die Verkündung des Glaubens ausspart, in einer problematischen Grauzone. In der nach wie vor andauernden Debatte um die *Islamische Unterweisung* als eigenständiges Unterrichtsfach in deutscher Sprache bezogen vor allem die Islamischen Verbände und die Kirchen kritisch Position.

6.3.1 Positionen der islamischen Verbände

6.3.1.1 Islamrat der Bundesrepublik Deutschland

Für den *Islamrat der Bundesrepublik Deutschland* bezog am 24. Oktober 1999 der damalige Ratsvorsitzende Hasan Özdoğan öffentlich Position zum Schulversuch. Er führte aus, dass der *Islamrat* sich seit dem Jahr 1977 beim Ministerium um die Einführung eines regulären islamischen Religionsunterrichts bemühe. Bislang sei der *Islamrat* jedoch mit seinen Forderungen gescheitert, da das Land sich für die "Einpassung des Religionsunterrichtes in den Muttersprachlichen Ergänzungsunterricht" entschieden hätte. Grundsätzlich müsse die Qualität dieses Unterrichts in Zweifel gezogen werden, da die Lehrer nur unzureichend qualifiziert seien. Überdies sei fraglich, "ob es sich bei allen Lehrerinnen und Lehrern um gläubige und für den Religionsunterricht qualifizierte Muslime" handele. Angesichts der Erfahrungen mit dem im muttersprachlichen Unterricht erteilten Religionsunterricht, sei die "erneute Einführung eines Schulversuchs unverständlich"

---

338 Zur Einführung der Islamischen Unterweisung als eigenständiges Unterrichtsfach wurden in den vergangenen vier Jahren zahlreiche Stellungnahmen von Organisationen und Einzelpersonen vorgelegt. Eine vollständige Dokumentation ist im Rahmen dieser Studie nicht möglich. Aufgeführt sind lediglich die Stellungnahmen der großen islamischen Verbände und der Kirchen.

339 Runderlaß des Ministeriums für Schule und Weiterbildung, Wissenschaft und Forschung vom 28.5.1999, AZ. 715.31,20/4-488/99.

340 Vgl. Schröder, Bernd: Islamische Unterweisung in Nordrhein-Westfalen. in: Zeitschrift für Pädagogik und Theologie, Nr.2 (2000), S. 163 ff.

und die Muslime würden ihn als "Provokation empfinden". Der *Islamrat* fordere zum "wiederholten Male das Recht aller Schüler/innen auf einen von staatlich an wissenschaftlichen Hochschulen ausgebildeten Lehrern erteilten islamischen Religionsunterricht als ordentliches Lehrfach .." Ebenso müsse man daran erinnern, dass ein ordentlicher Religionsunterricht aufgrund des GG Artikels 7 Abs. 3 "in Übereinstimmung mit den Religionsgemeinschaften" zu erteilen sei. Dies beziehe sich auf die "Entwicklung der Lehrpläne ... und der Unterrichtsmaterialien wie auch auf die Lehreraus- und -fortbildung".[341]

6.3.1.2 Zentralrat der Muslime in Deutschland (ZMD)

In der Stellungnahme des *ZMD* vom 26. April 1999 bemängelte der auch heute noch amtierende Vorsitzende Nadeem Elyas, dass der im April 1994 eingereichte Antrag für die "Einführung eines regelrechten ordentlichen islamischen Religionsunterrichtes", der auch beim *Islamrat* Zuspruch gefunden hätte, "in der Sache" noch nicht bearbeitet wurde. Stattdessen würde jetzt das "praktisch gescheiterte Modell" des Ministeriums *Religiöse Unterweisung für Schüler islamischen Glaubens* sukzessive durch ein neues Fach ersetzt, das aus verfassungsrechtlicher Sicht noch "fragwürdiger" sei als sein Vorgänger.

Das Schulministerium nähme sich bei der Realisierung der *Islamischen Unterweisung* das Recht, "den Muslimen ihre Glaubensinhalte zu definieren und diese ihren Kindern zu vermitteln. Es führt praktisch einen Religionsunterricht ohne Mitwirkung der Religionsgemeinschaft ein. Dies lehnt der Zentralrat der Muslime entschieden ab." Abschließend wies Elyas auf den Lehrplan hin, den der "Pädagogische Fachausschuß" des Zentralrats in mehrjähriger Arbeit entwickelt hätte. Dieser Lehrplan sei ein "konkreter Schritt von muslimischer Seite", der zur Lösung der Problematik *Islamischer Religionsunterricht* beitragen könne.[342]

6.3.1.3 Kommission Islamischer Religionsunterricht (KIRU) des Zentralrats der Muslime in Deutschland und des Islamrats

In einer sieben Punkte umfassenden Erklärung bezog Marlies Wehner, Mitglied der Kommission Islamischer Religionsunterricht *(KIRU)*, ausführlich Position zum Schulversuch. Einleitend konstatiert Wehner, dass der "Schulversuch *Islamische Unterweisung* ... mit dem durch Grundgesetz und Landesverfassung abge-

---

341 Özdogan, Hasan: Stellungnahme zum Runderlaß NRW IRU, in: epd-Dokumentation, o. Jg., 2000, Nr.2, S. 47-48.
342 Stellungnahme des Vorsitzenden des Zentralrats der Muslime in Deutschland Dr. Nadeem Elyas. Vorgelegt am 26. April 1999 im Pressezentrum Düsseldorf, Landtag von Nordrhein-Westfalen.

sicherten Religionsunterricht nichts zu tun [habe]." Gestaltung und Durchführung eines ordentlichen Regionsunterrichtes unterlägen besonderen Verfassungsvorschriften (Art. 3, Abs. 4 GG). Statt diese zu beachten und den verfassungemäß gebotenen Weg zu gehen, hätte das Kultusministerium ein eigenes Angebot konzipiert. Dieses bewege sich in einer Grauzone. Es sei weder "ordentlicher Religionsunterricht ... noch reine Philosophie". Durch das lancierte Fach dränge sich der Eindruck auf, das in der Verfassung verankerte Recht der Muslime auf einen ordentlichen Religionsunterricht solle in den Hintergrund gedrängt werden. "Im Fall der islamischen Religionsgemeinschaften" funktioniere die vorgesehene Kooperation zwischen Staat und Religionsgemeinschaft nicht. Stattdessen würden stets neue Vorbehalte formuliert, die eine "konstruktive Zusammenarbeit ... verhindern, aufschieben bzw. ablehnen." Das Verfahren für einen ordentlichen islamischen Religionsunterricht sei gar nicht erst begonnen worden, gleichzeitige bemühe sich aber das Ministerium bzw. *Landesinstitut* um "genehme muslimische Einzelpersonen" als "Gewährsleute für die Akzeptanz der Inhalte". Auch die Beteiligung islamischer Instanzen anderer Nationen könne die "Kooperation mit den in Deutschland ... ansässigen islamischen Verbänden keineswegs ersetzen" und sei "demokratisch fragwürdig". Der eigentliche "Knackpunkt" in der Auseinandersetzung um den *Islamischen Religionsunterricht* sei offensichtlich die Angst, "sich mit bekennenden, praktizierenden Muslim/innen an einen Tisch zu setzen und zu verhandeln". Es sei nicht Sache des Ministeriums, "Inhalte und Ziele einer Religion zu definieren". Folgerichtig müsse der Staat mit den vorhandenen Verbänden verhandeln. Der häufig formulierte Einwand, die islamischen Verbände seien nicht repräsentativ, erscheine in einem fragwürdigen Licht, wenn er auf andere Religionsgemeinschaften übertragen werde. Auch die großen Kirchen "repräsentierten nicht alle Christen". Dennoch würden sie ein "nicht nur bei den eingeschriebenen Mitgliedern akzeptiertes Unterrichtsangebot" durchführen. Abschließend führte Wehner aus, dass es bei vorhandenem politischen Willen eigentlich kein Problem sei, sich "mit zwei oder drei islamischen Dachverbänden an einen Tisch zu setzen, um für die Muslim/innen in NRW das umzusetzen, was für organisierte Christen in Deutschland (noch) selbstverständlich ist: ein *ordentlicher Religionsunterricht* in Verantwortung der organisierten Muslim/innen". Der Staat habe nicht die Aufgabe "grundgesetzlich fixierte Rechte einer religiösen Minderheit ... auszuhebeln, nur weil die muslimischen Gesprächspartner nicht die eigenen (anders-konfessionellen oder areligiösen) Vorstellungen von Islam teilen und aufgrund dieser Abweichung generell unter "Fundamentalismusverdacht" stünden.[343]

---

[343] Wehner, Marlies: "Islamische Unterweisung" – Zur Beteiligung der islamischen Verbände und ihre Kritik des Schulversuchs, in: Gottwald / Siedler (Hg.): "Islamische Unterweisung" in deut-

6.3.2 Positionen der Kirchen

6.3.2.1 Evangelische Landeskirchen in Nordrhein-Westfalen

In der Stellungnahme vom 15. März 1999 begrüßen die drei evangelischen Landeskirchen die Bemühungen des Ministeriums, Schülerinnen und Schülern islamischen Glaubens Religionsunterricht als ordentliches Fach anzubieten. Hierbei gehen die Kirchen davon aus, dass Religionsunterricht nur auf der Basis von Art. 7 VI GG und Art 4 GG geschehen kann.

Angesichts der wachsenden Zahl der Schülerinnen und Schüler islamischen Glaubens sei die Einführung eines Religionsunterrichtes in NRW notwendig. Die Anstrengungen des Ministeriums, die "gegenwärtig unbefriedigende Situation im Hinblick auf eine religiöse Unterweisung durch einen Schulversuch im Grundsatz zu verbessern, werden von den Evangelischen Kirchen in NRW begrüßt".

Mit der Zielsetzung des neuen Faches sei man jedoch nicht einverstanden. Langfristig könne es nur um die Einführung eines grundgesetzkonformen Religionsunterrichts gehen. Das angestrebte Fach *Islamische Unterweisung* genüge diesen Ansprüchen nicht. Der Schulversuch könne allenfalls ein Zwischenschritt sein. Die evangelischen Kirchen sprechen deshalb die Empfehlung aus, "die Zielsetzung des Schulversuchs grundsätzlich zu überarbeiten". Der Schulversuch berühre mit seiner Zielsetzung grundsätzliche Fragen muslimischer Identität. Der Unterricht in "alleiniger staatlicher Verantwortung" widerspräche "der weltanschaulichen Neutralität des Staates". Trotz aller Bedenken solle der Staat die "vorhandene Gesprächsbereitschaft der vorhandenen Dachverbände und ihre Bereitschaft zur inhaltlichen Mitarbeit und Mitverantwortung" nicht außer acht lassen. Ferner weisen die Kirchen darauf hin, dass der Begriff Unterweisung ein religionspädagogischer Begriff sei, "der gerade Vorstellungen des konfessionellen bekenntnisorientierten Religionsunterrichtes evangelischer Prägung impliziert." Grundsätzlich sei man bereit, alle Schritte, die auf einen regulären islamischen Religionsunterricht hinauslaufen, zu unterstützen. "Die Landeskirchen erheben aber Einspruch gegen eine Lösung in Richtung einer "Religionskunde"."[344]

6.3.2.2 Katholische Kirche

Die 1999 veröffentlichte Stellungnahme der Deutschen Bischofskonferenz zum *Islamischen Religionsunterricht* ist in ihren Grundforderungen nahezu identisch mit

---

scher Sprache, S. 74 -78.
344 Stellungnahme der Ev. Landeskirchen in Nordrhein-Westfalen zum "Entwurf eines Runderlasses Islamische Unterweisung", in: Schule und Kirche. Informationsdienst zu Bildungs- und Erziehungsfragen, 1999, Heft 2, S. 36f.

der Stellungnahme der Ev. Kirchen. Im Mittelpunkt stehen auch hier die in der Verfassung vorgesehenen Mitwirkungsrechte der Religionsgemeinschaften. Ein islamischer Religionsunterricht zu "Sonderkonditionen" wird grundsätzlich abgelehnt. Die Stellungnahme bezieht sich nur auf die Grundproblematik. Auf den Modellversuch in Nordrhein-Westfalen wird nicht gesondert eingegangen.[345]

6.4 Lehrpersonal im Schulversuch – Qualifikation und Ausbildung

6.4.1 Qualifikation

Bei der Konzeption des Schulversuchs hatte das damalige Ministerium für Schule, Wissenschaft und Forschung der Qualifikation der Lehrkräfte zunächst nur eine randständige Bedeutung beigemessen. Der Erlass vom 28. Mai 1999 äußert sich hierzu lediglich mit einem Satz: "Neben Lehrkräften für den muttersprachlichen Unterricht können auch andere Lehrkräfte muslimischen Glaubens im Dienst des Landes für den Unterricht im Fach *Islamische Unterweisung* fortgebildet werden."[346] Fachliche Mindestanforderungen wurden durch den Erlass und die folgenden Regelungen nicht festgesetzt. Deren Festschreibung sowie die Durchführung von Einstellungen oblag den nachgeordneten Schulbehörden bzw. Bezirksregierungen. Bei der Einstellung bzw. Abordnung von Lehrkräften verfuhren die Bezirksregierungen und lokalen Schulbehörden in den vergangenen fünf Jahren unterschiedlich. Die Bezirksregierungen Düsseldorf und Köln, die der fachlichen bzw. islamkundlichen Ausbildung offenbar einen hohen Stellenwert beimessen, lassen seit dem Schuljahr 2003/2004 den Unterricht an den hinzukommenden Schulen in der Regel von neu eingestellten Islamwissenschaftlerinnen und Islamwissenschaftlern durchführen.[347]

In den Regierungsbezirken Arnsberg, Detmold und Münster werden seit dem Schuljahr 1999/2000 bis auf wenige Ausnahmen Lehrkräfte für den muttersprachlichen Unterricht (MSU) mit der Durchführung des neuen Faches beauftragt. In der Diskussion um die *Islamische Unterweisung* ist vor allem der Einsatz der MSU-Lehrerinnen und –Lehrer umstritten. Kritisiert wird – vor allem von der Elternseite - eine nicht hiesigen Standards entsprechende pädagogische Qualifizierung und eine unzureichende Sprachkompetenz. Darüber hinaus sei zweifelhaft, ob die Lehrkräfte, die zumeist aus der Türkei kommen, über ausreichende

---

345 Stellungnahme der katholischen Kirche zum islamischen Religionsunterricht, Sekretariat der Deutschen Bischofskonferenz, in: CIBEDO Beiträge 13, 1999, 1, S. 32-33.
346 Runderlaß des Ministeriums für Schule und Weiterbildung, Wissenschaft und Forschung vom 28.5.1999,AZ. 715.31,20/4-488/99.
347 Einstellungsvoraussetzung ist auch hier das Bekenntnis zum Islam.

islamkundliche Kenntnisse verfügen. Auch sei fragwürdig – so der *Islamrat* in seiner Stellungnahme –, "ob es sich bei allen Lehrerinnen und Lehrern um gläubige und für den Religionsunterricht qualifizierte Muslime" handele.[348]

Die Kritik an der Einstellungspraxis der Schulbehörden ist bezüglich einiger Kritikpunkte nicht unbegründet. Eine im Rahmen der Untersuchung durchgeführte Gruppenbefragung der Lehrkräfte im Juni 2000 zeigte, dass von damals 18 beschäftigten Lehrerinnen und Lehrern lediglich fünf über eine theologische Hochschulausbildung verfügten, die sie in der Türkei, Marokko oder Tunesien erworben hatten.[349] Die meisten Lehrkräfte verfügen über keine theologische oder islamkundliche Ausbildung. Sie haben ihre Islamkenntnisse – wie die folgende Grafik zeigt – in der Familie, Schule oder Koranschule erworben.[350]

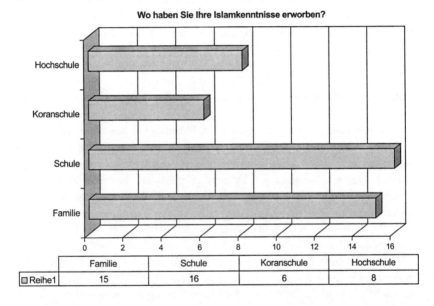

Wo haben Sie Ihre Islamkenntnisse erworben?

	Familie	Schule	Koranschule	Hochschule
☐ Reihe1	15	16	6	8

Tab.1 Gruppenbefragung der Lehrerinnen und Lehrer des Schulversuchs Juni 2000. Wo haben Sie ihre Islamkenntnisse erworben? (Mehrfachnennung möglich). Grafik: Michael Kiefer

---

348 Vgl., Özdogan, Hasan: Stellungnahme zum Runderlaß NRW IRU, in: epd-Dokumentation, o. Jg., 2000, Nr.2, S. 47-48.

349 Die schriftliche Gruppenbefragung zur Qualifikation und zu ersten Unterrichtserfahrungen der Lehrerinnen und Lehrer wurde im Juni 2000 mit einem dreiseitigen teilstandardisierten Erhebungsinstrument in Soest durchgeführt. An der Befragung beteiligten sich alle zum damaligen Zeitpunkt im Schulversuch tätigen Lehrkräfte.

350 Als problematisch muss m. E. angesehen werden, dass ein erheblicher Teil der türkischen Lehrkräfte über nur unzureichende Islamkenntnisse verfügt. Die Einstellungspraxis mancher Schulbehörden ist aufgrund dieses Sachverhalts nicht nachvollziehbar.

Zwölf Lehrerinnen und Lehrer hatten die einjährige Fortbildungsmaßnahme für die *Islamische Unterweisung* im Rahmen des muttersprachlichen Unterrichts durchlaufen. Aufgrund dieser Qualifikationsmaßnahme waren die meisten Lehrkräfte zu Beginn des Schulversuchs ausreichend mit den curricularen Vorgaben vertraut und verfügten über Unterrichtserfahrungen.

6.4.2 Fortbildung und Begleitung

Die Einführung der *Islamischen Unterweisung* als eigenständiges Unterrichtsfach, das in der Regel von fachfremden Lehrkräften unterrichtet werden musste, warf vor allem in der Einführungsphase eine Vielzahl von fachlichen, sprachlichen und methodischen Problemen auf. Bereits im Vorfeld des Schulversuchs war deutlich geworden, dass die am Schulversuch beteiligten Schulen die vorhersehbaren Schwierigkeiten nicht allein bewältigen können. Aus diesem Grund wurde für alle fünf Regierungsbezirke das *Landesinstitut für Schule und Weiterbildung* in Soest mit der Betreuung des Schulversuches beauftragt.[351] Von Januar 2000 bis Juni 2002 wurden in Soest 14 zweitägige Arbeitstreffen bzw. Weiterbildungsmaßnahmen durchgeführt, an der alle am Schulversuch beteiligten Lehrerinnen und Lehrer, die zuständigen Referenten des *Landesinstituts* sowie mehrere Fachleiter teilnahmen.[352] In der Maßnahme wurden zunächst die grundlegenden Probleme erfasst und der Bearbeitung zugeführt. Nach der gemeinsam vorgenommenen kritischen Reflektion der eruierten Problemfelder kristallisierte sich im Verlauf des ersten Versuchsjahres folgendes Arbeits- und Fortbildungsprogramm heraus, an dem nahezu alle beteiligten Lehrerinnen und Lehrer mit großem Engagement arbeiteten.

a) Unterrichtssprache Deutsch
- Entwicklung von Unterrichtsmethoden und Hilfsmitteln, die Sprachdefizite im Grundschulbereich überbrückbar machen.
- Handhabung der Fachterminologie im Unterricht. Wie ist mit islamischen Fachausdrücken umzugehen? Ist eine Eindeutschung islamischer Begriffe sinnvoll und ist sie ohne Bedeutungsverschiebung möglich? (Beispiel: zakat-Almosensteuer)
- Sprachliche Nachqualifizierung der Lehrerinnen und Lehrer durch intensive Textarbeit (islamwissenschaftliche Texte).

---

351 Das *Landesinstitut für Schule und Weiterbildung* heißt seit dem Jahr 2002 *Landesinstitut für Schule*.
352 Der Autor der Studie hat als wissenschaftlicher Begleiter ebenfalls an den genannten Maßnahmen teilgenommen.

b) Umsetzung und Überprüfung der Unterrichtsziele
- Überprüfung der Eignung der Curricula. Werden alle in der Bundesrepublik vertretenen islamischen Strömungen bzw. "Konfessionen" angemessen berücksichtigt? Gibt es in den Curricula Themen, die aufgrund der heterogenen Zusammensetzung der Unterrichtsgruppen nicht behandelt werden können? Gibt es einseitige Orientierungen?
- Einbeziehung der Lebenswirklichkeit der Schülerinnen und Schüler in den Unterricht.
- Einbeziehung von Koran und Sunna in die Themenfelder des Unterrichts.

c) Islamische Theologie und Geschichte
- Koran und Sunna, islamisches Recht, Epochen der islamischen Geschichte, Islam in Westeuropa und Deutschland. Welche inhaltlichen Schwerpunkte müssen gesetzt werden? Durch wen soll die Ausbildung erfolgen? Gibt es Kooperationsmöglichkeiten mit Universitäten?

d) Methoden
- Methodische Nachqualifizierung. Welche Methoden sind für die *Islamische Unterweisung* geeignet? Erprobung geeigneter Methoden im curricularen Kontext.

e) Unterrichtsmaterialien
- Entwicklung von deutschsprachigen Unterrichtsmaterialien für die Jahrgangsstufen 1 bis 10.
- Prüfung von vorhandenen Unterrichtsmaterialien. Entwicklung von Kriterien für die Materialprüfung: Islamdarstellung, curriculare Vorgaben usw.

f) Elternarbeit
- Vorstellung des Schulversuchs auf Elternabenden, Informationsveranstaltungen, Sprechstunden und Hausbesuchen. Nehmen die Eltern die öffentliche Diskussion wahr, und wie stehen sie zu dieser?
- Entwicklung von Kooperationsangeboten z. B. im Zusammenhang mit den islamischen Festtagen.

g) Schulversuch an der Schule
- Gremien an der Schule. Gibt es eine Beteiligung von muslimischen Eltern? Wie können Partizipationsmöglichkeiten für muslimische Eltern aussehen?
- Zusammenarbeit mit evangelischem und katholischem Religionsunterricht. Formen des interreligiösen Lernens. Ist ein epochaler interreligiöser Unter-

richt sinnvoll und machbar? Gemeinsame Ausrichtung und Gestaltung von Festen.
- Integration der Fachlehrerin bzw. des Fachlehrers ins Kollegium. Kollegiale Unterstützung.

h) Schulversuch im sozialen Umfeld
- Zusammenarbeit mit islamischen Vereinen bzw. Gemeinden. Bedeutung der Zusammenarbeit für die Schule. Mögliche Formen der Zusammenarbeit und deren Erprobung. Wie ist mit Akzeptanzproblemen und Konflikten umzugehen?

i) Schulversuch als ordentliches Fach
- Handhabung des Anmeldeverfahrens. Werden die Eltern der Angebotsgruppe informiert? Leistungsbewertung an den Schulformen Koordination und Absprachen mit anderen Fächern.

An der Bearbeitung der Themenfelder in der Gesamtgruppe wurde bis zum Ende des Schuljahres 2001/2002 festgehalten. Eine Weiterführung über das Schuljahr 2002/2003 hinaus erwies sich als nicht durchführbar, da aufgrund der Erweiterung des Schulversuches um 30 Schulen ca. 20 weitere Lehrerinnen und Lehrer hinzukommen sollten.[353] Die beträchtliche Ausweitung des Schulversuchs im Schuljahr 2002/2003 und die parallel hierzu laufende Neustrukturierung des *Landesinstituts* führten zu einer erheblichen Modifizierung der bisher erfolgten Fortbildungs- und Begleitungsmaßnahme. Die inhaltlichen Themenfelder wurden im Schuljahr 2002/2003 in Arbeitsgruppen ausgegliedert, die unter der fachlichen Leitung des *Landesinstituts* stehen. Derzeit arbeitet eine Lehrplangruppe an der Revision bzw. Anpassung der Curricula der Jahrgangsstufen 1 bis 6. Eine weitere Arbeitsgruppe ist mit der Erstellung von Unterrichtsmaterialien für alle Jahrgangsstufen beauftragt. Parallel hierzu entsteht mit islamwissenschaftlicher Begleitung in der Beratungsgruppe ein Glossar, das unter Berücksichtigung der arabischen, bosnischen und türkischen Sprache die Lehrkräfte mit den für den Unterricht wichtigsten Fachbegriffen bekannt machen soll.

Ebenfalls am Landesinstitut angesiedelt ist eine neunköpfige Moderatorengruppe, die im Schuljahr 2002/2003 ein Konzept für eine zertifizierte Fortbildungsmaßnahme entworfen hat. Die Qualifizierungsmaßnahme, die im Schuljahr

---

353 Im Schuljahr 2003/2004 sind ca. 20 weitere Schulen landesweit in den Versuch eingestiegen.

2003/2004 erstmalig durchgeführt wurde, umfasst fünf Module, die in jeweils drei Fortbildungsblöcken vermittelt werden sollen.[354]

Das Modul 1 *Auseinandersetzung mit fachwissenschaftlichen Grundlagen – interreligiöse und islamwissenschaftliche Inhalte* umfasst drei gleichgewichtige historische und theologische Themenblöcke.[355] Der Themenblock A "Frühe islamische Geschichte" vermittelt die Entstehung und Ausbreitung des Islams unter besonderer Berücksichtigung der Ausdifferenzierung der politischen und religiösen Entwicklungen. Fokussiert werden drei Schwerpunktthemen: 1. "Leben des Propheten, 2. Die frühen Kalifate ... und das islamische Weltreich: Entwicklung religiöser Gruppierungen: Sunna, Schi`a, Kharijiten." und 3. "Vom Kalifat zur Ökumene: Die islamische Staatenwelt im Mittelalter."

Der Themenblock B "islamische Glaubens- und Rechtsquellen" bemüht sich um die Darstellung der "Grundlinien der Lehre" und der verschiedenen Ausprägungen. Überdies soll die Themeneinheit in die religiösen Quellen und in die Grundprinzipien ihrer Interpretation einführen. Vorgesehen sind fünf Schwerpunktthemen: 5. "Koran und Koranexegese", 5. "Prophetische Überlieferung (Hadith)", 6. "Gotteslehre und Glaubenslehre (Tauhid, Kalam)", 7. "Pflichtenlehre und islamisches Recht (Fiqh)" und 8. "Diskrepanz zwischen Theorie und Lebenswirklichkeit und ihre Entstehung".

Der Themenblock C "Islam der Gegenwart" führt in einem weit gefassten historischen Bogen vom Osmanischen Reich bis hin zu den nachkolonialen Gesellschaften. Besondere Berücksichtigung finden die Themen Migration, Einheit und Diaspora. Der letzte fachwissenschaftliche Themenblock umfasst ebenfalls fünf Schwerpunktthemen: 9. "Die Muslime und ihre Staaten in der Weltpolitik seit dem 19. Jahrhundert", 10. "Muslimische Nationalstaaten, islamische Minderheiten und Migration: islamische religiöse und politische Strömungen der Gegenwart.", 11. "Reformbemühungen, Ansätze", 12. "Sufismus" und 13. "Gemeinsamkeiten und Unterschiede mit anderen Religionen".

Die Arbeit an den Schwerpunktthemen soll durchgängig begleitet werden von der Arbeit mit dem Koran. Neben der Diskussion ausgewählter Texte soll hierbei auch in die Grundlagen der arabischen Schrift eingeführt werden.[356]

Das Modul 2 *Grundsätze, Ziele und Anforderungen des Faches Islamische Unterweisung in deutscher Sprache* soll neben der Vermittlung der rechtlichen Grundlagen umfas-

---

354 Qualifizierung von Lehrkräften, die im Schulversuch *Islamische Unterweisung* in deutscher Sprache tätig sind und bisher berufliche Praxis nur im Muttersprachlichen Unterricht haben, in: Landesinstitut für Schule (Hg.): Islamische Unterweisung in Nordrhein-Westfalen, Einige Infos, Stand Juni/Juli 2003 (Materialsammlung), S. 12–15.

355 Die Ausarbeitung des Konzepts erfolgte durch den Islamwissenschaftler Stefan Reichmuth (Universität Bochum).

356 Ebd.

send in die theoretischen Grundlagen der Religionspädagogik einführen. Im Vordergrund stehen die "Religionsdidaktischen Prinzipien" (Korrelation, Elementarisierung, Symboldidaktik), die "Didaktische Bedeutung religionspädagogisch relevanter Unterrichtsmethoden" (Erzählen, Umgang mit Texten und Bildern, Lied und Musik usw.) und die entwicklungspsychologischen und lerntheoretischen Voraussetzungen. Überdies sollen die Grundlagen und Modelle der Unterrichtsplanung vorgestellt werden.[357]

Im Modul 3 *Lehr-, Lern-, und Arbeitsformen in der Primar- und Sekundarstufe, die dem Unterricht des Faches Islamische Unterweisung entsprechen* steht die moderne Unterrichtspraxis im Vordergrund. Die Lehrerinnen und Lehrer sollen mit den vielfältigen Formen des projektorientierten Unterrichts vertraut gemacht werden. Hierbei wird auch kritisch erörtert, unter welchen Voraussetzungen das Lernen mit neuen Medien sinnvoll sein kann. Da bislang kein hochwertiges Unterrichtsmaterial für alle Arbeitsstufen vorliegt, werden in diesem Modul auch Auswahlkriterien für Unterrichtsmaterialien vorgestellt. In diesem Kontext soll auch erprobt werden, wie Kinder- und Jugendbücher in Unterrichtsprojekte integriert werden können.[358] Wie die *Islamische Unterweisung* als neues Fach im Fächerkanon der Schulen verankert werden kann, wird in Modul 4 *Qualitätsentwicklung und Qualitätssicherung des Unterrichtes im Fach Islamische Unterweisung (PS + Sek 1)* vermittelt. Neben der Schulprogrammarbeit, der Entwicklung schuleigener Lehrpläne, der Fachbereichsorganisation sollen auch Themen wie Leistungserziehung und Beurteilung behandelt werden. Überdies soll diskutiert werden, wie eine Kooperation mit anderen Fächern (Religion, Geschichte usw.) aussehen könnte.

Das letzte Modul *Planung und Reflektion von Unterrichtssequenzen* dient der intensiven Erprobung der erworbenen didaktisch-methodischen Qualifikationen. Die vorgesehenen Lehreinheiten sollen mediengestützt (CD ROM / Internet) im Selbststudium vorbereitet werden. Dazu sollen auch sogenannte "Präsenzarbeitsphasen" stattfinden.[359]

6.4.3 Geplanter Studiengang an der Universität Münster

Bereits zur Einführung der *Islamischen Unterweisung* als ordentliches Fach im Jahr 1999 war unstrittig, dass ein qualitativ hochwertiger Unterricht nur dann als Standard gesetzt werden kann, wenn das Fach von regulär ausgebildeten Lehrkräften unterrichtet wird. Dennoch übte das Bildungsministerium in den ersten zwei

---

357 Ebd.
358 Ebd.
359 Ebd.

Jahren des Schulversuchs in diesem Punkt große Zurückhaltung. Initiativen der Universität Bonn und der Ruhruniversität Bochum, die auf die Einrichtung einer regulären Lehrerausbildung zielten, verliefen trotz zum Teil erheblicher Bemühungen erfolglos. Erst im Mai 2002 fiel eine Entscheidung. Das Ministerium beauftragte die Universität Münster im Rahmen einer so genannten Zielvereinbarung mit der Einrichtung eines *Lehramtsstudienganges für islamische religiöse Studien*.[360]

Mit der Entwicklung und Betreuung des Studienganges wurde das neu geschaffene *Centrum für Religiöse Studien (CRS)* beauftragt. Das *CRS* fokussiert in seiner interdisziplinären Forschungsarbeit, die wesentliche Ergebnisse der Bereiche Islamwissenschaft, Judaistik, Religionswissenschaft und Theologie mit einbezieht, vor allem interreligiöse und interkulturelle Fragestellungen. Darüber hinaus schafft es den Rahmen für allgemeine Religiöse Studien zu den Bereichen Islam, Orthodoxes Christentum und Judentum.[361]

Gemäß der Zielvereinbarung vom 21. Mai 2002 erhält das *CRS* einen Lehrstuhl für "Religion des Islam"[362], der voraussichtlich ab dem Sommersemester 2005 den Lehramtsstudiengang durchführen soll.[363] Die Ausbildung der Lehrerinnen und Lehrer wird zunächst in einem viersemestrigen Erweiterungsstudium erfolgen. Ein sogenanntes "grundständiges Studium" soll zu einem späteren Zeitpunkt folgen, sobald die "Voraussetzungen dafür geschaffen sind".[364] Für den Erweiterungsstudiengang Religion des Islam wurden die Themenbereiche des noch zu erstellenden Curriculum bereits verbindlich festgeschrieben:

- Exegese des Koran
- Exegese des Hadith
- Gotteslehre, Kontroverstheologie und islamisches Recht
- Islam in Geschichte, Kultur und Gesellschaft
- Frühislam und Kalifat
- Neuzeitliche Großreiche und die Regionalisierung islamischer Kultur

---

360 Pressemitteilung vom 21.05.02 des Ministeriums für Schule, Wissenschaft und Forschung.

361 Verwaltungs- und Benutzungsordnung für das Centrum für Religiöse Studien vom 21. Mai 2003, verabschiedet vom Senat der Westfälischen Wilhelms-Universität, S.9.

362 Z.Zt. wird der Lehrstuhl durch den Islamwissenschaftler Muhammad Kalisch vertreten.

363 Theologische Lehrstühle, die evangelische oder katholische Religionslehre unterrichten, bedürfen aufgrund der Staatskirchenverträge des nihil obstat der Kirchen. Da zwischen dem Land NRW und den im Land ansässigen islamischen Religionsgemeinschaften kein Vertrag besteht, ist die Zustimmung der islamischen Religionsgemeinschaften nach der Auffassung der Landesregierung nicht erforderlich. Vgl. Antwort des Ministeriums für Wissenschaft und Forschung vom 17. Januar 2003 namens der Landesregierung im Einvernehmen mit der Ministerin für Schule, Jugend und Kinder und dem Finanzminister auf die Kleine Anfrage der Abgeordneten Marianne Thomann-Stahl vom 11. Dezember 2002. unter: http//home.landtag.nrw.de/mdl /marianne.thomann-stahl/126htm (29.08.03).

364 Pressemitteilung vom 21.05.02 des Ministeriums für Schule, Wissenschaft und Forschung.

- Islam im nationalen Kontext: Staaten und islamische Gemeinschaften in verschiedenen Religionen der Welt im 20. Jahrhundert
- Islamische Religionsdidaktik und interkulturelle Pädagogik.[365]

6.5 Lehrpläne und inhaltliche Gestaltung des Schulversuchs

Als im Januar 2000 an 22 Schulen erstmalig *Islamische Unterweisung* in deutscher Sprache erteilt wurde, lagen für das neue Unterrichtsfach keine eigens entwickelten Curricula vor. Der Unterricht erfolgte auf der Grundlage der Lehrpläne, die das *Landesinstitut für Schule und Weiterbildung* für die *Religiöse Unterweisung* im Rahmen des muttersprachlichen Unterrichtes entwickelt hatte. In der Unterrichtspraxis zeigte sich rasch, dass vor allem das Grundschulcurriculum[366], das bereits seit dem Jahr 1986 als Entwurfsfassung vorliegt, den Erfordernissen eines modernen islamkundlichen Unterrichtes, der für alle muslimischen Schülerinnen und Schüler erteilt wird, nicht mehr gerecht wurde.[367] Gegen eine Weiterverwendung des alten Grundschulcurriculums sprach und spricht in erster Linie die aus heutiger Sicht fragwürdige Hervorhebung des Migrationshintergrundes (bzw. die Darstellung des Islams als eine "Ausländerreligion") in einigen Themeneinheiten.[368] So lautet z. B. die 7. Unterrichtseinheit "Wir leben in einer fremden Welt". Der Titel und die vorgeschlagenen Unterrichtsthemen (Beispiel: "Wir sind Fremde in unserer Straße") thematisieren Alltagsprobleme, die die Neuzugewanderten vor zwanzig Jahren zu bewältigen hatten.[369] Die muslimischen Schülerinnen und Schüler, die heute an der *Islamischen Unterweisung* teilnehmen, sind mehrheitlich hier geboren und wachsen in Familien auf, die in der zweiten oder dritten Generation in der Bundesrepublik leben. Die vorgeschlagene Thematisierung des "Fremdseins" könnte bei den Kindern und Eltern den Eindruck erwecken, dass sie aufgrund des islamischen Glaubens außerhalb der Gesellschaft stehen. Ebenfalls problematisch ist die Beschränkung der Themeneinheiten auf die sunnitische Glaubens-

---

365 Antwort des Ministeriums für Wissenschaft und Forschung vom 17. Januar 2003.
366 Landesinstitut(Hg.): Religiöse Unterweisung für Schüler islamischen Glaubens – 24 Unterrichtseinheiten für die Grundschule (Entwurf).
367 Von den islamischen Verbänden wurde das Curriculum mehrfach heftig kritisiert. Vgl. die "Kritische Analyse der Unterrichtseinheiten der ersten Klasse der Religiösen Unterweisung für Schüler islamischen Glaubens", erstellt im Auftrag des Islamischen Arbeitskreises in Deutschland (Vorläufer des ZMD), Köln 1992.
368 Die Vorarbeiten zum Curriculum begannen bereits 1980. Die inhaltliche Gestaltung vieler Themeneinheiten ist teilweise geprägt von den Integrationsdebatten, die am Ende der 70er Jahre geführt wurden.
369 Ebd., S. 184.

lehre. In vielen Unterrichtsgruppen der *Islamischen Unterweisung* befinden sich auch alevitische und schiitische Schülerinnen und Schüler. Sofern in Zukunft an einem gemeinsamen Islamunterricht festgehalten wird, müssen die curricularen Entwürfe auch den Glauben und die Geschichte der kleineren konfessionsartigen Strömungen zur Darstellung bringen bzw. berücksichtigen. Schließlich muss auch darauf hingewiesen werden, dass das Curriculum für die Primarstufe ursprünglich für die *Religiöse Unterweisung* im Rahmen des türkischen muttersprachlichen Unterrichts entwickelt wurde. Die ausschließlich in türkischer Sprache genannten Belegstellen der islamischen Quellen (ebenfalls in türkisch) sind für einen deutschsprachigen Unterricht, der auch von nicht-türkischsprachigen Lehrerinnen und Lehrern durchgeführt wird, schlicht nicht geeignet.

Angesichts dieser Mängel beschloss das Bildungsministerium im Frühjahr 2002 eine grundlegende Neubearbeitung des Grundschullehrplans, mit dem das *Landesinstitut* beauftragt wurde. Die im September 2002 einberufene Lehrplangruppe[370] hat zu Beginn des Jahres 2005 ein sogenanntes Kerncurriculum vorlegt, das die neuen Themeneinheiten und die didaktische Konzeption skizzenhaft vorstellt. Die weitere inhaltliche Ausarbeitung soll zum Beginn des Schuljahres 2005/2006 abgeschlossen sein. Im Anschluss folgen soll auch eine Revision des Lehrplans für die Jahrgangsstufen 5 – 6. Der aus dem Jahr 1991 stammende Lehrplanentwurf[371] orientierte sich in der didaktischen und inhaltlichen Konzeption am Grundschulcurriculum und weist ebenfalls die bereits skizzierten Mängel auf.

Die folgenden Ausführungen zu den curricularen und inhaltlichen Grundlagen der *Islamischen Unterweisung* beschränken sich im analytischen Teil auf das Curriculum der Jahrgangsstufen 7-10, das mindestens bis zum Schuljahr 2007/2008 Verwendung finden soll.[372] Die didaktische Konzeption der vorliegenden 24 Unterrichtseinheiten aus dem Jahr 1996 und die inhaltliche Konzeption der Islamthemen werden dargestellt und einer kritischen Betrachtung unterzogen. Hierbei soll vor allem geprüft werden, ob der ursprünglich für die *Islamische Unterweisung* im muttersprachlichen Unterricht entworfene Lehrplan für einen alle konfessionsartigen islamischen Gruppen umfassenden Unterricht geeignet ist. Überdies soll untersucht werden, ob die Themeneinheiten die aktuelle Lebenswirklichkeit der Schülerinnen und Schüler aufgreifen und angemessen thematisieren. In einem weiteren Kapitel sollen unter Verwendung der schon genannten

---

370 Die Lehrplangruppe besteht aus zwei unterrichtserfahrenen muslimischen Lehrern, einer muslimischen Lehrerin, die über eine islamwissenschaftliche Ausbildung verfügt, einer Fachleiterin und einem Mitarbeiter des LfS.

371 Landesinstitut (Hg.): Religiöse Unterweisung für Schülerinnen uns Schüler islamischen Glaubens – 12 Unterrichtseinheiten für die Klassen 5 und 6 (Entwurf).

372 Landesinstitut (Hg.): Religiöse Unterweisung für Schülerinnen uns Schüler islamischen Glaubens – 24 Unterrichtseinheiten für die Klassen 7-10 (Entwurf).

Fragestellungen die bereits skizzenhaft vorhandenen Themeneinheiten des Grundschulcurriculums und die neue didaktische Konzeption – soweit diese als auswertbare Entwurfsfassung vorliegen - kritisch reflektiert werden. Neben den curricularen Grundlagen des Faches werden in einer abschließenden Betrachtung auch die vorliegenden Handreichungen vorgestellt. Von besonderem Interesse ist hier die Handreichung zur alevitischen Glaubenslehre, die in einem zweijährigen Arbeitsprozess gemeinsam mit Vertretern der alevitischen Glaubensgemeinschaft entstanden ist.

6.5.1 Lehrplan der Jahrgangsstufen 7 bis 10

6.5.1.1 Kontext und Grunddeterminanten der Entwicklungsarbeit

Die Curriculumentwicklung für das Fach *Islamische Unterweisung* war am Landesinstitut zu keinem Zeitpunkt ein isoliertes Arbeitsvorhaben. Der Auftrag des Ministeriums vom 11. Dezember 1979, einen Lehrplan für einen ursprünglich beabsichtigten islamischen Religionsunterricht zu entwickeln, lief parallel zu Aufträgen, Hauptschullehrpläne für die evangelische und katholische Religionslehre zu entwickeln. Nach Klaus Gebauer führte dieser Umstand zu einem ständigen Austausch von Konzeptideen zwischen den drei Entwicklungsprojekten:

"Wesentlich für die Geschichte der Islamischen Unterweisung ist, dass die didaktischen Konstrukte, insbesondere das Konstrukt für den Lehrplan Evangelische Religionslehre, u.a. auch von den Arbeiten an der Islamischen Unterweisung beeinflusst wurden, wie umgekehrt auch die Islamische Unterweisung von den Konstrukten der christlichen Konzepte profitierte. Kern der gegenseitigen Beeinflussung war und ist der Begriff der Verschränkung von Lebensgegenwart und Glaubenstradition, katholisch im Begriff der "Korrelation" gefasst." [373]

Das Grundkonzept in der ersten Entwicklungsphase der Curricula von 1979 – 1996, das die Bereiche *Gesellschaft, Glaubenstradition* und *Lebenswirklichkeit* der Schülerinnen und Schüler miteinander verband, orientierte sich von den theoretischen Grundannahmen her an der religionssoziologischen Typologie von Max Weber.[374] Danach ist es sinnvoll, die Traditionslinien einer Religionsgemeinschaft in drei Komponenten zu analysieren: "Zu unterscheiden sind ... die Tradition der Laienschaft ("Gemeindereligiosität"), die Tradition der Priesterschaft (Predigt und

---

373 Gebauer, Klaus: Islamische Unterweisung in den Schulen des Landes Nordrhein-Westfalen, Islamunterricht, Stichworte, Thesen, Material für das Forum 4 der Konferenz "Lerngemeinschaft – Das deutsche Bildungswesen und der Dialog mit den Muslimen" in Weimar vom 13. bis 14. März 2003. Manuskriptfassung vom September 2003, S. 8.
374 Weber, Max: Wirtschaft und Gesellschaft, Köln/Berlin 1964. S. 346-367.

Seelsorge, Riten und Brauchtum) und die Tradition der Theologie (Prophetie, Lehre und Auslegung). Es gibt im Islam zwar keine Priesterschaft, aber es steht außer Zweifel, dass die Moscheen, Vorbeter und Koranlehrer Träger der Brauchtumspflege sind, während die Gelehrten an den Hochschulen und Universitäten das religiöse Wissen entwickeln."[375] Ausgehend von diesen analytischen Vorüberlegungen gliederten sich die bisher entwickelten Curricula (Primarstufe und Sekundarstufe I) für die *Islamische Unterweisung* im muttersprachlichen Unterricht und als eigenständiges Unterrichtsfach in deutscher Sprache in drei zentrale Lernbereiche:

1) Erlebte und erfahrene Umwelt
2) Pflichten, Kult und Brauchtum
3) Religiöses Wissen

Die Lernbereiche 3) "Religiöses Wissen" und 2) "Pflichten, Kult und Brauchtum" repräsentieren die religiösen *Grundlagen des Islams*. Die Lernbereiche 1) "Erlebte und erfahrene Umwelt" und wiederum 2) "Pflichten, Kult und Brauchtum" repräsentieren den "*Alltag der muslimischen Kinder und Jugendlichen in Deutschland*". Der Lernbereich 2) "Pflichten, Kult und Brauchtum" bildet zugleich die Schnittmenge der Verschränkung von Lebenswirklichkeit und Glaubenstradition, die im Alltag durch Beten, Feste feiern usw. für die Schülerinnen und Schüler konkret erfahrbar ist. Die Verschränkung von 1) "Erlebte und erfahrene Umwelt" und 3) "Religiöses Wissen" muss hingegen durch didaktische Unterrichtsarbeit realisiert werden.[376]

---

375 Gebauer: Islamische Unterweisung in den Schulen des Landes Nordrhein-Westfalen. S. 9.
376 Ebd.

Dokumentation: Verschränkung der Lernbereiche

Übersicht der Themen in den Klassen 7 bis 10

Grundlagen des Islams

Alltag in Deutschland

	Erlebte und erfahrene Umwelt	Pflichten, Kult und Brauchtum	Religiöses Wissen
Klasse 5	1. *"Miteinander leben"*	3. *"Tugendhaftigkeit – Schönheit des Charakters"*	5. *"Allah schuf die Welt und die Menschen"*
	2. *"Streit, Schuld, Versöhnung"*	4. *Warum wir feiern"*	6. *"Allah, der eine Gott und seine Namen"*
Klasse 6	7. *"Ich lebe in einer islamischen Familie"*	9. *"Gesunde Seele und gesunder Körper"*	10 *"Propheten"*
	8. *"Vorbilder Stars und Idole"*		11. *"Die Hicra"*
			12. *"Im Koran spricht Allah zu uns"*
Klasse 7	13. *"Waisen, alte Menschen, Behinderte"*	15. *"Islamische Kultur"*	17. *"Anfänge islamischer Geschichte"*
	14. *"Andere Religionen"*	16. *"Riten und Rituelles in den Lebenszyklen"*	18. *"Wie der Islam zur Weltreligion wurde"*
Klasse 8	19. *"Liebe, Ehe, Familie"*	21 *"Beten"*	22. *"Sünde"*
	20. *"Weltweite Verantwortung"*		23. *"Mensch, Leben+, Leiden, Tod"*
			24. *"Sunna und Hadithe"*
Klasse 9	25. *"Arbeit, Freizeit"*	27. *"Islamische Pflichten in einer modernen Gesellschaft"*	29. *"Die letzte Pilgerfahrt"*
	26. *"Alkohol, Drogen"*	28. *"Volksfrömmigkeit"*	30. *"Islam – Einheit in Vielheit"*
Klasse 10	31. *"Krieg und Frieden"*	33. *"Rechtsschulen"*	35. *"Wissenschaft und Erneuerung"*
	32. *"Religion und Politik"*	34. *"Männer und Frauen"*	36. *"Religiöse Erziehung – was ist das?"*

11

Entnommen aus: Gebauer: Islamische Unterweisung in den Schulen des Landes Nordrhein-Westfalen. S. 9.

6.5.1.2 Didaktische Konzeption

Für die Bestimmung und Konkretisierung der Themen und Inhalte in der *Islamischen Unterweisung* setzt das Curriculum in der didaktischen Konzeption folgende fünf grundlegende Orientierungen:

a) Erfahrungsorientierung

"Die Islamische Unterweisung muß den Unterricht von der Lebenswirklichkeit, d.h. von den Erfahrungen der Schülerinnen und Schüler konzipieren."[377]

b) Gegenwarts- und Zukunftsorientierung

"Die Islamische Unterweisung muß den Unterricht von den Gegenwartsproblemen und den Zukunftsaufgaben konzipieren, zu deren Bewältigung die Schülerinnen und Schüler als Menschen, als Mitglieder der Gesellschaft, in der sie leben, und als Mitglieder der islamischen Gemeinschaft aus ihrem Glauben heraus handelnd beitragen sollen."[378]

c) Orientierung an religiösen Traditionen

"Die Islamische Unterweisung muß ihre Inhalte an der islamischen Tradition orientieren, um so den Schülerinnen und Schülern auch eine religiöse Deutung der komplexen Lebenswirklichkeit zu ermöglichen."[379]

d) Qualifikations- und Handlungsorientierung

"Auf der Basis von Erfahrungsorientierung, Gegenwarts- und Zukunftsorientierung sowie Überlieferung hat schließlich die Islamische Unterweisung Fähigkeiten und Bereitschaften zu fördern, die Schülerinnen und Schüler als engagierte und wissende Muslime in Gesellschaft und islamischer Gemeinschaft handlungsfähig machen."[380]

e) Themenorientierung

"Der Unterricht soll seine Inhalte problem- und situationsbezogen in Themen bündeln, um bei der Verschränkung von Lebenswirklichkeit und islamischer Überlieferung erfahrbare Sinnzusammenhänge zu ermöglichen."[381]

Diese Orientierungen[382] sollen die Planung des Unterrichtes und seine Ausgestaltung "stets gemeinsam und in enger Wechselwirkung" bestimmen.[383] Durch die konsequente Anwendung der Grundorientierungen wird - so die Auffassung der Curriculumentwickler - zweierlei gewährleistet: Zum einen sollen die Schüler-

---

377 Landesinstitut (Hg.): Religiöse Unterweisung für Schülerinnen uns Schüler islamischen Glaubens – 24 Unterrichtseinheiten für die Klassen 7-10 (Entwurf), S.9.
378 Ebd.
379 Ebd.
380 Ebd.
381 Ebd.
382 Die Reihenfolge der Orientierungen ist didaktisch, d. h. vom Lernvorgang bestimmt. Im Lehrplan wird ausdrücklich darauf hingewiesen, dass für Muslime die Hauptorientierung durch den Koran gegeben ist. An diesem Grundsatz ist nach Auffassung der Autoren nicht zu rütteln. Ebd.
383 Ebd.

innen und Schüler in einem diskursiv verlaufenden Prozess dazu befähigt werden, ihre "Lebenswirklichkeit" von der Glaubenstradition der islamischen Gemeinschaft her zu deuten und zugleich potentielle Handlungsmöglichkeiten bzw. - notwendigkeiten zu erkennen. Zum anderen sollen sie befähigt werden, das vorhandene Wissen über die islamische Tradition "handlungsleitend" zu erschließen. In dieser reziproken Verschränkung von "Lebenswirklichkeit und Wissen über religiöse Überlieferung und Tradition" besteht "das didaktische Grundverständnis der Islamischen Unterweisung".[384]

Die Reihenfolge der Orientierungen begründet kein hierarchisches Prinzip. Sie ist ausschließlich vom Lernvorgang begründet. Grundsätzlich soll der Unterricht von den Erfahrungen (*Erfahrungsorientierung*) der Schülerinnen und Schüler ausgehen. Hierbei legen die Lehrplangestalter das Hauptgewicht auf "die ins Unterbewusstsein abgesunkenen Eindrücke".[385] Vor allem diese würden dazu beitragen, dass Menschen oft nicht wissen, "weshalb sie in einem Fall Zuneigung und Liebe, Vertrauen und Hoffnung, im anderen Fall aber Haß, Angst und Verzweiflung empfinden". Derartige Grunderfahrungen sollen in der *Islamischen Unterweisung* dem "Bewusstsein" und "damit auch dem religiösen Lernen zugänglich gemacht werden".[386] Ausgehend von konkreten Erfahrungen kann im Lernprozess deutlich werden, dass zahlreiche Probleme und Nöte, denen die Schülerinnen und Schüler im schulischen und außerschulischen Alltag gegenüber stehen, gemeinsame Probleme und Nöte sind, die sich in der Gemeinschaft besser bewältigen lassen als allein. In diesem Kontext könne auch erkannt werden, dass Menschen in Erfahrungsgemeinschaften leben, die für vielfältige Probleme Handlungs- und Lösungswege tradieren.

Grundsätzlich geht der Lehrplan davon aus, dass es ein erhebliches gesellschaftliches Interesse an religiösem Leben gibt, schließlich entwickeln Menschen im Religiösen Werte und Normen, die ihr Handeln bestimmen. Für eine Gesellschaft kann dieser Prozess ein großer Gewinn sein, sofern er ein friedvolles Miteinander unterstützt. In einer pluralistischen Gesellschaft, die von unterschiedlichen religiösen Auffassungen geprägt ist, können religiöse Normen aber auch Konflikte hervorrufen. Bei der Ausformulierung der *Gegenwarts-* und *Zukunftsorientierung* bezieht das Curriculum zum angedeuteten Spannungsfeld (Religion – Gesellschaft, konkret: Islam – Gesellschaft) keine Stellung. Vielmehr verbleibt das Curriculum bei einer sehr allgemeinen Beschreibung der gegenwärtigen gesell-

---

384 Ebd.
385 Ebd. Unklar bleibt, weshalb die didaktische Konzeption an diesem Punkt die ins "Unterbewusstsein abgesunkenen Eindrücke und Erlebnisse" hervorhebt. Es ist fraglich, ob die nahezu therapeutischen Ansprüche in einem zweistündigen islamkundlichen Unterricht realisiert werden können.
386 Ebd.

schaftlichen Probleme und der hieraus resultierenden Zukunftsaufgaben, die sich an den Richtlinien für den Unterricht an Haupt- und Realschulen orientieren.[387]

Unter dem zentralen Gliederungspunkt *Orientierung an religiösen Traditionen* benennt das Curriculum in sehr knappen Ausführungen fünf unterschiedlich gewichtete Quellen. Im Vordergrund stehen, wie nicht anders zu erwarten, als Hauptquellen Koran und Sunna. Als dritte Quelle werden die Texte der vier großen Rechtsschulen angeführt. Neben dieser klassischen Islamliteratur soll der Unterricht auch die "überlieferte Glaubenspraxis der islamischen Gemeinschaft"[388] mitberücksichtigen. Die Schülerinnen und Schüler sollen so anhand unterschiedlicher Quellen die Vielfalt der Ausprägungen islamischer Alltagskultur erfahren.[389] Schließlich soll in der Unterrichtsgestaltung auch als sekundäre Quelle die neuere wissenschaftlich-theologische und die alte und neuere Erzählliteratur mitberücksichtigt werden. Schiitische oder alevitische Quellen (z. B. über die Imamatslehre) werden nicht benannt. Die Unterrichtskonzeption beschränkt sich gänzlich auf die sunnitische Hauptrichtung.[390]

Bei der Bestimmung der sogenannten *Qualifikations- und Handlungsorientierung* soll der Unterricht "stets davon ausgehen ... , dass es in der Religion keinen Zwang gibt (Koran: Sure 2,256)".[391] Ausgehend von diesem häufig zitierten koranischen Gebot wird die didaktische Konzeption – die Verschränkung von *Erfahrungsorientierung*, *Gegenwarts- und Zukunftsorientierung* sowie die *Orientierung an religiösen Traditionen* – von den Autoren als ein Reflexionssystem begriffen, das die Schülerinnen und Schüler auffordert, sich von der religiösen Tradition her mit ihrer Lebenswirklichkeit auseinander zu setzen bzw. umgekehrt von ihrer Lebenswirklichkeit her mit der religiösen Tradition.

In den erläuternden Ausführungen verzichtet das Curriculum auf einengende Zielformulierungen. Grundsätzlich sollen die Lehrerinnen und Lehrer inhaltlich und methodisch flexibel auf Anlässe und Situationen Bezug nehmen können. Der Verzicht auf Zielorientierungen bedeutet jedoch nicht, dass in der Unterrichtsplanung auf ein "zielorientiertes Lernen" verzichtet werden soll. Um die didaktische Stringenz des Unterrichts zu gewährleisten, führt der Lehrplan sogenannte *Grundqualifikationen* ein, die sich aus der Bündelung der bereits dargestellten drei

---

387 Ebd., S.11. Zu den im Curriculum genannten Gegenwartsproblemen und Zukunftsaufgaben gehören unter anderem: "(1) der Frieden als individuelle und globale Aufgabe", "(2) die Demokratie als menschenwürdige Gesellschaftsform", "(3) die Erhaltung der natürlichen Lebensgrundlagen", "(4) der Ausgleich von Benachteiligungen von Menschen, Gesellschaften und Völkern" usw.

388 Ebd., S.13.

389 In diesem Kontext werden vor allem die islamischen Riten (Pflichtgebete usw.) und das islamisch geprägte Brauchtum (Feste zur Beschneidung oder zur Hochzeit) genannt. Ebd.

390 Auf diesen Sachverhalt wird im nächsten Kapitel detailliert eingegangen.

391 Ebd., S. 13.

Grundorientierungen ergeben. Die Grundqualifikationen, die im Folgenden vorgestellt werden, sind ebenfalls miteinander verschränkt.[392] Eine Rangfolge gibt es nicht.[393]

- Grundqualifikation 1
   "Fähigkeit zu erkennen, dass die Menschen die höchsten Wesen in Allahs Schöpfung sind, und Bereitschaft, die damit verbundene Würde jedes einzelnen Menschen allen Menschen gegenüber zu achten ...".[394]
- Grundqualifikation 2
   "Fähigkeit zu erkennen, dass die Menschen von Allah zu seinen Stellvertretern auf Erden gemacht worden sind, und Bereitschaft, in Befolgung dieses Auftrages die Schöpfung zu pflegen, den Verstand zu entwickeln und das Zusammenleben der Menschen zu verbessern...".[395]
- Grundqualifikation 3
   "Fähigkeit, die Bedeutung ethischer Aussagen des Korans für das eigene Leben und das Leben der Gemeinschaft zu erkennen, und Bereitschaft, in der islamischen Tradition Möglichkeit und Auftrag zu sehen, Gegenwart und Zukunft der Menschen mitzugestalten ... ".[396]
- Grundqualifikation 4
   "Fähigkeit und Bereitschaft, im eigenen Denken und Tun stets maßzuhalten und auch gegenüber anderen Menschen darauf hinzuwirken, dass das rechte Maß Maxime des Handelns ist ...".[397]
- Grundqualifikation 5
   "Fähigkeit und Bereitschaft, Körper und Seele als Einheit zu sehen ... ".[398]
- Grundqualifikation 6
   Fähigkeit und Bereitschaft, in Grundfragen des Lebens durch selbst erworbene Einsicht eigene Überzeugungen zu entwickeln, ... sie kritisch zu überprüfen, gegebenenfalls zu ändern und sich dabei stets von Allahs Willen leiten zu lassen ...".[399]
- Grundqualifikation 7
   "Fähigkeit, Lebenssituationen zu erkennen, die solidarisches Handeln erfordern, und Bereitschaft, Hilfsbedürftigen nach Kräften zur Seite zu stehen so-

---

392 Um die "verbindliche Rückbindung" an die Glaubensquellen des Islams deutlich zu machen, wird jede Grundqualifikation mit einer Auswahl von Koranversen vorgestellt. Ebd., S. 14.
393 Die Nummerierung dient bei der thematischen Planung als Orientierungshilfe. Alle Grundqualifikationen gelten als gleichgewichtig.
394 Ebd., S. 15.
395 Ebd., S. 16.
396 Ebd., S. 17.
397 Ebd., S. 18.
398 Ebd., S. 19.
399 Ebd., S. 20.

wie ... auch andere Menschen angemessen um Hilfe zu bitten ...".[400]
- Grundqualifikation 8
"Fähigkeit, in erfahrenen Wohltaten anderer Menschen Wohltaten Allahs zu sehen, und Bereitschaft, ihm dafür dankbar zu sein ...".[401]
- Grundqualifikation 9
"Fähigkeit und Bereitschaft, das eigene Handeln stets am Prinzip der Wahrhaftigkeit zu messen und anderen Menschen nicht zu schaden ...".[402]
- Grundqualifikation 10
"Fähigkeit zu erkennen, dass Menschen unterschiedliche Bedürfnisse und Interessen haben können, und Bereitschaft, auf die Rechte anderer zu achten und auch in Konflikten Gewalt abzulehnen sowie ... dazu beizutragen, dass unter den Menschen Ausgleich und Frieden herrschen ...".[403]

Die Bündelung und Gliederung der vielfältigen und komplexen Inhalte, die das Fach zu bearbeiten hat, erfolgt über den didaktischen Prozess der Themenbildung (*Themenorientierung*). Das Curriculum definiert Themen als sogenannte "Lernimpulse", deren pädagogische Kraft darin besteht, dass komplizierte Sachverhalte durch präzise Fragestellungen analysierbar werden.[404] Erläutert wird die Themenbildung an unterschiedlichen Sachverhalten. So wird z. B. der komplexe Sachverhalt Gebet erst durch eine besondere Fragestellung zu einem unterrichtsrelevanten Thema: "So könnten Fragen lauten: "Ist der Muslim noch ein Muslim, wenn er das Pflichtgebet nicht leistet"? oder "Weshalb beten Menschen"?."[405] Grundsätzlich gilt: Ein Thema kann nur dann entstehen, wenn eine Sache bzw. ein Sachverhalt durch eine Frage problematisiert wird. Hierbei wird in der didaktischen Konzeption hoher Wert darauf gelegt, dass die bereits skizzierten Grundorientierungen (Erfahrungs-, Gegenwarts- und Zukunftsorientierung, Orientierung an den Grundlagen des Islams sowie Qualifikationserfahrung) sich gegenseitig problematisieren können.

6.5.1.3 Aufbau der Themeneinheiten

Alle 24 Themeneinheiten für die Jahrgangsstufen 7 bis 10 orientieren sich an einer einheitlichen Grundstruktur, welche die bislang dargestellten didaktischen Elemente (Orientierungen) in einen curricularen Gesamtzusammenhang stellt.

---

400 Ebd., S. 21.
401 Ebd., S. 22.
402 Ebd., S. 23.
403 Ebd., S. 24.
404 Ebd., S. 25.
405 Ebd.

Konkretisiert wird diese Grundstruktur zu jedem Thema in einer "Reflexions- und Planungsskizze". Alle Themeneinheiten sind so konzipiert, dass sie im Unterricht den schulspezifischen Anforderungen (schuleigenes Curriculum) angepasst werden können.[406] Dies bedeutet, dass die Rahmenstruktur der Einheiten den Lehrerinnen und Lehrern beträchtliche inhaltliche Gestaltungsmöglichkeiten einräumt.[407] Allerdings sollte jede Unterrichtsplanung nach dem Willen der Curriculumentwickler auf der Grundlage der "Reflexions- und Rahmenskizze"[408] erfolgen. Nur so sei zu gewährleisten, dass in der Unterrichtspraxis alle Grundorientierungen des Curriculums ausbalanciert zur Geltung kommen. [409]

Dokumentation: Reflexions- und Planungsskizze

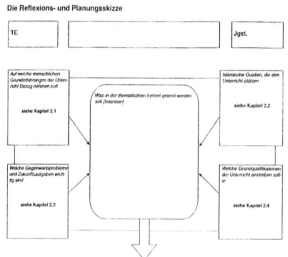

Entnommen aus: Landesinstitut (Hg.): Religiöse Unterweisung für Schülerinnen und Schüler islamischen Glaubens, 24 Unterrichtseinheiten für die Klassen 7 bis 10, S. 26

Die einzelnen thematischen Einheiten nehmen unterschiedliche inhaltliche Schwerpunktsetzungen vor. Angelehnt an den Curriculumentwurf für die Jahr-

---

406 Grundsätzlich gilt der Lehrplan für alle Schulformen der Sekundarstufe I. Zu berücksichtigen ist deshalb, dass der Unterricht dem jeweiligen Leistungsniveau der Schülerinnen und Schüler angepasst werden muss.

407 Die großen Gestaltungsräume erwiesen sich in der Vergangenheit nicht immer als vorteilhaft. Viele Lehrerinnen und Lehrer hatten aufgrund ihrer oftmals unzureichenden fachwissenschaftlichen Ausbildung große Schwierigkeiten, die Themeneinheiten angemessen in der Unterrichtspraxis zu realisieren.

408 Die "Reflexions- und Rahmenskizze" schreibt nicht vor, in welcher Reihenfolge die ausgewiesenen Orientierungen zur Geltung kommen müssen. Die Lehrerinnen und Lehrer können an jeder Stelle beginnen. Sie sollten jedoch am Ende der Themeneinheit alle Elemente einbezogen haben.

409 Ebd., S.26.

gangstufen 5 und 6[410] gibt es drei Typen von Einheiten, die sich durch den inhaltlichen Einstieg unterscheiden:

- Typ 1 setzt an der Alltagswirklichkeit der Schülerinnen und Schüler an und soll von dort zu den religiösen Grundfragen des Islams führen.
- Typ 2 beginnt mit den Grundfragen des Islams und führt diese zur Alltagswirklichkeit der Schülerinnen und Schüler.
- Typ 3 behandelt Alltagshandlungen, die mit den Grundfragen des Islams identisch sind.

Grundsätzlich soll diese Typisierung und Einteilung deutlich machen, dass die *Islamische Unterweisung* die Aufgabe hat, die Alltagserfahrungen der Schülerinnen und Schüler und die Glaubenstradition der islamischen Gemeinschaften so zu korrelieren, dass "Handlungswissen" und "Handlungsbereitschaft" entstehen, die sowohl auf die Lebensrealität als auch auf den Islam bezogen sind. Diese Form der Korrelation gilt sowohl für das Gesamtcurriculum als auch für jede Themeneinheit.[411]

6.5.1.3 Auswahl der Themeneinheiten

Nach der umfangreichen Darlegung der didaktischen Konzeption erfolgt die Herleitung und Festlegung der Themeneinheiten in einem äußerst knapp bemessenen Kapitel. Im Wesentlichen beschränken sich die Autoren auf wenige Hinweise zur Entstehungsgeschichte. So wird berichtet, die thematische Festlegung sei das Ergebnis eines "Diskussionsprozesses mit einer Vielzahl von Lehrerinnen und Lehrern", die bislang im muttersprachlichen Unterricht *Islamische Unterweisung* unterrichtet haben. Überdies habe man islamische Schulbücher aus "islamisch geprägten Ländern" ausgewertet. Unverständlich ist, warum an diesem wichtigen Punkt auf eine Skizzierung des Diskussionsprozesses und seiner Ergebnisse vollkommen verzichtet wurde. Viele wichtige Fragen, die im Kontext eines allgemeinen islamkundlichen Unterrichts gestellt werden müssen, bleiben unbeantwortet. Aus welchen Ländern wurden Schulbücher untersucht?[412] Waren an der Diskussion Lehrerinnen und Lehrer aus allen relevanten konfessionsartigen islamischen Strömungen beteiligt, die eine authentische Sichtweise ihrer jeweiligen religiösen Tradition vermitteln konnten? Waren die beteiligten Lehrerinnen und Lehrer

---

410 Landesinstitut (Hg.): Religiöse Unterweisung für Schülerinnen und Schüler islamischen Glaubens – 12 Unterrichtseinheiten für die Klassen 5 und 6 (Entwurf).
411 Ebd., S. 27.
412 Angesichts der Tatsache, dass bislang die Islamische Unterweisung in türkischer Sprache von türkischen Lehrkräften erteilt wurde, erscheint die Annahme gerechtfertigt, dass vor allem türkische Schulbücher in der Analyse der Curriculumentwickler berücksichtigt wurden.

ausreichend qualifiziert?[413] Wurden hier lebende muslimische Schülerinnen und Schüler der Sekundarstufe I befragt, welche Inhalte sie sich in einem Islamunterricht wünschen?[414] Als weiterer Mangel muss angesehen werden, dass für die Themenauswahl keinerlei Kriterien angegeben werden. Die Auswahlentscheidungen zu den 24 Unterrichtseinheiten und die Einordnung in die Jahrgangsstufen sind nicht transparent. Insgesamt erscheint die Anordnung der Themeneinheiten willkürlich und ist an manchen Punkten unverständlich. So ist z. B. nicht nachvollziehbar, dass so wichtige Themen wie: "Liebe", "Sexualität" und "Freundschaft", die für jugendliche Schülerinnen und Schüler ungeachtet ihrer ethnischen und religiösen Herkunft im Alltagsleben eine herausragende Rolle spielen, lediglich in einer Themeneinheit der Klasse 8 behandelt werden. In den Klassen 7, 9 und 10 kommen die Themen gar nicht oder nur randständig vor. Angesichts der zahlreichen Probleme, die vor allem muslimische Schülerinnen mit ihren oftmals traditionell orientierten Elternhäusern haben, ist die Nichtbehandlung der Themen in den genannten Jahrgangsstufen als schwerer Mangel einzustufen. Zu diesem Urteil muss man gelangen, wenn man die Themenbildung an den im Curriculum formulierten Ansprüchen misst. Schließlich muss in diesem Kontext auch darauf hingewiesen werden, dass die in den Themeneinheiten aufgeführten Koran- und Hadithzitate, auf die sich der Unterricht stützen soll, jeglicher Herleitung und Begründung entbehren. Dass der Verzicht auf Begründung zu manchmal zweifelhaften Ergebnissen führen kann, zeigt das folgende Kapitel, in dem die Islamdarstellung (bzw. die jeweiligen Zitatsammlungen aus Koran und Hadith) von drei Themeneinheiten einer kritischen Betrachtung unterzogen wird. [415]

6.5.1.5 Darstellung des Islams in drei ausgewählten Themeneinheiten

6.5.1.5.1 "Andere Religionen"

a) Skizzierung der Intention und der Hinweise zur methodisch-didaktischen Umsetzung
Die Themeneinheit "Andere Religionen" soll im ersten Halbjahr der Jahrgangsstufe 7 behandelt werden. Die Unterrichtseinheit zielt auf die Vermittlung folgender Lernziele (Intentionen):

---

413 Die meisten Lehrerinnen und Lehrer im muttersprachlichen-Bereich verfügen über keine fachwissenschaftliche bzw. theologische Ausbildung.

414 Die tatsächliche Verschränkung von Lebenswirklichkeit und religiöser Tradition, die das Curriculum als wesentliches Merkmal seiner Konzeption anstrebt, ist nur dann möglich, wenn die wirklichen Anliegen und Interessen der Schülerinnen und Schüler in einem hohen Maße mitberücksichtigt werden.

415 Eine inhaltliche Analyse aller 24 Themeneinheiten hätte den Rahmen dieser Studie gesprengt. Die ausgewählten drei Themeneinheiten "Andere Religionen", "Islam: Einheit in Vielheit" und "Religion und Politik" beinhalten hautsächlich Fragestellungen, die das Zusammenleben unterschiedlicher Religionsgemeinschaften zu erfassen versuchen.

- "wissen, dass der Koran den Islam als Vollendung der Religionen erklärt
- wissen, dass Juden und Christen an Allah glauben
- die Unterschiede im Glauben zwischen Muslimen, Juden und Christen sowie Angehörigen anderer Religionen erkennen und mit ihnen den friedlichen Dialog suchen
- bereit sein, den Islam mit Verstand und Liebe zu vertreten".[416]

Die Thematisierung anderer Religionen in der *Islamischen Unterweisung* hat – so die didaktischen und methodischen Hinweise – zwei grundlegende Bedeutungen: "Zum einen geht es um das Kennenlernen von Glaubensinhalten, die dem eigenen Glauben fremd sind."[417] Hierbei sollen neben dem Christentum auch die jüdische Religion, der Buddhismus und der Hinduismus zur Darstellung gebracht werden. Zum anderen geht es für die in Deutschland lebenden Muslime auch darum, "sich als Mitglieder einer Religion, der im Vergleich zur übrigen religiös orientierten Bevölkerung in diesem Land nur eine Minderheit angehört, in ein Verhältnis zur Religion und zur religiös geprägten Kultur der Mehrheit zu setzen, das heißt, sich in ein Verhältnis zu setzen zu Christentum und christlicher Kultur."[418]

In der Realisierung der Unterrichtsreihe sollen die Lehrerinnen und Lehrer den Schwerpunkt auf ein "konkretes interreligiöses und interkulturelles Zusammenleben" legen. Hierbei bilden in der inhaltlichen Gestaltung des Unterrichts die Begriffe "Dialog" (im Sinne der ursprünglichen Wortbestandteile, die sowohl Distanziertheit als auch Zusammenführung beinhalten), "Zusammenleben", "Begegnung" und "Auseinandersetzung" ein gemeinsames Leitmotiv.[419] Insgesamt soll in dieser Unterrichtsreihe deutlich werden, dass ein friedvolles interkulturelles Zusammenleben auf einem balancierten "Wechselspiel zwischen Distanz und Aufeinanderzugehen" beruht. Für den konkreten Unterricht bedeutet dies, dass die Schülerinnen und Schüler zunächst ihre eigenen Erfahrungen mit einer weitgehend nichtmuslimischen, christlich geprägten Umwelt kritisch reflektieren sollen. Hierbei wird es als wichtig angesehen, dass die Schülerinnen und Schüler in ihrer Lebenswelt, in der islamische Werte und Forderungen der nichtmuslimischen Mehrheitsgesellschaft oftmals unvermittelt gegenüberstehen, zu einem "eigenen Standpunkt" gelangen. Im weiteren Unterricht sollen die Schüler Kenntnisse über die christlichen Konfessionen und andere Religionsgemein-

---

416 Ebd., S. 41. Die Skizzierung beschränkt sich auf die Darstellung der "Lernziele" (Intention). Die in der Planungsskizze enthaltenen Grundorientierungen werden abgesehen vom Modul "Islamische Quellen, die den Unterricht stützen" nicht weiter thematisiert.
417 Ebd., S. 45.
418 Ebd.
419 Ebd.

schaften erlangen. Überdies soll das Verhältnis von Islam und anderen Religionsgemeinschaften in einer "historischen Betrachtungsweise" kritisch dargelegt werden. Hierbei soll deutlich werden, dass die Geschichte eine Vielzahl von Beispielen für ein gutes, aber auch konflikthaftes Zusammenleben kennt. Erst nach
Abschluss der historischen Exkurse sollen die Schülerinnen und Schüler sich mit
den islamischen Quellen - konkret den Aussagen des Korans zum Verhältnis des
Islams und der Muslime zu Christentum und Judentum – auseinandersetzen.[420]

b) Islamische Quellen

Die islamischen Quellen, auf die sich der Unterricht stützen soll, stammen in
dieser Themeneinheit ausschließlich aus dem Koran. Da die Zusammenstellung
kritisch kommentiert werden soll, erfolgt an dieser Stelle eine vollständige Dokumentation. Islamische Quellen in der Themeneinheit 14:

Glaube an Gott
"Diejenigen, die glauben, und diejenigen, die Juden sind, und die Christen und die
Sabier, all die, die an Gott und den Jüngsten Tag glauben und Gutes tun, erhalten
ihren Lohn bei ihrem Herrn, sie haben nichts zu befürchten, und sie werden nicht
traurig sein." (Koran: Sure 2,62)
Auseinandersetzung zwischen den Religionen
"Die Juden sagen: "Die Christen haben keine Grundlage." Und die Christen sa-
gen: "Die Juden haben keine Grundlage." Dabei lesen sie alle das Buch. Auch
diejenigen, die unwissend sind, äußern sich in der gleichen Weise. Gott wird am
Tag der Auferstehung zwischen ihnen über das urteilen, worüber sie uneins waren." (Koran: Sure 2,113)
Verschiedene Gemeinschaften, verschiedene Religionen
"Und jede Gemeinschaft hat einen Gesandten. Wenn ihr Gesandter zu ihnen
kommt, wird zwischen ihnen in Gerechtigkeit entschieden, und ihnen wird nicht
Unrecht getan." (Koran: Sure 10,47)
"Und wenn Gott gewollt hätte, hätte Er sie zu einer einzigen Gemeinschaft
gemacht. Aber er lässt in seine[421] Barmherzigkeit eingehen, wen Er will ..." (Ko-
ran: Sure 42,8)
"Und sie sagen: "Werdet Juden oder Christen, so folgt ihr der Rechtleitung."
Sprich: "Nein, wir folgen der Glaubensrichtung Abrahams, als Anhänger des
reinen Glaubens; und er gehört nicht zu den Polytheisten." (Koran: Sure 2,135)

---

420 Ebd.
421 Die Koranzitate werden im Lehrplan in einer nicht einheitlichen Groß- und Kleinschreibung
    wiedergegeben.

"Sie sind nicht alle gleich. Unter den Leuten des Buches gibt es eine aufrechte Gemeinschaft. Sie verlesen die Zeichen Gottes zu verschiedenen Nachtzeiten, während sie sich niederwerfen." (Koran: Sure 3,113)

Gemeinsamkeiten

"Als die Engel sagten: "Oh Maria, Gott verkündet dir ein Wort von Ihm, dessen Name Christus Jesus, der Sohn Marias, ist; er wird angesehen sein im Diesseits und Jenseits, und einer von denen, die in der Nähe Gottes zugelassen sein werden." (Koran: Sure 3,45)

"Sie glauben an Gott und an den Jüngsten Tag. Sie gebieten das Rechte und verbieten das Verwerfliche und eilen zu den guten Dingen um die Wette. Sie gehören zu den Rechtschaffenen." (Koran: Sure 3,114)

"Dann ließen Wir nach ihnen unseren Gesandten folgen. Und wir ließen Jesus, den Sohn Marias, folgen und ihm das Evangelium zukommen ..." (Koran: Sure 57,27)

Unterschiede

"Und diejenigen, denen das Buch zugekommen ist, haben sich erst gespalten, nachdem das deutliche Zeichen zu ihnen gekommen ist." (Koran: Sure 98,4)

"Christus, der Sohn Marias, ist nichts anderes als ein Gesandter; vor ihm sind etliche Gesandte dahingegangen. Seine Mutter ist eine Wahrhaftige. Beide pflegten, Speisen zu essen. Siehe, wie wir ihnen die Zeichen deutlich machen, und dann siehe, wie sie sich abwenden lassen." (Koran: Sure 5,75)

"Oh ihr Leute des Buches, übertreibt nicht in eurer Religion und sagt über Gott nur die Wahrheit. Christus Jesus, der Sohn Marias, ist doch nur der Gesandte Gottes und sein Wort, das er zu Maria hinüberbrachte, und ein Geist von Ihm. So glaubt an Gott und seine Gesandten. Und sagt nicht: Drei ... " (Koran: Sure 4,171)

"Und sie sagen:" Gott hat sich ein Kind genommen." "..." (Koran: Sure 2,116)

"... und weil sie sagten: "Wir haben Christus Jesus, den Sohn Marias, den Gesandten Gottes getötet. "Sie haben ihn aber nicht getötet und sie haben ihn nicht gekreuzigt, sondern es erschien ihnen eine ihm ähnliche Gestalt ..." (Koran: Sure 4,157)

"Die Juden und die Christen sagen: "Wir sind die Söhne Gottes und seine Lieblinge." Sprich: "Warum peinigt Er euch dann für eure Sünden? Nein, ihr seid Menschen von denen, die Er erschaffen hat ..." (Koran: Sure 5,18)

Islam

"Heute habe Ich eure Religion vervollkommnet und Meine Gnade an euch vollendet, und ich habe daran Gefallen, dass der Islam eure Religion sei ..." (Koran: Sure 5,3)[422]

---

422 Ebd., S. 42 f.

Betrachtet man die vorliegende Zitatsammlung in ihrer stichwortartigen Einteilung unter rein quantitativen Gesichtspunkten, so ist zunächst zu konstatieren, dass die Lehrplanentwickler um eine ausgewogene Darstellung bemüht waren, die Gemeinsamkeiten und Unterschiede gleichermaßen berücksichtigt. Dieser Eindruck verfestigt sich auch nach einer ersten Lektüre. Bereits das erste Zitat vermittelt den Eindruck, dass nach islamischer Auffassung Christen, Juden und Muslime, die an "Gott und den Jüngsten Tag glauben" und hierbei noch Gutes tun, den Pfad der Rechtgläubigkeit beschreiten und dafür belohnt werden (Sure 2,62). Bei der weiteren Lektüre wird zwar deutlich, dass es neben einer Reihe von Gemeinsamkeiten (z. B. Sure 3,45) auch unüberwindliche Unterschiede zwischen den Religionsgemeinschaften gibt – so etwa die christliche Dreifaltigkeitslehre (Sure: 4,171), die aus muslimischer Sicht vollkommen inakzeptabel ist. Insgesamt betrachtet kann jedoch festgehalten werden, dass eine Akzeptanz der christlichen und jüdischen Religionsgemeinschaften durch den Koran deutlich geboten ist, schließlich heißt es in Sure 42,8: "Und wenn Gott gewollt hätte, hätte Er sie zu einer einzigen Gemeinschaft gemacht".

Das "Islambild", das durch die Zitatauswahl gezeichnet wird, ist aus religionspädagogischer Hinsicht sicherlich zu begrüßen, geht es doch in der *Islamischen Unterweisung* darum, einen fruchtbaren interreligiösen und interkulturellen Dialog herbeizuführen. Jedoch muss an dieser Stelle gefragt werden, ob die von den Curriculumentwicklern intendierte Auseinandersetzung stattfinden kann ohne die kritische Erwähnung der koranischen Quellen, die im gleichen Kontext diametral entgegengesetzte Interpretationen und Schlussfolgerungen ermöglichen. Hinzu kommt, dass ein nicht unerheblicher Teil der Muslime im Kontext "andere Religionen" sicherlich andere Koranzitate benennen würde. So kann z. B. an der Stelle von Sure: 2,113 ("Und wenn Gott gewollt hätte, hätte Er sie zu einer einzigen Gemeinschaft gemacht.") auch die Sure: 5,48 zitiert werden, die in der es ebenfalls heißt: " Und wenn Gott gewollt hätte, hätte Er euch zu einer einzigen Gemeinschaft gemacht."[423] Jedoch kann dieser Vers nicht als Beleg für islamische "Toleranz" gegenüber anderen Religionsgemeinschaften angeführt werden, denn er fordert wenige Zeilen später die Menschen auf, sich zwischen den Bekenntnissen zu entscheiden ("Entscheide zwischen ihnen nach dem, was Gott [dir] herabgesandt hat ..."). Hierbei lässt der Koran keinen Zweifel daran, dass die Bekenntnisse einander nicht ebenbürtig sind, schließlich heißt es: "Sag, ihr Menschen! Ich bin der Gesandte an euch alle ..." (Sure: 7,158) und: "Als [einzig wahre] Religion gilt bei Gott der Islam." (Sure: 3,19).[424]

---

423 Die folgenden Koranzitate sind entnommen aus: Paret, Rudi: Der Koran, Stuttgart / Berlin / Köln, 5 Aufl., 1989.

424 Spuler-Stegemann: Muslime in Deutschland – Nebeneinader oder Miteinander?, S. 287 f.

Die heterogene Quellenlage in Bezug auf nichtislamische Religionsgemeinschaften, die in der Zitatsammlung des Curriculums nicht ausreichend kenntlich
gemacht wird, erweist sich als besonders problematisch in Bezug auf das islamisch-jüdische Verhältnis, das in Themeneinheit "andere Religionen" ebenfalls
ausführlich behandelt werden soll. Hierbei stellt sich seit einigen Jahren konkret
das Problem, dass viele Muslime das islamisch-jüdische Verhältnis auf der Folie
des Palästinakonflikts missdeuten. Fast in der gesamten islamischen Welt ist seit
dem Beginn der sogenannten *Al-Aqsa-Intifada* im Oktober 2000 eine sukzessive
Ausbreitung antisemitischer Verschwörungsphantasien zu beobachten. War der
Antisemitismus bis vor wenigen Jahren noch ein Phänomen, welches sich in der
islamischen Welt und in den Ländern mit einer großen muslimischen Minderheit
auf nationalistisch und islamistisch gesonnene Organisationen und deren Umfeld
beschränkte, so erstreckt er sich heute zunehmend in alle Teile der Gesellschaft.
Als Beleg hierfür kann z. B. die mit antijüdischen Ausfällen angereicherte Eröffnungsrede des ehemaligen malaysischen Premierministers Mahathir angeführt
werden, die er zur Eröffnung der Islamischen Weltkonferenz am 16. Oktober
2003 hielt und die von den versammelten Regierungsvertretern aus immerhin 57
islamischen Staaten mit Beifall aufgenommen wurde.[425] Leider finden solche
Antisemitismen auch bei vielen hier lebenden muslimischen Migranten immer
mehr Zuspruch. Deniz Yüksel, Gründer der Initiative *Migrantische Initiative gegen
den Antisemitismu*s, stellte in einem Interview mit der Berliner *Tageszeitung* fest,
"dass sich islamistisches und antisemitisches Gedankengut auch unter Einwanderern verbreitet. Auch bei Migranten ohne explizit islamistischen Hintergrund trifft
man sehr häufig auf die Vorstellung, "das Weltjudentum" sei für alles Übel in der
Welt verantwortlich. Diese Tendenz gibt es seit geraumer Zeit in vielen Vierteln
Berlins, die damit für jüdische Mitbürger gefährlich werden."[426] Die Ergebnisse
einer im Dezember 2003 von dem *European Monitoring Centre on Racism and Xe-
nophobia (EUMC)* teilpublizierten Studie zu Antisemitismus in 15 europäischen
Staaten, die vom *Zentrum für Antisemitismusforschung der TU-Berlin* angefertigt wurde,
zeigen, dass Yüksels Einschätzung der Gefährdungslage keine Dramatisierung
darstellt. Die Gefahr für jüdische Mitbürger ist real. In der Studie heißt es: "Physi-
sche Attacken auf Juden sowie die Entweihung oder Zerstörung von Synagogen

---

425 Darin heißt es z.B.: "Die Europäer haben 6 von 12 Millionen Juden getötet. Aber heute beherrschen die Juden diese Welt mittels ihrer Stellvertreter. Sie lassen andere für sich kämpfen und
sterben." in: Mahathir, Mohammad: Eröffnungsrede zur Islamischen Weltkonferenz vom 16. Oktober 2003, unter: http://www.fr-aktuell.de/ressorts/nachrichten_und_politik/dokumentation
/?cnt=327065 (12.11.03).
426 Tageszeitung vom 22. November 2003.

waren Taten, die in der Erfassungsperiode oft von jungen muslimischen Tätern begangen wurden.[427]

Die vor allem unter muslimischen Migranten verbreiteten antijüdischen Verschwörungsphantasien entstammen in der Regel dem modernen europäischen Antisemitismus und haben ursprünglich mit dem Islam nichts zu tun. Seit 1956 gibt es jedoch in der islamischen Welt Bestrebungen, die säkularen Ideologien entnommenen Verschwörungsphantasien an die koranischen Quellen rückzubinden. Bekannt und berüchtigt ist in diesem Kontext vor allem Muhammad Sayyid Tantawi, nach wie vor die höchste muslimische Autorität der *Al-Azhar Universität*, der in der islamischen Welt über einen sehr großen Einfluss verfügt. Tantawi veröffentlichte bereits im Jahr 1966 in Kairo seine Schrift "Die Söhne Israels in Koran und Sunna". In dieser Hetzschrift erscheinen die Juden als ewige Feinde des Islams und auch der rechtgläubigen Menschheit. Zur Begründung werden neben Koraninterpretationen vor allem die "Protokolle der Weisen von Zion" angeführt, die Tantawi als authentische jüdische Quelle anführt.[428] Das Gefährliche an dieser Melange ist die antijüdische Neuinterpretation einiger koranischer Suren, die die Auseinandersetzung des Propheten Muhammads mit den medinensischen Juden beschreiben. Im Verbund mit antisemitischen Verschwörungsphantasien erhalten Verse wie: "Hast du nicht jene gesehen, die einen Anteil an der Schrift erhalten haben? Sie erkaufen den Irrtum und wollen, dass du vom Weg abirrst" (Sure: 4,44) oder "Und weil sie den Bund brachen, haben wir sie verflucht. Und wir machten ihre Herzen verhärtet, so dass sie die Worte (der Schrift) entstellten und sie von der Stelle, an die sie gehörten, wegnahmen ... Und du bekommst von ihnen immer wieder Falschheit zu sehen." (Sure: 5,13) eine sehr problematische Konnotation.

Angesichts dieser Entwicklungen, die bislang außerhalb interessierter Fachkreise kaum zur Kenntnis genommen wurden, kommt ein Islamunterricht, der auf einen nachhaltigen interreligiösen Dialog setzt und der zu einem friedvollen interkulturellen Zusammenleben führen will, nicht umhin, gerade auch die koranischen Verse in ihrem historischen Kontext zu thematisieren, die in den Agitationsmaterialien der Islamisten heute zu allgemeinen antijüdischen Attacken missbraucht werden. In der Problematisierung der angeführten Quellen[429] sollte für

---

427 http://eumc.eu.int/eumc/material/pub/FT/Draft_anti-Semitism_report-web.pdf   (13.12.03), und: Gessler, Philipp: "Eine Welle antisemitischer Vorfälle", Tageszeitung vom 4. Dezember 2003.

428 Nordbruch, Götz: Teuflische Feinde, in: Jungle World, Nr. 49/2001.

429 Die Auseinandersetzung Mohammads mit den medinensischen Juden findet sich in zahlreichen Versen wieder. Nach Paret ließe sich ein ganzes "Sündenregister" zusammenstellen: "Sie haben den Bund, den sie mit Gott geschlossen haben, gebrochen (4,155; 5,13) und ihre Propheten umgebracht (2,61. 91; 3,21.112. 181; 4,155; 5,70). Sie lieben Wortverdrehungen und entstellen so auch das Wort Gottes (4,46; 5,13; 2,75; 3,78). Sie sind vertragsbrüchig und verräterisch (2,100;

die Schülerinnen und Schüler deutlich werden, dass es in der islamischen Geschichte, die mehr als 1300 Jahre umfasst, in der Regel keinen religiös begründeten Antijudaismus gab, der ein friedvolles und gedeihliches Zusammenleben von Muslimen und Juden massiv in Frage gestellt hätte.[430]

6.5.1.5.2 "Islam: Einheit in Vielheit"

a) Skizzierung der Intention und der Hinweise zur methodisch-didaktischen Umsetzung
Die Themeneinheit "Islam: Einheit und Vielheit" soll nach der curricularen Einordnung in der neunten Jahrgangsstufe behandelt werden. Die Unterrichtseinheit zielt auf die Vermittlung folgender Lernziele (Intentionen):

- "die Frage nach Einheit und Vielheit in der islamischen Gemeinschaft untersuchen und erörtern"
- die Entstehungsgeschichte von Sunna und Schia kennenlernen
- sich über die Unterschiede zwischen den religiösen Auffassungen von Sunna und Schia informieren
- fähig und bereit sein, den Dialog mit anderen islamischen Orientierungen als der eigenen zu suchen und zu führen
- bereit sein zu akzeptieren, dass andere Menschen andere religiöse Meinungen haben können.[431]

Im Rahmen der Themeneinheit sollen die Schülerinnen und Schüler "die vielfältigen Ausdrucksformen des Islams als Religion" und den historischen Prozess der Ausdifferenzierung der konfessionsartigen Strömungen (Sunna, Schia usw.) kennen lernen. In der "Substanz" soll es in der Unterrichtsreihe "um das gegenseitige Bedingungsverhältnis von Einheitsbewusstsein und Vielfalt in der konkreten Praxis der Ausübung der Religion gehen." Nach Ansicht der Autoren ist die Erörterung des "Bedingungsverhältnisses" in diesem Unterrichtsabschnitt von zentraler Bedeutung, da es ein wesentlicher Grund und zugleich "Ausdruck für

5,13) und hören auf Lügen (5,41f)." Paret, Rudi: Mohammed und der Koran, Stuttgart / Berlin / Köln 1991, 7. Aufl., S. 118. und: Bouman, Johan: Der Koran und die Juden – Geschichte einer Tragödie, Darmstadt 1990, S. 93 ff.
430 Über weite Strecken der islamischen Geschichte war eher das Gegenteil der Fall. Ein sehr gutes Beispiel für eine überaus tolerante Religionspolitik ist hier die Aufnahme der sefardischen Juden durch die Osmanen Bayezid II im Jahr 1492. Gerade die Schülerinnen und Schüler, deren Eltern aus der Türkei stammen, können an Hand dieses Beispiels positiv Bezug nehmen auf einen wichtigen historischen Aspekt ihrer Herkunftskultur und lernen, dass das friedliche uns gedeihliche Zusammenleben verschiedener Religionsgemeinschaften in weiten Teilen des Osmanischen Reiches bis zur Damaskusaffäre 1840 selbstverständlich war. Kiefer, Michael: Antisemitismus in den islamischen Gesellschaften – der Palästinakonflikt und der Transfer eines Feindbildes, Düsseldorf 2002, S. 37 ff.
431 Landesinstitut (Hg.): Religiöse Unterweisung für Schülerinnen uns Schüler islamischen Glaubens – 24 Unterrichtseinheiten für die Klassen 7-10 (Entwurf), S.154.

die Toleranz im Islam" sei. Anhand von ausgewählten Beispielen sollen die Schülerinnen und Schüler herausarbeiten, in welchen Fragen der Islam überall in der
Welt "unverkennbar derselbe ist". Hierbei gehen die Autoren davon aus, dass
folgende Merkmale festgestellt werden können:

- "den Glauben an den einen und einzigen Gott (Koran: Sure 112),
- den Glauben an den Koran,
- den Glauben an Hz. Muhammad als den Gesandten Allahs und letzten Propheten,
- die Anerkennung der fünf Säulen des Glaubens und die
- Anerkennung von Mekka als Mittelpunkt der islamischen Gemeinschaft."[432]

Vor allem der letzte Punkt – Mekka als Mittelpunkt der islamischen Gemeinschaft
– soll im Unterricht ausführlich behandelt werden. Die Schülerinnen und Schüler
können z. B. durch die authentische Erzählung eines Hadschis erfahren, dass in
Mekka während der Hadsch keine Unterscheidung vorgenommen wird, welcher
Richtung ein Pilger angehört. Vielmehr symbolisiert Mekka die "soziale und ethnische Gleichheit unter den Gläubigen".[433]

   Neben der Behandlung dieser eher allgemeinen Aspekte von Einheit und
Vielheit besteht im Unterricht auch die Aufgabe, die offenen religiösen Spaltun-
gen zu erörtern. Hierbei sollen die Schülerinnen und Schüler einen Überblick
über die historischen Ereignisse der Trennung und die wesentlichen Differenzen
zwischen Sunna und Schia erhalten. Ausgehend von diesem Basiswissen sollten
im weiteren Unterricht die verschiedenen Strömungen des Islams in Deutschland
Gegenstand des Unterrichts sein. Im Rahmen dieser Thematisierung wünscht das
Curriculum eine ausführliche Darstellung der alevitischen Glaubensgemeinschaft,
die unter den deutschen Muslimen eine bedeutende Minderheit darstellen. Ideale
Voraussetzungen für eine authentische Begegnung sind dann gegeben, wenn
alevitische Schülerinnen und Schüler an der Lerngruppe teilnehmen. Diese nehmen jedoch häufig an der *Islamischen Unterweisung* teil, ohne ihre religiöse Orientierung bekannt zu geben. Die Gründe hierfür sehen die Autoren in "der Angst vor
Diskriminierung". Hier hat der Unterricht die Aufgabe, gerade auch diesen Schülerinnen und Schülern "die Freiheit der religiösen Anschauung" zu garantieren.[434]

   Als Grundprinzip bei der Auseinandersetzung mit den verschiedenen islamischen Strömungen setzt das Curriculum das Prinzip der Toleranz: "Die Schülerinnen und Schüler sollen nicht in Rechthaberei eingeübt werden. Vielmehr geht

---

432 Ebd., S.157.
433 Ebd.
434 Ebd., S. 158.

es darum zu akzeptieren, dass andere Menschen andere Auffassungen haben und haben können."[435]

Abschließend weisen die didaktisch-methodischen Erläuterungen darauf hin, dass dem Thema "Einheit in Vielheit" in einer nichtmuslimischen Gesellschaft, in der viele Menschen Vorurteile gegen den Islam hegen, eine große Bedeutung zukommt.

Grundsätzlich soll die ganze Unterrichtsreihe zu einer "persönlichen Stärkung" beitragen, in dem sie differenzierte Kenntnisse vermittelt. Diese sollen die Schülerinnen und Schüler im Dialog dazu befähigen, in ihrem Lebensumfeld gegen weit verbreitete Vorurteile zu argumentieren.

b) Islamische Quellen

Die islamischen Quellen, die das Curriculum zur Stützung des Unterrichts anführt, stammen in dieser Themeneinheit wiederum ausschließlich aus dem Koran. Wie bei der ersten Themeneinheit erfolgt auch hier eine vollständige Dokumentation.

Islamische Quellen der Themeneinheit 30:

Monotheismus

"Und euer Gott ist ein einziger Gott, es gibt keinen Gott außer Ihm, dem Erbarmer, dem Barmherzigen." (Koran: Sure 2,163)

Zusammenhalt und Toleranz

"Und haltet allesamt am Seil Gottes fest und spaltet euch nicht. Und gedenkt der Gnade Gottes zu euch, als ihr Feinde wart und Er Vertrautheit zwischen euren Herzen stiftete, so dass ihr durch seine Gnade Brüder wurdet" (Koran: Sure 3,103)

"Die Gläubigen sind ja Brüder. So stiftet Frieden zwischen euren beiden Brüdern und fürchtet Gott, auf dass ihr Erbarmen findet." (Koran, Sure 3,103)

"Die gläubigen Männer und Frauen sind untereinander Freunde. Sie gebieten das Rechte und verbieten das Verwerfliche, verrichten das Gebet und entrichten die Abgabe und gehorchen Gott und seinem Gesandten" (Koran: Sure 9,71)

"Und gehorchet Gott und seinen Gesandten, und streitet nicht miteinander, sonst würdet ihr verzagen, und eure Durchsetzungskraft würde auch schwinden ..." (Koran: Sure 8,46)[436]

Vergleicht man unter rein quantitativen Gesichtspunkten die Zitatsammlung der Unterrichtsreihe "Islam: Einheit und Vielheit" mit den aufgeführten islamischen

---

435 Ebd.
436 Ebd., S. 155.

Quellen der anderen Themeneinheiten, so ist zu konstatieren, dass die Quellenbasis, auf die sich der Unterricht stützen soll, erheblich schmaler ausfällt als in den anderen Themeneinheiten. Die unter den Stichwörtern "Monotheismus" und "Zusammenhalt und Toleranz" aufgeführten Koranzitate, die nur einen kleinen Teil des Themenrahmens abdecken, beziehen sich mehrheitlich auf den Aspekt "Einheit". Auffällig ist, dass zum Terminus "Vielheit", der in den methodisch didaktischen Hinweisen ausführlich besprochen wird, keine islamischen Quellen genannt werden. Hier stellt sich im Hinblick auf das Lernziel "Toleranz" (bzw. "bereit sein zu akzeptieren, dass andere Menschen andere religiöse Meinungen haben können."[437]) die Frage, warum das Curriculum bei der Herleitung eines so wichtigen Lernziels gänzlich auf die Unterstützung islamischer Quellen verzichtet. Aus meiner Sicht unverzichtbar ist in diesem Kontext zumindest der Hinweis auf den häufig zitierten Vers "In der Religion gibt es keinen Zwang" (Koran: Sure 2,257). Als eine weitere wichtige Quelle könnte die vielzitierte Prophetenüberlieferung "Meinungsunterschiede in meiner Gemeinde sind eine Gnade"[438] angesehen werden. Gerade an diesem Zitat kann deutlich gemacht werden, dass es Meinungspluralität (z. B. in der Rechtsprechung) zu allen Zeiten der islamischen Geschichte gegeben hat - oder wie Mathias Rohe es formuliert: "Die Ansichten der Rechtsgelehrten waren und sind nur eine – sicherlich gewichtige Meinung – im Konzert der Interpretationen".[439]

Für die Lebensrealität der Schülerinnen und Schüler hat die in der islamischen Tradition begründete Meinungspluralität eine hohe Relevanz. Anschauungsmaterial für diese These bietet die seit einigen Jahren in Frankreich und Deutschland sehr kontrovers geführte "Kopftuchdebatte". Im Zentrum der innermuslimischen Debatte steht seit vielen Jahren die Frage, ob das Tragen des Kopftuches eine religiöse Pflicht darstellt. Folgt man der Erklärung des *Zentralrats der Muslime in Deutschland e. V. (ZMD),* ist diese Frage mit einem unstrittigen "Ja" zu beantworten, denn für die meisten muslimischen Frauen "ist das Tragen des Kopftuches eine aus eigener Entscheidung ausgeübte religiöse Pflicht".[440] Begründet wird diese Sichtweise mit dem Koran. Darin heißt es nach der Übersetzung von Bubenheim / Elyas: "... sie (die Frauen) sollen ihre Kopftücher auf den Brustschlitz ihres Gewandes schlagen und ihren Schmuck nicht offen zeigen .. " (Koran: Sure 24,31).[441] Diese Form der Übersetzung – und dies findet in der Grundsatzerklä-

---

437 Ebd., S. 154.
438 "Inna ikhtilafa ummati rahma", nach Rohe ein vermutlich apokryphes Hadith. Rohe, Mathias, Der Islam-Alltagskonflikte und Lösungen, Freiburg / Basel / Wien 2001, S.24.
439 Ebd. S. 25.
440 Erklärung des ZMD zum Kopftuch vom 20. Oktober 2003, unter:
    http://islam.de/print.php?site=articles&archive=zmdpressemitteilungen&article_number=1815
    (17.12.03).
441 Ebd., S. 6.

rung des *ZMD* keine Erwähnung – ist bereits eine Interpretation. In der arabischen Fassung kommt der Begriff Kopftuch nicht vor. In Sure 24,31 sind die Begriffe zu den konkreten Ausführungen eher unklar. Sie sollen etwas von ihrem "khumur" über ihre "ğuyub" decken. Beide Begriffe bezeichnen Kleidungsstücke. Jedoch ist nicht ganz klar, welche Kleidungsstücke im Vers benannt werden. Konkret bedeutet dies, dass sich aus dem Koran nicht unmittelbar eine "Kleiderordnung" ablesen lässt.[442] An diesem Sachverhalt ändert auch die oftmals angeführte Tatsache nichts, dass in vielen islamischen Ländern die Auffassung verbreitet ist, dass Frauen in der Öffentlichkeit ihr Haupthaar zu bedecken haben.[443] Gerade an diesem Beispiel besteht die Möglichkeit, den Schülerinnen und Schülern zu vermitteln, dass manche religiös begründeten Verbote und Gebote nicht immer unmittelbar aus dem Koran hervorgehen. Zu vielen Fragen gibt es aufgrund interpretatorischer Spielräume keine einheitlichen Regelungen.

In Bezug auf das Lernziel "Toleranz" ist die Behandlung der alevitischen Glaubensgemeinschaft vermutlich ebenfalls kein leichtes Unterfangen. Obwohl die Aleviten mit geschätzten 20 Prozent unter den türkischen Zuwanderern eine beträchtliche Minderheit darstellen, sind sie in vielen Unterrichtsgruppen nicht vertreten bzw. geben sich als Aleviten nicht zu erkennen. Dies geschieht nicht zuletzt – wie im Curriculum durchaus richtig angemerkt wird - aus "Angst vor Diskriminierung". Die alevitische Religionsgemeinschaft blickt in der Türkei auf schwere Verfolgungen zurück. Immer wieder ist es auch in der jüngeren Vergangenheit zu blutigen Auseinandersetzungen mit sunnitischen Muslimen gekommen. Zuletzt forderten 1995 Unruhen in Istanbul 30 Todesopfer.[444] Vielen traditionell orientierten sunnitischen Muslimen sind die Auffassungen der Aleviten und ihre religiöse Praxis in einem hohen Maße suspekt. Die Aleviten, die über kein einheitliches religiöses Dogma verfügen, lehnen die fünf Säulen des Islams ab. Aleviten dürfen Alkohol trinken und Schweinefleisch essen. Sie kennen keine Moscheen und verrichten nicht das Freitagsgebet. Aus der Sicht des orthodoxen sunnitischen Islams verstoßen die Aleviten mit den genannten "Verfehlungen" in einem eklatanten Ausmaß gegen die Grundlagen der islamischen Religionsauffassung und bewegen sich somit außerhalb des Islams. Diese Auffassung vertritt z. B. die *Islamische Religionsgemeinschaft Hessen*, die in einer Stellungnahme mitteilte: "Die Aleviten können nicht zur Weltgemeinschaft der Muslime gerechnet werden, weil fundamentale Iman-Inhalte wie u. a.:

---

442 Rohe: Der Islam-Alltagskonflikte und Lösungen, S.136.
443 Salah, Eddine, Ben Abdid: The Schari'a Between Particularism and Universality, In: Ferrari / Bradny (Hg.), Islam and European Legal Systems, Aldershot 2000. S.11 ff.
444 Spuler-Stegemann, Muslime in Deutschland – Nebeneinander oder Miteinander?, S. 55.

"Der Iman an Allah ..., seine Einheit und Einzigkeit/Tauhid, sowie- die Verpflichtung zur Praxis der gottesdienstlichen Handlungen von ihnen abgelehnt bzw. in Frage gestellt werden."[445]

Prekärer Weise folgt das Curriculum einer ähnlichen Definitionslogik, ohne jedoch hieraus Schlussfolgerungen zu ziehen. In den didaktisch-methodischen Hinweisen wird konstatiert, "dass es zur Beschreibung der überall gültigen Substanz des Islams keiner komplizierten Theologie bedarf." Die Schülerinnen und Schüler könnten "ohne Hilfe" folgende "Merkmale der Einheit" feststellen: "den Glauben an den einen Gott ... , den Glauben an den Koran, den Glauben an Hz. Muhammad als den Gesandten Allahs ... , die Anerkennung der fünf Säulen des Glaubens und die Anerkennung von Mekka als Mittelpunkt der Gesellschaft."[446] Mit dieser Auflistung der "überall gültigen Substanz des Islams" überschreitet das Curriculum m. E. deutlich die Grenzen eines islamkundlichen Unterrichts, der in seiner Substanz multikonfessionell ausgerichtet sein muss.[447] Vor dem Hintergrund der als gültig gesetzten zentralen Merkmale des Islams wird die Auseinandersetzung mit der alevitischen Glaubensrichtung das angestrebte Ziel eines freien innerreligiösen Dialogs mit hoher Wahrscheinlichkeit verfehlen.

6.5.1.5.3 "Krieg und Frieden"

a) Skizzierung der Intention und der Hinweise zur methodisch-didaktischen Umsetzung

Die Themeneinheit "Krieg und Frieden" soll nach der curricularen Einordnung ebenfalls in der neunten Jahrgangsstufe behandelt werden. Die Unterrichtseinheit zielt auf die Vermittlung folgender Lernziele (Intentionen):

- "erörtern, warum Menschen Kriege führen
- sich bewusst machen, welche Folge Kriege haben
- untersuchen, was der Koran zu Krieg und Frieden sagt
- erörtern, weshalb Muslime Kriege geführt haben
- Ideen entwickeln für eine Welt in Frieden"[448]

Angesichts der zahlreichen kriegerischen Auseinandersetzungen, die in den letzten Jahrzehnten unendlich viel Leid über die betroffenen Menschen gebracht

---

445 zit. in: Lemmen, Thomas: Islamische Organisationen in Deutschland, unter: http://library.fes.de/fulltext/asfo/00803006.htm#E9E6 (17.12.03).

446 Landesinstitut (Hg.): Religiöse Unterweisung für Schülerinnen uns Schüler islamischen Glaubens – 24 Unterrichtseinheiten für die Klassen 7-10 (Entwurf), S.157.

447 Grundsätzlich sollte an dieser Stelle auch angemerkt werden, dass es nicht die Aufgabe einer staatlichen Curriculumskommission sein kann, Aussagen darüber zu treffen, was islamisch oder unislamisch ist. Derartige Definitionen können nur innerhalb der islamischen Religionsgemeinschaften vorgenommen werden.

448 Ebd., S.159.

haben, kann nach Auffassung des Curriculums "heute niemand mehr den Krieg als mögliches Mittel der Politik propagieren. Vielmehr muss alles getan werden, um Frieden zu schaffen und Frieden zu erhalten."[449] Ausgehend von dieser als zentral gesetzten Zukunftsaufgabe haben Schule und Unterricht dafür Sorge zu tragen, dass in konflikthaften Auseinandersetzungen die Bewahrung des Friedens als "einzige Option" anzusehen ist. Bei der Bewältigung dieser Aufgabe konstatiert das Curriculum gerade für den Religionsunterricht bzw. für den religionskundlichen Unterricht eine besondere Verantwortung, die sich aus zwei Gründen herleitet: "Zum einen wurden und werden in der Geschichte und Gegenwart viele Kriege im Namen der Religion geführt. (...) Zum anderen ist der religiöse Unterricht der einzige Ort in der Schule, an dem die Schülerinnen und Schüler ihre individuelle Religiosität thematisieren können." Dadurch besteht die Möglichkeit und Chance, dass die Frage nach dem friedlichen Zusammenleben der Menschen an der Basis der "moralischen Werteentwicklung" der Jugendlichen gestellt werden kann.[450]

Im Rahmen der Themeneinheit soll den Schülerinnen und Schülern in "besonderer Weise" Gelegenheit geboten werden, sich mit dem historischen Verständnis von Krieg und Frieden in der islamischen Geschichte und Tradition auseinandersetzen zu können. Hierbei sieht das Curriculum die besondere Notwendigkeit, dass im Unterricht wichtige koranische Aussagen zu Krieg und Frieden und die Begriffe "dschihad", "harb" und "salam" in das Zentrum des Unterrichts gerückt werden. In diesem Kontext sollen die Schülerinnen und Schüler die historische Situation, in der der Koran herabgesandt wurde, kritisch erarbeiten und sich mit den Ursachen und Begründungen der Kriege, die Muhammad führte, auseinandersetzen.[451]

Im Rahmen der Unterrichtsreihe sieht das Curriculum auch die Einbeziehung aktueller Ereignisse vor, die z. B. in Kooperation mit dem Politikunterricht behandelt werden können. Jedoch sollte bei der weiteren Durcharbeitung der Themeneinheit darauf geachtet werden, dass im Unterricht auch Konflikte angesprochen werden, die die Schülerinnen und Schüler selbst schon erlebt haben. Hierbei ist vor allem zu erkunden, wie Niederlagen, Siege oder Kompromisse und damit verbundene Gefühle (Wut, Rachegefühle usw.) erlebt und seelisch verarbeitet wurden. Den Schülerinnen und Schülern soll ausgehend von diesen Grunderfahrungen die Möglichkeit geboten werden, sich in Menschen hinein zu versetzen, "die schuldlos unter Kriegen zu leiden haben", und die "Frage nach der Würde

---

449 Ebd., S. 163.
450 Ebd.
451 Ebd.

des Menschen" zu stellen. All dies sollte vor dem Hintergrund des durch die islamische Tradition überlieferten Menschenbildes kritisch reflektiert werden.[452]

Eine weitere wichtige Frage bei der moralischen Bewertung von Kriegen ist nach Auffassung der Autoren in der "Frage nach Angriff oder Verteidigung" zu sehen. Hierbei beschreibt das Curriculum vor allem die Notwendigkeit, sich kritisch mit dem Begriff "Befreiungskrieg" auseinander zusetzen. Die Schülerinnen und Schüler sollen erkennen, dass eine konsequent an Gewaltlosigkeit orientierte Grundhaltung auch aus humanitärer Sicht in ein Dilemma geraten kann, welches nicht wegdiskutiert werden kann, sondern "moralischer Entscheidungsfähigkeit und Entscheidungsbereitschaft" bedarf.[453]

b) Islamische Quellen
Die islamischen Quellen, die in der Themeneinheit "Krieg und Frieden" in den Unterricht miteinbezogen werden sollen, wurden ausschließlich dem Koran entnomen. Wie in den vorangegangenen Unterrichtseinheiten erfolgt auch hier eine vollständige Dokumentation. Islamische Quellen der Themeneinheit 31:

Töten
"Und wer einen Gläubigen vorsätzlich tötet, dessen Lohn ist die Hölle" (Koran: Sure 4,93)

"Aus diesem Grund haben Wir den Kindern Israels vorgeschrieben: Wenn einer jemanden tötet, jedoch nicht wegen eines Mordes oder weil er auf der Erde Unheil stiftet, so ist es, als hätte er die Menschen getötet. Und wenn jemand ihn am Leben erhält, so ist es, als hätte er die Menschen alle am Leben erhalten ..." (Koran: Sure 5,32)

Frieden
"Und wenn sie sich dem Frieden zuneigen, dann neige auch du dich ihm zu und vertraue auf Gott. Er ist der, der alles hört und weiß. Und wenn sie dich nicht betrügen wollen, so genügt dir Gott. Er ist es, der dich mit seiner Unterstützung und mit den Gläubigen gestärkt und zwischen ihren Herzen Vertrautheit gestiftet hat ... " (Koran: Sure 8,61-63)

"Wenn zwei Gruppen von den Gläubigen einander bekämpfen, so stiftet Frieden zwischen ihnen..." (Koran: Sure 49,4)

"Und Friede sei auf dem, der der Rechtleitung folgt." (Koran: Sure 20,42)

"Und die Diener des Erbarmers sind die, die demütig auf der Erde umhergehen und, wenn die Törichten sie anreden, sagen: 'Frieden' ." (Koran: Sure 20,42)

---

452 Ebd., S. 164.
453 Ebd.

Geduld

"O ihr, die ihr glaubt, sucht Hilfe in der Geduld und im Gebet. Gott ist mit den Geduldigen." (Koran: Sure 2,163)

"O ihr, die ihr glaubt, seid geduldig miteinander standhaft und einsatzbereit. Und fürchtet Gott, auf dass es euch wohlergehe." (Koran: Sure 3,200)

"Wahrlich, wenn einer geduldig ist und vergibt, so gehört dies zur Entschlossenheit in den Anliegen."[454] (Koran: Sure 42, 43)

"O mein lieber Sohn, verrichte das Gebet, gebiete das Rechte und verbiete das Verwerfliche, ertrage geduldig, was dich trifft ... " (Koran: Sure 31,17)

Sich selbst helfen

"Und die, die sich selbst helfen, nachdem ihnen Unrecht getan wurde, können nicht belangt werden. (Koran: Sure 42,41)

Vergebung

"Sie sollen verzeihen und nachlassen. Liebt ihr es nicht, dass Gott euch vergibt? Gott ist voller Vergebung und barmherzig." (Koran: Sure 24,22)

"So gehorche nicht den Ungläubigen und setze dich damit (mit dem Koran) gegen sie mit großem Einsatz." (Koran: Sure 25,52)

Die unter den Stichwörtern "Töten", "Frieden", "Geduld", "Sich selbst helfen" und "Vergebung" gesammelten Koranzitate zeigen auf, dass in der islamischen Gemeinschaft die Bewahrung des Friedens als eine wichtige Aufgabe angesehen wird, die von allen gläubigen Muslimen mit "Geduld", "Entschlossenheit" und "großem Einsatz" erfüllt werden sollte.[455] Unter den im Curriculum aufgeführten religionspädagogischen Gesichtspunkten und unter der Prämisse, dass in Konfliktsituationen nur friedenserhaltende Maßnahmen als Handlungsoption angesehen werden können, ist die dokumentierte Auswahl sicherlich zu begrüßen. Dies gilt vor allem auch im Hinblick auf die authentischen Konflikterfahrungen der Jugendlichen, die im Rahmen der Unterrichtsreihe ausführlich zur Sprache kommen sollen.

Aus historischer Sicht und unter Einbeziehung der aktuell stattfindenden Konflikte, die z. B. in Palästina, dem Irak oder Afghanistan von islamistisch gesonnenen Kombattanten in einem religiösen Begründungszusammenhang geführt werden, stellt sich jedoch die Frage, ob die vorliegende Verssammlung zum Themenfeld "Krieg und Frieden" für eine ausgewogene und wirklichkeitsnahe Erörte-

---

454 Die im Lehrplan wiedergegebene Übersetzung von Sure 42, 43 ist unverständlich. Zum besseren Verständnis sei hier Parets Übersetzung von Sure 42, 43 zitiert: "Wenn einer geduldig ist und (erlittenes Unrecht) vergibt, ist das eine (gute) Art Entschlossenheit zu zeigen (?)."

455 Ebd., S. 160 f.

rung[456] im Unterricht geeignet ist. Fast alle aufgeführten Verse können als Option für gewaltfreie Auseinandersetzungsformen angeführt werden. Was ist jedoch mit den Versen, die entgegengesetzte Schlussfolgerungen zulassen? Wie sehr die Auffassungen in dieser gewichtigen Frage in der islamischen Umma auseinandergehen, lässt sich an den heterogenen Darlegungen zum Begriff "dschihad" aufzeigen, der – so eine Forderung des Curriculums – im Unterricht ausführlich behandelt werden soll. Zahlreiche Muslime vertreten die Lehre vom "großen" und vom "kleinen dschihad". Der "große dschihad" bezeichnet darin die Anstrengungen des Gläubigen um einen individuellen Lebensentwurf, der mit den Grundsätzen des Islams im Einklang steht, wohingegen der eher unbedeutende "kleine dschihad" den bewaffneten Kampf zu Verteidigungszwecken bezeichnet. Diese auf einem Ausspruch des Propheten basierende Lehre, die sich derzeit großer Popularität erfreut, wird allerdings von vielen militanten islamischen Bewegungen abgelehnt.[457] Zur Begründung wird sich unter anderem auf den oft zitierten "Schwertvers" berufen, in dem es heißt: "Und wenn nun die heiligen Monate abgelaufen sind, dann tötet die Heiden, wo (immer) ihr sie findet, greift sie, umzingelt sie und lauert ihnen überall auf! Wenn sie sich aber bekehren, das Gebet verrichten und die Almosensteuer geben, dann lasst sie ihres Weges ziehen! Gott ist barmherzig und bereit zu vergeben." (Koran: Sure 9,5) In einem ähnlichen Sinn gedeutet wird auch der folgende Vers: "Es ist euch vorgeschrieben, (gegen die Ungläubigen) zu kämpfen, obwohl es euch zuwider ist. Aber vielleicht ist euch etwas zuwider, während es gut für euch ist und vielleicht liebt ihr etwas, während es schlecht für euch ist. Gott weiß Bescheid, ihr aber nicht." (Koran: Sure 2, 216)

Als besonders schwierig dürfte sich in diesem Kontext die im Curriculum geforderte Auseinandersetzung zum Terminus "Befreiungskrieg" gestalten. Da eine abstrakte Erörterung zu diesem Begriff in der 9. Jahrgangsstufe wohl kaum möglich ist, wird der Unterricht vermutlich nicht umhinkommen, konkrete Beispiele wie den Palästinakonflikt ins Zentrum des Unterrichts zu rücken, der seit dem Ausbruch der Zweiten Intifada in der gesamten islamischen Welt mit einem sehr hohen Maß an Aufmerksamkeit und emotionaler Beteiligung verfolgt wird. Als problematisch ist hierbei anzusehen, dass der militante Widerstand der Palästinenser gegen die israelische Besatzungsmacht, in dessen Namen in den vergangenen zwei Jahren auch zahlreiche Terroranschläge durchgeführt wurden, von ei-

---

456 Hierbei gilt das für jeden religionskundlichen Unterricht gültige Grundprinzip, dass alle in der Religionsgemeinschaft kontrovers diskutierten Fragen auch im Unterricht in ihrer Vielfalt wiedergespiegelt werden sollten.
457 Reichmuth, Stefan: Thema Jihad – Die Muslime und die Option der Gewalt in Religion und Staat. in: Landesinstitut für Schule (Hg.): Zweite Fachtagung "Islamische Unterweisung" als eigenständiges Unterrichtsfach in deutscher Sprache, Schulversuch, 15. bis 16. November 2001 im Landesinstitut für Schule NRW, Bericht und Dokumentation, Soest 2002, S. 27.

nem beträchtlichen Teil der islamischen Öffentlichkeit als legitimer dschihad für die Befreiung Palästinas gutgeheißen und unterstützt wird. Diese Position vertrat z. B. im Jahr 2002 mehrheitlich die *Islamische Weltkonferenz*, der insgesamt 57 islamische Staaten angehören.[458] Hierbei teilt man durchaus die Grundauffassung, dass der dschihad – sofern er sich gegen die Okkupanten von muslimischem Territorium richtet – für jeden Muslim als eine individuelle Pflicht angesehen werden sollte.[459] Diese Position, die in großen Teilen der islamischen Welt Zustimmung findet, zeigt, dass Koranverse, Prophetentradition und Rechtslehre durchaus auch in Anspruch genommen werden, um den Kampf gegen "Okkupanten" oder die eigene "unislamische" Regierung zu legitimieren. Angesichts der Tatsache, dass die skizzierten "bellizistischen" Koraninterpretationen bei zahlreichen Muslimen in wachsendem Ausmaß Zustimmung finden, sollte gerade ein auf Friedenserhalt orientierter Islamunterricht die kritische Auseinandersetzung mit "dschihadistischen" Positionen suchen. Hierbei kann für die jugendlichen Schülerinnen und Schüler deutlich werden, dass die Muslime in ihrem individuellen Verhältnis zur Umwelt über beträchtliche Spielräume verfügen. Darüber hinaus können sie in Erfahrung bringen, dass das islamische Recht in vielen Bereichen keine eindeutigen Vorgaben macht, sondern eher gleichwertige Alternativen bereithält.[460]

6.5.1.6 Zwischenfazit

Die Themenauswahl, die inhaltliche Gestaltung der Einheiten und die aufgeführten islamischen Quellen im Curriculumentwurf der Jahrgangsstufen 7 bis 10 orientierten sich in der Konzeptionsphase Mitte der 90er Jahre ausschließlich an den Erfordernissen eines islamkundlichen Unterrichts, der im Rahmen des muttersprachlichen Unterrichts zu erteilen war.[461] Aus heutiger Sicht bzw. aus der Perspektive eines allgemeinen islamkundlichen Unterrichtes, der in der Stundentafel gleichberechtigt neben dem evangelischen und katholischen Religionsunter-

---

458 Die Konferenz, die im April 2002 in Kuala Lumpur stattfand, weigerte sich generell Angriffe auf Zivilisten als Terrorhandlungen zu verdammen. Stattdessen ließ man verlauten: "Wir weisen jeden Versuch zurück, die islamischen Staaten sowie den Widerstandskampf des palästinensischen und libanesischen Volkes mit Terrorismus in Verbindung zu bringen." in: Die Tageszeitung vom 3. April 2002.

459 Diese Sicht der Dinge ist in der Hamas-Charta von zentraler Bedeutung. Darin heißt es: "An dem Tag, an dem die Feinde ein Territorium der Muslime erbeuten, wird der Dschihad individuelle Pflicht für jeden Muslim. Angesichts des Raubes Palästinas durch die Juden ist es unausweichlich, das Banner des Dschihad zu entfalten." zitiert in: Meier, Andreas: Politische Strömungen im modernen Islam, Bonn 1995 (Sonderausgabe der Bundeszentrale für politische Bildung) S. 130.

460 Reichmuth, S.36.

461 Zunächst für türkische Schülerinnen und Schüler.

richt angesiedelt ist, entspricht das Curriculum nicht mehr den erweiterten Anforderungen.

Gegen eine Weiterverwendung spricht vor allem die fehlende "mehrkonfessionelle Dimension" der Themeneinheiten, die gerade in den höheren Klassen der Sekundarstufe I dazu führen kann, dass sich die Schülerinnen und Schüler, die anderen konfessionsartigen Strömungen angehören, ausgeschlossen fühlen. Die Themen bzw. Unterrichtsinhalte werden durchgängig aus einer ausschließlich sunnitischen Perspektive betrachtet. Den Auffassungen der Aleviten und Schiiten wird lediglich eine randständige Position zugebilligt, die in der Themeneinheit "Islam, Einheit in Vielheit" dargelegt wird.[462] Als problematisch kann auch die mitunter einseitige Annäherung an die Themenfelder angesehen werden. So werden in der Themeneinheit "Krieg und Frieden" ausschließlich die Koranverse zitiert, die mit der Intention der Unterrichtseinheit im Einklang stehen. Diese Vorgehensweise mag von einem pädagogischen Standpunkt verständlich erscheinen, verstößt aber gegen das sogenannte "Kontroversitätsprinzip", wonach alles, was in einer Religionsgemeinschaft als strittig angesehen wird, auch im Unterricht als strittig dargestellt werden sollte. In diesem Kontext ist ebenfalls die keiner Methodik folgende Quellenauswahl kritisch zu hinterfragen. Die Themeneinheiten stützen sich bis auf wenige Ausnahmen ausschließlich auf Koranverse. Aufgrund welcher Kriterien die Auswahlentscheidungen getroffen wurden, bleibt, wie bereits einleitend dargestellt, zumeist unklar. Hinzu kommt, dass der reichhaltige Fundus an islamischen Quellen nur in einem kaum nennenswerten Ausmaß genutzt wird. Der Hadith und die vielfältigen literarischen Quellen, die aufzeigen könnten, dass in der islamischen Welt in allen Epochen mit vielen unterschiedlichen Stimmen gesprochen wurde, kommen faktisch nicht vor.

Ein weiterer gewichtiger Kritikpunkt liegt darin, dass einige Themeneinheiten die Anliegen, Wünsche und Ängste der jugendlichen Schülerinnen und Schüler an manchen Punkten nicht ausreichend berücksichtigen. So präsentieren die Ausführungen des Curriculums zu den Themeneinheiten "Liebe, Ehe, Familie" und "Sünde" in erster Linie die angenommene Sichtweise der Eltern.[463] Die Interessen und Bedürfnisse der Schülerinnen und Schüler, die möglicherweise im Widerspruch zum Elternhaus stehen, finden in den jeweils ausführlichen didaktischen und methodischen Hinweisen kaum Berücksichtigung.

---

462 Auch in diesem Kapitel wird die alevitische Glaubensgemeinschaft aus einer sunnitischen Perspektive betrachtet. Überdies wird – wie bereits im Kapitel "Islam, Einheit in Vielheit" dargelegt - die Zugehörigkeit der Aleviten zum Islam vermutlich unbeabsichtigt in Frage gestellt.
463 Das Curriculum fordert eine enge Kooperation mit den Eltern. Der Unterricht dürfe "auf keinen Fall" (S. 84) im Widerspruch zu den Eltern stehen. Angesichts der Tatsache, dass die Moral- und Ehrvorstellungen vieler Eltern die Freiheitsrechte vor allem der muslimischen Schülerinnen massiv einschränken, ist die gebotene Form der Zusammenarbeit in Zweifel zu ziehen.

6.5.2 Lehrplanentwurf (Kerncurriculum) für die Jahrgangsstufen 1 bis 4

6.5.2.1 Kontext der Entwicklungsarbeit

Wie bereits dargelegt, war die erste Phase der Curriculumsarbeit von 1979 bis 1997 zu keinem Zeitpunkt als ein rein islamorientiertes Arbeitsprojekt angelegt. Vielmehr gab es in den achtziger Jahren einen ständigen Austausch zwischen parallel angesiedelten Entwicklungsprojekten (Evangelische und Orthodoxe Religionslehre usw.) Die zweite Phase der Curriculumarbeit, die im Jahr 2002 mit der "Revision"[464] des alten Grundschullehrplans begann, war in einem ähnlichen multireligiösen Entwicklungsumfeld angesiedelt. In der derzeit noch laufenden Curriculumarbeit sind nach Klaus Gebauer, der die Entwicklungsarbeit im Auftrag des *Landesinstituts* erneut leitet, vier grundlegende Erfahrungen bzw. Arbeitszusammenhänge hinzugekommen:[465]

a) Im Jahr 1999 hatte eine Arbeitsgruppe des *Zentralrats der Muslime (ZMD)* und des *Islamrats* einen theologisch fundierten Grundlagenlehrplan für die Grundschule vorgelegt.[466] Damit lag erstmalig ein ausschließlich von Muslimen gestalteter deutschsprachiger Grundlagen-lehrplan vor, der als Orientierungshilfe für Neuentwicklungen genutzt werden konnte.[467]

b) Im Rahmen der Lehrplanarbeit für die *Jüdische Religionslehre*[468] wurden neue methodische Konzepte entwickelt, durch die eine "plausiblere theoretische und praxisrelevante Verbindung von Lebenswirklichkeit in der Gegenwart und Glaubenstradition bis tief in die historischen Wurzeln der Religion hinein" bewirkt werden kann.[469]

c) Weitere methodische Fortschritte ermöglichte auch die Arbeit an einer Lehrerhandreichung über die alevitische Glaubenslehre, die detaillierte Anregungen für alevitische Unterrichtsinhalte enthält.[470] Aufbauend auf den Erkennt-

---

464 Formal gesehen soll der Lehrplan lediglich einer "Revision" unterzogen werden. Die bislang vorliegenden Teile der neuen Fassung lassen jedoch erkennen, dass es sich um einen durchgehenden Neuentwurf handelt.

465 Gebauer, Klaus: Islamische Unterweisung in den Schulen des Landes Nordrhein-Westfalen, Islamunterricht, Stichworte, Thesen, Material für das Forum 4 der Konferenz "Lerngemeinschaft – Das deutsche Bildungswesen und der Dialog mit den Muslimen" in Weimar vom 13. bis 14. März 2003, S. 13.

466 Zentralrat der Muslime in Deutschland (Hg.): Lehrplan für den Islamischen Religionsunterricht (Grundschule), Köln 1999.

467 Der Lehrplan des ZMD bildet die Grundlage für den im Jahr 2003 erstellten niedersächsischen Lehrplanentwurf für den Schulversuch Islamischer Religionsunterricht.

468 Jüdische Religionslehre Sekundarstufe II (NRW 2001).

469 Gebauer: Islamische Unterweisung in den Schulen des Landes Nordrhein-Westfalen, S. 13.

470 Die vom Landesinstitut in Kooperation mit der AABF – Alevitische Gemeinde herausgegebene Handreichung: "Das Alevitentum – Informationen und Materialien für den Unterricht" (Januar 2004 nur als Vorabdruck) wird in Kapitel 6.5.4 ausführlich vorgestellt.

nissen, die bei der Lehrplanarbeit für die jüdische Religionslehre erworben wurden, gewann die Curriculumarbeit zwei "grundlegende didaktische Regulative" für die systematische Ordnung und Generierung von Unterrichtsinhalten für Religionsunterricht bzw. religionskundlichen Unterricht. Konkret bedeutet dies, dass die Ziele, Inhalte und Methoden integrativ aufeinander bezogen werden – einerseits auf die vier Lernfelder "Beziehungen des Menschen zur Natur", "zu anderen Menschen", "zu sich selbst" und "zu Gott" und andererseits auf "vier Lebenswirklichkeiten des Menschen: Körperlichkeit, Emotionalität, Intellektualität und Spiritualität."[471]

d) In der Curriculumarbeit realisiert wurden beide Regulative erstmalig in einem Lehrplan für interreligiöses Lernen an den staatlichen Schulen in Bosnien und Herzegowina, dessen Entwicklung durch Klaus Gebauer im Auftrag des *Landesinstituts* betreut wurde. Das neue Fach, das als Schulversuch durchgeführt wird und parallel zum konfessionellen Religionsunterricht erteilt wird, heißt "Kultur der Religionen".[472] Es ist ordentliches Schulfach und soll orthodoxe, muslimische und katholische Schülerinnen und Schüler mit den Unterschieden und Gemeinsamkeiten der jeweils anderen Religionsgemeinschaften bekannt machen.[473]

6.5.2.2 Didaktischer Ansatz

6.5.2.2.1 Themenfelder

Das vom *Landesinstitut* vorgelegte neue didaktische Konzept, das z. Z. in einer vorläufigen Entwurfsfassung[474] vorliegt, basiert im Wesentlichen auf den Ausführungen des bosnischen Lehrplanentwurfs.[475] Die ursprünglich für den interreligiösen Unterricht erarbeitete Konzeption wurde in den Grundzügen beibehalten. Änderungen erwiesen sich bei der inhaltlichen Gestaltung der Themenfelder als notwendig. Die Themenfelder, die im Folgenden skizzenhaft vorgestellt werden,

---

471 Gebauer: Islamische Unterweisung in den Schulen des Landes Nordrhein-Westfalen, S.14.
472 "Kultur der Religionen" in den Schulen des Landes Bosnien und Herzegowina – interreligiöser Unterricht für Muslime, Katholiken und Serbisch-Orthodoxe, Deutschsprachiger Entwurfsfassung erstellt durch das LfS, Soest 2002.
473 Gebauer: Islamische Unterweisung in den Schulen des Landes Nordrhein-Westfalen, S.14.
474 Die Ausführungen zum sogenannten Kerncurriculum für die Jahrgangsstufen 1 bis 4 basieren auf einer Materialsammlung des Landesinstituts. In: Gebauer: Islamische Unterweisung in den Schulen des Landes Nordrhein-Westfalen, S.13-32. Korrekturen und Überarbeitungen, die bis zum Juni 2004 vorlagen, wurden ab dieser Stelle berücksichtigt. Im Laufe der weiteren Entwicklungsarbeit wird es vermutlich zu geringfügigen konzeptionellen Änderungen kommen.
475 Das sogenannte Kerncurriculum wurde dem Ministerium im Dezember 2004 zur Begutachtung und Genehmigung vorgelegt. Die Veröffentlichung des Curriculums ist frühestens in der zweiten Hälfte des Jahres 2005 zu erwarten.

enthalten nach Auffassung des *Landesinstituts* die zentralen Fragestellungen der Religionen. Im Einzelnen sind dies

- "die Frage nach der Beziehung des Menschen zur Natur (Schöpfung)
- die Frage nach der Beziehung des Menschen zu anderen Menschen
- die Frage nach der Beziehung des Menschen zu sich selbst
- die Frage nach der Beziehung des Menschen zu Gott."[476]

Im Entwurf bilden die vier Fragen, die in den Unterrichtseinheiten als Themenfelder aufgeführt werden, den sogenannten "obligatorischen Kern" für die Bildung von Unterrichtsthemen.[477]

Im Themenfeld 1: *"Beziehung des Menschen zur Natur (zur Schöpfung)"* werden die Menschen als Teil der Natur beschrieben. Als wesentlich wird angesehen, dass der Mensch aufgrund seines Geistes "seine eigene Natur .. von der ihn umgebenden Natur" einschließlich seiner Mitmenschen unterscheiden kann. Hieraus folgt, dass Menschen ihr auf die Natur bezogenes Handeln bewusst erkennen können und zu verantworten haben. Ausgehend von diesen Prämissen wird konstatiert, dass der Islam die Verantwortung gegenüber der Schöpfung zum Paradigma gemacht hat. Dies wird vor allem in der "Kategorie des Menschen als Khalifa" deutlich, die die Gläubigen dazu anhält, als Sachwalter der Schöpfung eine Balance zwischen Gebrauch und Pflege zu finden. Unterrichtsgegenstände, die von diesem Feld bestimmt werden, sollten vorrangig auf die Kategorien Nutzen und Bewahren bezogen sein.[478]

Das Themenfeld 2: *"Beziehung des Menschen zu anderen Menschen"* versucht zunächst, die grundlegende Relation zwischen den Menschen formelhaft zu erfassen: "Menschen sind Menschen, weil sie sich gegenseitig als Gleiche erkennen und bewusst Gleichsein auch als Unterschiedlichsein erfahren." Gerade dieser Grunderkenntnis wird – so die weiteren Ausführungen – im Islam eine sehr große Bedeutung beigemessen. Aus der "dualen Grundform des Gegenübers von zwei Menschen wird im Islam ein Netzwerk von sozialen Beziehungen ... , es geht um Mann und Frau, um Eltern und Kinder, um Geschwister, um Ankommende und Weggehende, Lebende und Tote, um Herrschende und Beherrschte, um Täter und Leidende, um Tuende und Versorgte." Die Unterrichtsgegenstände dieses Themenfeldes sollten so beschaffen sein, dass die Schülerinnen und Schüler angeregt werden, über die "Spannung zwischen dem Leben, Wollen und Können des Einzelnen" und den Ansprüchen der Gemeinschaften nachzudenken und

---

476 Gebauer: Islamische Unterweisung in den Schulen des Landes Nordrhein-Westfalen, S. 15.
477 Ebd. S. 15 ff.
478 Ebd.

zu erkunden, welche praktischen Lebenshilfen der Islam in diesem Zusammenhang bereithält.[479]

Das Themenfeld 3 *"Beziehung des Menschen zu sich selbst"* wird bestimmt durch die Frage "Wer bin ich?". Die Antworten, die gegeben werden können, gründen jeweils auf einer Objekt-Subjekt Relation: Ich betrachte mich selbst als Objekt ohne im Akt der Betrachtung meine Subjekthaftigkeit einzubüßen. Die Problematisierung dieser Doppelexistenz gehört nach Auffassung der Autoren zu den wesentlichen Inhalten des Islams und jeder anderen Religion. Der Mensch ist "Geschöpf", also Objekt eines göttlichen Willens, und zugleich ist er als Handelnder auch stets Subjekt. In Verbindung hiermit stehen Fragen "wie nach der Spannung zwischen Vorherbestimmung und freiem Willen oder die nach Verantwortung und Gehorsam, nach Schuld und Vergebung oder die nach Tun und Lassen." [480]

Das Themenfeld 4 *"Beziehung des Menschen zu Gott"* beschreibt das besondere Verhältnis von Mensch und Gott. "Es gehört zu den grundlegenden Glaubenswahrheiten des Islams, dass der Mensch von Gott geschaffen ist. Muslime wissen, dass Gott zu den Menschen ein besonderes, herausgehobenes Verhältnis geschaffen, das heißt gewollt hat." Als zentral bestimmt wird in diesem Verhältnis die "unendliche Liebe", die Gott nach der Auffassung aller abrahamitischen Religionen seinen "Geschöpfen" entgegenbringt. Hieraus erwächst für die Religionen die "fundamentale Aufgabe, die Spirale der Gewalt, wie sie sich in vielen Teilen der Welt immer wieder empor dreht, ebenfalls immer wieder durch Ermahnung der Menschen und durch praktische Friedensarbeit zu brechen." Folglich sollten die Unterrichtsgegenstände, die von diesem Themenfeld bestimmt werden, vor allem auf die Begriffe *Menschenwürde, Gerechtigkeit, Frieden* und *Freiheit* bezogen sein.[481]

Alle vier Themenfelder, die in der didaktischen Konzeption als gleichwertig gesetzt werden, sollen im Verlauf eines Schuljahres gleichmäßig berücksichtigt werden. Hierbei wird es als sinnvoll angesehen, eine Unterrichtsreihe auf zwei bis maximal drei Themenfelder zu beziehen. Die Berücksichtigung aller Themenfelder in einer Unterrichtsreihe sollte nur mit einer "sachlich unabweisbaren Begründung" stattfinden. In der Regel sollten in einer Unterrichtsreihe daher zwei Themenfelder berücksichtigt werden.[482]

---

479 Ebd.
480 Ebd., S. 18 f.
481 Ebd.
482 Ebd. Dies gilt auch für die einzelne Unterrichtsstunde.

6.5.2.2.2 Schülerorientiertes ganzheitliches Lernen

Mit der Feststellung, dass Menschen nie nur mit dem Kopf allein lernen, rennt man in der progressiven Bildungspädagogik mittlerweile offene Türen ein. Wissenschaftliche Forschungen der letzten zehn Jahre – so die herausragenden Forschungsergebnisse von Damasio und Ciompi[483] - haben zunehmend die Bedeutung der emotionalen Komponente im Lernprozess hervorgehoben, ohne die ein Lernen nicht stattfinden kann.[484] Leider werden in der schulpädagogischen Praxis die emotionalen und körperlichen Bedingungen immer noch als Hindernis angesehen. Dies hängt auch damit zusammen, dass es für den Fachunterricht keine methodischen Konzepte gibt, die ein mehrdimensionales Lernen mit allen Sinnen ermöglichen. Grundsätzlich stellt sich auch für den Religionsunterricht bzw. religionskundlichen Unterricht die Frage, wie eine pädagogische Praxis aussehen kann, die das Körperliche und Emotionale miteinbezieht.

Im Kontext der Lehrplanentwicklung entwickelte das *Landesinstitut* unter der Federführung von Klaus Gebauer eine Konzeption des "ganzheitliches Lernens", das neben der üblichen Trias Körperlichkeit, Emotionalität und Intellektualität eine vierte sogenannte "Wirklichkeit" des Erfahrens hinzufügt: die Spiritualität. "Mit Spiritualität des Erfahrens und Lernens ist begrifflich erfasst, dass Menschen, wenn sie Neues lernen, dies immer schon in einem sinnhaften Kontext tun. Das, was sie wissen, ist sinnvoll verankert im erworbenen Wissen. Das, was hinzukommt, wird daher nicht einfach hinzugefügt oder 'addiert', sondern 'eingefügt' in bereits vorhandene Sinnzusammenhänge im Sinne von 'integriert'. "[485]

Die vier "Wirklichkeiten" oder auch "Lernwelten oder 'Lernwirklichkeiten" bilden in der Konzeption das zweite didaktische Regulativ, auf das die Inhalte der *Islamischen Unterweisung* bezogen werden sollen:

a) Unter dem Gesichtspunkt der *Körperlichkeit* soll die Unterrichtsplanung sich auf die menschlichen Sinne (Fühlen, Schmecken, Riechen, Hören und Sehen) konzentrieren. Die Schülerinnen und Schüler stehen in einer unmittelbaren Auseinandersetzung mit der "Stofflichkeit der Welt". Sie können beobachten, anfassen, beschreiben und verändern.[486]

b) Unter dem Gesichtspunkt der *Emotionalität* soll sich die Unterrichtsplanung auf die Gefühle der Menschen (Wohlbefinden, Glück, Lust, Antrieb, Furcht, Angst, Aggression usw.) konzentrieren. Gefühle gelten als Grundvoraussetzung

---

483 Damasio, Antonio, R.: Descartes Irrtum. Fühlen, Denken und das menschliche Gehirn, München 1997, und: Ciompi, Luc: Die emotionalen Grundlagen des Denkens – Entwurf einer fraktalen Affektlogik, Göttingen 1997.

484 Overmann, Manfred: Emotionales Lernen: Sentio, ergo cognosco, unter:
http://www.ph-ludwigsburg.de/franzoesisch/overmann/baf5/5m.htm (07.01.04).

485 Gebauer: Islamische Unterweisung in den Schulen des Landes Nordrhein-Westfalen, S. 20.

486 Ebd., S. 22 f.

dafür, "dass Menschen Prioritäten aufstellen können, zum einen 'ja' sagen können und zum anderen 'nein'." Im ganzheitlichen Lernen kommt der "Welt" der Emotionalität ein zentraler Stellenwert zu. Durch das "gefühlsmäßige" Umgehen mit der Welt schaffen Menschen die Voraussetzung "für intellektuelles Wahrnehmen, Entscheiden und Handeln". In diesem Kontext geht es in der *Islamischen Unterweisung* wesentlich um die Frage, wie die islamische Religion mit den Gefühlen der Menschen umgeht, wie sie ihre Botschaft über "emotionales Erleben" an die Gläubigen weitergibt. Für die Schülerinnen und Schüler geht es im Unterricht konkret darum, "die emotionale Seite der Welt vor dem Hintergrund ihrer eigenen Erfahrungen" wahrzunehmen und zu untersuchen. Hierbei ist ausdrücklich erwünscht, dass in der Unterrichtsarbeit aufkommende Gefühle in den Lernprozess mit den Mitschülerinnen und -schülern eingehen.[487]

c) Unter dem Gesichtspunkt *Intellektualität* soll sich die Planung und Gestaltung des Unterrichts auf "Untersuchen, Vergleichen und Zusammenhänge erkennen" konzentrieren. Die Schülerinnen und Schüler sollen mit "kontrollierten und kontrollierenden Verfahren" zu objektiven Aussagen über "Erscheinungen der Wirklichkeit" gelangen. Als fundamental gesetzt werden dabei u. a. "Frage und Gegenfrage, Dialog und Diskurs, Analyse, Reflexion und Offenlegung des Erkenntnisinteresses, Fähigkeit und Bereitschaft zur Argumentation und zur Begründung ..." Hierbei zielt die *Islamische Unterweisung* vor allem auf historisches und sozialwissenschaftliches Wissen. Die Schülerinnen und Schüler sollen "interreligiös vergleichend die intellektuelle Seite der Religionen kennen und befragen lernen. Sie sollen Unterschiede ausmachen und Gemeinsamkeiten finden."[488]

d) Unter dem Gesichtspunkt der *Spiritualität* soll sich die Planung und inhaltliche Gestaltung des Unterrichts u. a. auf "deuten, reflektieren, philosophieren, Sinn erkennen und Sinn stiften, ... Perspektiven wechseln, aus der Sicht anderer sehen, sich in andere hineinversetzen, verstehen, andere verstehen" konzentrieren. Als Unterrichtsmaterial nutzbar sind Geschichten, Literatur, Kunst und Musik. Thematisiert werden zentrale Aspekte "menschlich spiritueller" und insbesondere "spirituell-religiöser Wirklichkeit" wie

- "Gott, Menschentum, Leben, Leid, Tod, Geist, Leib, Seele
- Kreatürlichkeit, Natur, Naturrecht
- Religion, Glaube (...)
- Koran, andere Offenbarungen
- Heilige Gemeinschaften, Umma, Gottesvolk
- Prophetentum, Berufung, Sendung (...)"

---

487 Ebd.
488 Ebd., S. 24 f.

Die hier nur teilweise dargestellten Aspekte sollen lediglich zur Anregung dienen. Die Liste kann erweitert werden. Die Auswahl soll aufzeigen, "dass im Medium der Spiritualität die höchste Ebene menschlichen Bewusstseins und menschlichen Erlebens von Wirklichkeit zum Ausdruck kommt, und zugleich aber auch, dass sich Spiritualität nur aus der Einheit der menschlichen Existenz, als Einheit von Körper, Gefühl, Verstand und Geist verstehen lässt."[489]

6.5.2.2.3 Planung von Unterrichtsthemen

Bei der Analyse von Unterrichtsgegenständen und bei der Planung von Unterrichtsthemen sollen die skizzierten "Themenfelder" vor dem Hintergrund der "Lern- und Lebenswirklichkeiten" und reziprok diese vor dem Hintergrund der "Themenfelder" aufeinander bezogen werden. Die Curriculumkommission realisiert dies unter der Zuhilfenahme eines Rasters.

Dokumentation

Raster zur Analyse von Unterrichtsgegenständen und Planung von Unterrichtsthemen

mit Orientierungsbegriffen

	Die Beziehung des Menschen zur Natur	Die Beziehung des Menschen zu anderen Menschen	Die Beziehung des Menschen zu sich selbst	Die Beziehung des Menschen zu Gott
	Themenfeld 1	*Themenfeld 2*	*Themenfeld 3*	*Themenfeld 4*
Körperlichkeit	Gesundheit/ Krankheit - Lebewesen	Nähe und Distanz - Fortpflanzung	Individuum, Person - Mensch	Buchstaben, gesprochenes Wort, Riten
Emotionalität	Wohlgefühl, Genuss /Allergie	Zuneigung/ Ablehnung – Angenommensein/ Fremdheit	Selbstwertgefühl – Freude/Leid, Depression, Autismus	Gesang, Tanz Ehrfurcht/ Skrupellosigkeit
Intellektualität	Sorge – Ökonomie- Ökologie- Technik	Gemeinschaft – Konsens/ Konflikt Soziologie	Lernen Wissen/ Halbwissen/ Unwissen	Religion – Theologie, Textinterpretation
Spiritualität	Schöpfung – Khalifa, Pflege	Ethik – Würde, Verantwor-tung und Liebe	Identität – Selbstbewußtsein, Wille	Bekenntnis – Glaube Buch

aus: Gebauer: Islamische Unterweisung in den Schulen des Landes Nordrhein-Westfalen, S.15

---

489 Ebd.

Das dokumentierte Raster soll aufzeigen, in welcher Form eine didaktische Analyse bezogen auf die Orientierungen "Lebenswelten" und "Themenfelder" arbeiten kann. Die in den sechzehn Feldern enthaltenen "Orientierungsbegriffe" zeigen "allgemeine Aspekte" an, die bei der Entwicklung von Unterrichtsthemen hilfreich sein können. Bei der konkreten inhaltlichen Planung der Themeneinheiten erfassen die Entwürfe jeweils alle sechzehn Felder des Arbeitsrasters. Die damit gegebene erhebliche Menge an Aspekten kann in einem Unterricht, der pro Themeneinheit maximal fünf bis sechs Unterrichtsstunden aufwenden kann, natürlich nicht vollständig "abgearbeitet" werden.[490] Grundsätzlich sollen die jeweils vollständig ausgeführten Planungsraster den Lehrerinnen und Lehrern den Freiraum aufzeigen, den sie bei der Gestaltung des Unterrichts wahrnehmen können. Als verbindlich setzt der Lehrplanentwurf lediglich die Forderung, dass im Laufe eines Schuljahres alle Felder des Rasters mindestens einmal zur Geltung kommen sollen. Ausgehend von einem normalen Unterrichtsvolumen mit jeweils zwei Wochenstunden bedeutet dies, dass bei sieben Themeneinheiten, die im Unterricht pro Schuljahr behandelt werden müssen, jede Unterrichtsreihe im Durchschnitt drei bis vier Felder ansprechen kann. Die Auswahl der Felder ist den Lehrkräften überlassen. Sie sollten jedoch berücksichtigen, dass die Schülerinnen und Schüler im ersten und zweiten Schuljahr die anspruchsvolleren Lernwelten "Intellektualität" und "Spiritualität" noch nicht in der gewünschten Weise erschließen können. Deshalb ist zu erwarten, das die Lernwelten "Körperlichkeit" und "Emotionalität" den Unterricht in den Klassen 1 und 2 bestimmen.[491] Die Lernwelten "Intellektualität" und "Spiritualität" werden vermutlich erst in den Klassen 3 und 4 stärker frequentiert.[492]

6.5.2.3 Dokumentation der Themeneinheit 3 – "Unsere Moschee"

Da die Curriculumkommission ihre Entwurfsarbeit zu den meisten Themeneinheiten zum Zeitpunkt der Abfassung noch nicht abgeschlossen hatte, kann an dieser Stelle keine detaillierte Vorstellung der Themeneinheiten erfolgen. Dokumentationsfähig ist z. Z. lediglich der Entwurf einer didaktischen Analyse von Inhalten für die in der ersten Jahrgangsstufe angesiedelte Themeneinheit "Unsere

---

490 Wie umfangreich die Liste der Aspekte ausfallen kann, zeigt die Darstellung des Rasters zur Themeneinheit "Unsere Moschee", die im nächsten Kapitel dokumentiert ist.
491 Es wird aber ausdrücklich darauf hingewiesen, dass auch bereits im ersten Schuljahr zumindest ansatzweise alle "Welten" und "Themenfelder" angesprochen werden sollten. Es sei hier auch der Hinweis wiedergegeben, dass die Nummern der "Welten" und "Themenfelder" sich nicht mit den Jahrgangsstufen decken. Ebd., S. 29.
492 Ebd.

Moschee".[493] Die im Folgenden dokumentierten Raster zeigen zu allen 16 Feldern sunnitische und alevitische Inhalte in einer kontrastierenden Darstellung auf.[494] Die stichwortartigen Formulierungen in den Feldern sind in einer "Übergangssprache" zwischen fachlicher und unterrichtlicher Sprache gehalten. Der Entwurf weist ausdrücklich darauf hin, dass eine "schülergerechte Operationalisierung" der Inhalte noch zu leisten ist.[495]

---

493 Landesinstitut für Schule NRW: Islamische Unterweisung in deutscher Sprache in der Grundschule Klasse 1 bis 4 . Entwurf zur Erprobung in den Grundschulen des Landes Nordrhein-Westfalen, Fassung Oktober 2004 vor Abgabe an das Ministerium für Schule, Jugend und Kinder NRW, S. 23.
494 Die alevitischen Inhalte zu den Themeneinheiten werden in Form einer alevitischen Lehrplanvariante vermutlich erst Ende des Jahres 2005 vorliegen. Im Januar 2005 gab es lediglich einen Modellentwurf zur Themeneinheit 3, die im Folgenden dokumentiert ist.
495 Ebd.

Dokumentation

Klasse 1
Leitidee: „sehen und staunen

TE 3 „Unsere Moschee"	Das Verhältnis des Menschen zur Natur *Themenfeld 1*	Das Verhältnis des Menschen zu anderen Menschen *Themenfeld 2*	Das Verhältnis des Menschen zu sich selbst *Themenfeld 3*	Das Verhältnis des Menschen zu Gott *Themenfeld 4*
Körperlichkeit beobachten beschreiben	1 Eine Moschee besuchen. Den Raum der Moschee beschreiben (außen/innen). – Welche Form hat eine Moschee? Reinigungsräume und Schuhregale beschreiben (WBN: „Moschee")	5 Es treffen sich Menschen jeden Alters, um beten(getrennt nach Geschlechtern) und um sich zu unterhalten. (WBN: „Gebet", „Namaz", „salat")	9 Die Ordnung der Betenden in der Moschee beschreiben (beim Gemeinschaftsgebet und beim Einzelgebet) KORAN 2,144 (WBN: „Qibla", „Du'a", persönliches Gebet")	13 Aussehen und Platz des Imam (Hodscha) beobachten und beschreiben. Reinigungshaltungen vor dem Gebet beobachten und beschreiben (WBN: "Mihrab", „Mimber")
Emotionalität fühlen, spüren	2 Warum wir uns waschen. Was empfinden wir beim Waschen? Was empfinden wir, wenn wir ungewaschen sind? Bilder anschauen von Moscheen in schöner Umgebung. (WBN: „waschen", „Sauberkeit")	6 Die allgemeine Atmosphäre in einer Moschee vor und nach dem Gebet beobachten und beschreiben – Wie fühlen sich die Leute? (WBN: „Zusammengehörigkeit", „zusammen gehören")	10 Mitschüler/innen fragen, wie sie sich in der Moschee fühlen, wenn sie allein dort sind. Einen Besucher der Moschee fragen, weshalb er gekommen ist." Wie sollte man sich in der Moschee benehmen? – Weshalb? (WBN: "Ruhe")	14 Worin unterscheidet sich der Raum einer Moschee von einem normalen Wohnhaus oder von einem Bürohaus. Manche sagen, dass man den Unterschied vor allem fühlt. – Was meinen sie damit? (WBN: "Atmosphäre")
Intellektualität analysieren	3 Architektur, Schmuck und Ornamente untersuchen. Ornamente kommen besonders häufig vor, was stellen sie dar? Was bedeuten sie? Fotos und Filme von den schönsten Moscheen der Welt anschauen. (WBN: „Ornamente", „Levha")	7 Eine Mosche besuchen und die anderen Besucher fragen, warum sie in die Moschee gehen. – Alle Gründe merken. Im Türkischen sagt man zur Moschee „cami". – Was bedeutet das Wort? (WBN: „Cami")	11 Kinder, die in der Moschee Koran-Unterricht besuchen erzählten, was die Moschee für sie bedeutet. (WBN: „Hodscha", „Imam", „Faqih")	15 Den Grundriss der Moschee untersuchen. – Was bedeutet er? Warum gibt es in der Moschee keine Bilder von Menschen? - Kalligraphie in der Moschee – was bedeuten die Texte? Das Gebäude der Moschee mit dem Gebäude einer Kirche vergleichen. (WBN: „Bilderverbot", „Kirche")
Spiritualität Sinn erkennen, Ziele setzen	4 Eine Moschee von innen oder außen zeichnen/malen. – Worauf kommt es an? Wodurch unterscheidet sich die Moschee von einem normalen Haus? Was bedeutet das Minarett? Muss jede Moschee eins haben? (WBN: „Minarett")	8 Die Geschichte von Bilal, dem ersten Muezzin hören. – Was ist das Besondere an Bilal gewesen? Darüber sprechen, was der Gebetsruf für die Muslime bedeutet. Warum ist der Freitag so wichtig? (WBN: „Ezan", „Bilal", „Freitagsgebet")	12 Überlegen: Was machen Muslime, die an einem Ort leben, an dem es keine Moschee gibt? – Kann man beten auch ohne Moschee? Die Bedeutung des Worte „Moschee" kennen lernen (WBN: „Du'a", „persönliches Gebet", „Moschee")	16 Was bedeutet das Wort Moschee? Ein Foto (Luftaufnahme) von der großen Moschee in Mekka betrachten. – Was ist anders bei der Moschee in Mekka als bei den meisten anderen Moscheen? (WBN:"Kaaba", "Mekka")

WBN = Wörter – Begriffe – Namen

Entnommen aus: Landesinstitut für Schule NRW: Islamische Unterweisung in deutscher Sprache in der Grundschule Klasse 1 bis 4. Entwurf zur Erprobung in den Grundschulen des Landes Nordrhein-Westfalen, Fassung Oktober 2004, S.23.

Dokumentation

Klasse 1
Leitidee: „sehen und staunen"

TE 3 A „Unser Cem-Haus"	Das Verhältnis des Menschen zur Natur *Themenfeld 1*	Das Verhältnis des Menschen zu anderen Menschen *Themenfeld 2*	Das Verhältnis des Menschen zu sich selbst *Themenfeld 3*	Das Verhältnis des Menschen zu Gott *Themenfeld 4*
Körperlichkeit *wahrnehmen beschreiben*	**1** Ein Cem-Haus besuchen. Den Cemraum beschreiben (außen/innen) – Ein Cem-Haus basteln. (*WBN*: „Cemevi", „Cem", „Cem-Haus")	**5** Es treffen sich Menschen jeden Alters, um zusammen zu sein und gemeinsam zu beten. Über den Dede und die Vorbereitung eines Cem-Gottesdienstes sprechen (Foto, Video) (*WBN*: „sich treffen", Seele", „Dede", „Zwölf Dienste")	**9** Die Sitzordnung und die Aufgaben der teilnehmenden im Cem-Haus miteinander erleben und beschreiben. (*WBN*: „teilnehmen", „benehmen", „özünü bilmek"))	**13** Aussehen und gleiches Verhalten der Teilnehmenden während des Gebets sowie der Semah-Rituale beobachten und beschreiben. Das Entzünden des Lichts (als Symbol der Ewigkeit) bobachten und beschreiben. (*WBN*: „Gülbenk", „Gesang", „Delil")
Emotionalität *fühlen ausdrücken*	**2** Bilder im Cem-Haus anschauen. Welche Gegenstände sind im Cem-Haus anzutreffen. Die Form des Cem-Hauses anschauen und erklären. (*WBN*: „Bild", „bilden", „Symbol")	**6** Die allgemeine Atmosphäre in einem Cem-Haus vor und nach dem Cem-Gebet wahrnehmen und beschreiben. – Wie fühlen sich die Menschen? (*WBN*: „zusammenkommen", „hören", „zusammen gehören", „ge-hören")	**10** Teilnehmende an der Cem-Zeremonie befragen, wie sie sich vor und nach der Zeremonie fühlen. (*WBN*: „Einvernehmen", „rein", Reinheit", Reinheitsgefühl"t")	**14** Über das „Einswerden" im Semah-Ritual hören. – Das Semah-Ritual beobachten und mitempfinden. (*WBN*: „Semah", „Einssein", „Birleme")
Intellektualität *verstehen begründen*	**3** Die Architektur und die Gegenstände im Cem-Haus untersuchen. Welche Formen kommen besonders häufig vor? (Fotos, Videos) (*WBN*: „Buchstaben", „Stab", „Buch", „Form")	**7** Darüber sprechen, was mit dem Begriff „Einvernehmen" gemeint ist. (*WBN*: „Einvernehmen", „ein", „ver-nehmen")	**11** Darüber sprechen, was der Satz „Jeder Mensch hat eine Seele" bedeutet. (*WBN*: „Seele", „Can")	**15** Was hat das Cem-Haus mit Gott zu tun? – Das Gebäude des Cem-Hauses mit einem Kirchengebäude vergleichen. (*WBN*: „selige Stätte", „selig", „Moschee", „Kirche")
Spiritualität *Sinn erkennen, Ziele setzen*	**4** Ein Cem-Haus voninnen zeichnen. – Worauf kommt es an? Wodurch unterscheidet sich der Cem-Raum von einem normalen Wohnraum? Den Gemeinschaftscharakter des Cem-Hauses erkennen. (*WBN*: „gemeinsames Werk", „werken", „wirken", „Werk", „Werkzeug")	**8** Die Verteilung des gemeinsamen Mahls „Lokma" beobachten. Darüber sprechen, was das Wort „gemeinsam" in der Chem-Zeremonie bedeutet. (*WBN*: „Versöhnung", „Lokma")	**12** Überlegen, Wie Aleviten außerhalb des Cem-Haus für den einzelnen Menschen beten.- Was kann das Cem-Haus für den einzelnen Menschen bedeuten? (*WBN*: „Ruf nach Hak", „tevhid", „Gemeinschaft")	**16** Darüber sprechen, was das Wort „Cem" bedeutet. (*WBN*: „Cem", „zusammen", („Cami"), „Hak", „Gott", „im Herzen")

WBN = Wörter – Begriffe – Namen

Entnommen aus: Landesinstitut für Schule NRW: Entwurf einer Themeneinheit. Erarbeitet von einer Arbeitsgruppe der Alevitischen Gemeinde Deutschland e. V. (AABF), November 2004.

6.5.2.4 Zwischenfazit

Die vorgestellten Entwurfsskizzen – die sich wesentlich auf die bereits vorliegende umfangreiche didaktische Konzeption beziehen – zeigen, dass die jetzige Konzeption faktisch keine Gemeinsamkeiten mehr mit dem Grundschulcurriculum aus dem Jahr 1986 aufweist. Die vollständige didaktische und inhaltliche Neugestaltung des Entwurfs markiert in der Curriculumentwicklung des islamkundlichen Unterrichts in Nordrhein-Westfalen einen Paradigmenwechsel. Erstmalig liegt nun ein Entwurf vor, der den Islam nicht mehr als ein religiös-kulturelles Migrationsphänomen beschreibt, sondern als eine Religion, die in der hiesigen Gesellschaft neben den großen christlichen Konfessionen und dem Judentum fest verankert ist. Die Herauslösung der *Islamischen Unterweisung* aus der längst fragwürdig gewordenen curricularen Umklammerung des muttersprachlichen Unterrichts ist damit in der Primarstufe faktisch abgeschlossen. Es bleibt zu hoffen, dass Neuentwürfe für die Sekundarstufe I bald folgen.

Bemerkenswert ist, dass dem *Landesinstitut* in der Neufassung zwei weitreichende Innovationen gelungen sind. An erster Stelle muss hier das vier Lernwelten umfassende ganzheitliche Lernkonzept genannt werden. Die Lernwelten "Körperlichkeit", "Emotionalität", "Intellektualität" und "Spiritualität" erscheinen in der Unterrichtsplanung als gleichermaßen zu berücksichtigende Felder. Für die konkrete Unterrichtsgestaltung bedeutet dies, dass das bislang kaum berücksichtigte emotionale Erleben der Schülerinnen und Schüler zu einem integralen Bestandteil des Lernprozesses gemacht werden kann und soll. Im Rahmen der bislang bekannt gewordenen Lernkonzepte für einen islamischen Religionsunterricht bzw. religionskundlichen Unterricht, die eher den normativen Horizont von Koran und Sunna im Blickfeld hatten, ist dies ein Novum.

Die zweite bedeutende Innovation ist darin zu sehen, dass die Analyse- und Planungsraster der Themeneinheiten konsequent eine mehrdimensionale Perspektive aufzeigen, die sowohl sunnitische, schiitische als auch alevitische Traditionen in einer ausbalancierten Form berücksichtigt. Mit den neuen Themeneinheiten wird erstmalig eine geregelte Voraussetzung geschaffen für einen multikonfessionellen islamischen Unterricht.[496] Viele alevitische Schülerinnen und Schüler und deren Eltern, die bislang in der Regel auf eine angemessene Darstellung ihrer Glaubenswelt im Rahmen des Unterrichts verzichten mussten, werden über die Neugestaltung des Unterrichts sicherlich sehr erfreut sein.[497]

---

496 In der Praxis des Schulversuchs bestehen schon seit dem Januar 2000 multikonfessionelle Unterrichtsgruppen. Bislang gab es für einen Unterricht, der sowohl sunnitische, schiitische und alevitische Aspekte berücksichtigt, aber keine curriculare Grundlage.

497 Die in der Entwicklung befindliche alevitische Lehrplanvariante kann sowohl in der Islamischen Unterweisung als auch in einem eigenständigen alevitischen Religionsunterricht eingesetzt werden.

6.5.3 Handreichung – Islamische Begriffe im Unterricht

Als im Schuljahr 1999/2000 die *Islamische Unterweisung* eingeführt wurde, zeigte sich rasch, dass die Unterrichtssprache Deutsch in der schulischen Praxis eine Reihe von Problemen aufwarf.[498] So war z. B. unklar, wie islamspezifische Fachbegriffe zu übersetzen sind. Wird aus *Hadsch* Pilgerfahrt, aus *Zakat* Almosen und aus *Ibrahim* Abraham? Mit welchem Artikel sind die Begriffe zu versehen, sofern man auf eine Übersetzung verzichtet? Heißt es die *Hadsch* oder der *Hadsch*? Diese und andere Fragen sorgten in den ersten zwei Jahren des Schulversuchs immer wieder für Verunsicherung. Bei der Diskussion der zahlreichen terminologischen Probleme, die auf mehreren Fachtagungen und Weiterbildungsveranstaltungen am *Landesinstitut* geführt wurden, kristallisierte sich heraus, dass bei vielen islamischen Begriffen Übertragungen ins Deutsche zu problematischen Ergebnissen führen können.[499] So ist z. B. bei Zakat - in der einschlägigen Fachliteratur[500] oftmals mit Almosen wiedergegeben - eine Über-setzung ohne Bedeutungsverschiebung kaum möglich. Ein weiteres gravierendes Problem ist darin zu sehen, dass die Verwendung von deutschen Begriffen - z. B. Gott für Allah - mit unerwünschten Konnotationen aus dem christlichen Kontext einhergehen kann. Als schwierig erwies sich in diesem Zusammenhang auch die Verwendung deutscher Namen für die Prophetengestalten. Der alttestamentarische Abraham ist zwar mit dem koranischen Ibrahim als Person identisch, unterscheidet sich aber durch gewichtige lebensgeschichtliche Abweichungen. Zu berücksichtigen ist schließlich, dass Übertragungen ins Deutsche und damit einhergehende "Verfremdungen" insbesondere von den türkischen Eltern als manipulative Eingriffe verstanden werden können. Angesichts der skizzierten Probleme beschloss das *Landesinstitut* im Frühjahr 2000, alle Begriffe, deren Übertragung zu zweifelhaften Ergebnissen führen könnten, in der arabisch-koranischen Sprachgestalt zu belassen. Um zu einer möglichst einheitlichen Transkription zu gelangen, wurde im September 2001 die erste Entwurfsfassung eines Glossars vorgelegt, dessen kurz gefasste Artikel 25 islamspezifische Begriffe unter Berücksichtigung der arabischen und türkischen Schreibweise etymologisch herleiten und ihren religiösen

---

498 Alle zum damaligen Zeitpunkt tätigen Lehrkräfte, die in der Regel im Rahmen des muttersprachlichen Unterrichts tätig waren, hatten bis zum Januar 2000 noch nie ein Unterrichtsfach in Deutsch unterrichtet. Aufgrund dieses Sachverhalts und einer unzureichenden sprachlichen Vorbildung war ein Teil der Lehrerinnen und Lehrer in der Anfangsphase des Schulversuchs nicht im Stande, einen deutschsprachigen Unterricht durchzuführen, der den üblichen Standards entsprach.

499 Landesinstitut für Schule (Hg.): Islamische Begriffe im Unterricht unter Berücksichtigung der arabischen, bosnischen und türkischen Schreibweise. Kleines Glossar arabisch-islamischer Begriffe, Entwurf, zweite Fassung, September 2003.

500 So in: Hughes, Thomas: Lexikon des Islam, Dreieich 1995, S. 774.

Kontext stichwortartig darlegen.[501] Die Erprobung der ersten Entwurfsfassung zeigte rasch, dass im Glossar viele unterrichtsrelevante Begriffe fehlten. Überdies wurde von den Lehrkräften, die bosnische Schülerinnen und Schüler zu unterrichten hatten, der Wunsch geäußert, die bosnische Schreibweise in das Glossar aufzunehmen. Diesem Anliegen konnte bereits in der zweiten, deutlich erweiterten Entwurfsfassung entsprochen werden, die im September 2003 vorgelegt wurde.[502] Da auch in der aktuellen Fassung nicht alle Erweiterungswünsche berücksichtigt werden konnten, wird die Arbeit am Glossar fortgesetzt.

6.5.4 Handreichung – Das Alevitentum

6.5.4.1 Entstehungsgeschichte

Die vielfältigen Erfahrungen, die die Lehrerinnen und Lehrer im ersten Jahr[503] des Schulversuchs gesammelt hatten, zeigten, dass die Durchführung eines allgemeinen islamkundlichen Unterrichts, der das Alevitentum als eine in der Bundesrepublik bedeutsame islamische Strömung berücksichtigen sollte, sich als sehr schwierig gestaltete. Als Hauptproblem erwies sich die unbefriedigende Materiallage. Es gab in Bezug auf das Alevitenum faktisch keine authentische Literatur, mit deren Hilfe qualifizierte Unterrichtsmaterialien hätten erstellt werden können.[504] Da grundlegende unterrichtsverwertbare Informationen über das Alevitentum im Schulversuch von allen Beteiligten als unverzichtbar angesehen wurden, beauftragte das Bildungsministerium im Jahr 2001 das *Landesinstitut* mit der Erstellung einer Handreichung, die in Kooperation mit der *AABF-Alevitische Gemeinde* erarbeitet werden sollte.[505] Nach erfolgreich verlaufenden Vorgesprächen, die das *Landesinstitut* mit der *Alevitischen Gemeinde* geführt hatte, beschlossen beide

---

501 Landesinstitut für Schule (Hg.): Islamische Begriffe im Unterricht. Kleines Glossar arabisch-islamischer Begriffe, Entwurf (erste Teilfassung), September 2001.

502 Landesinstitut (Hg.): Islamische Begriffe im Unterricht unter Berücksichtigung der arabischen, bosnischen und türkischen Schreibweise.

503 Im Schuljahr 1999/2000. Der Schulversuch startete landesweit im Januar 2000.

504 Zwischenzeitlich sind einige deutschsprachige Publikationen zum Alevitentum erschienen, die authentisch über die Grundlagen des alevitischen Glaubens informieren. Zu empfehlen ist insbesondere: Kaplan, Ismail: Das Alevitentum. Eine Glaubens- und Lebensgemeinschaft in Deutschland, Köln 2004. Aus religionswissenschaftlicher Sicht empfehlenswert sind die Arbeiten von: Dressler, Markus: Die alevitische Religion: Traditionslinien und Neubestimmungen, Würzburg 2002. Und: Engin, Ismail; Erhard, Franz (Hg.): Aleviler / Alewiten, Cilt/Band 1: Kimlik ve Tarih / Identität und Geschichte, Cilt/Band 2: Inanç ve Gelenekler / Glaube und Traditionen, Cilt / Band 3: Siyaset ve Örgütler / Politik und Organisationen, Hamburg 2000-2001.

505 Die Alevitische Gemeinde – AABF ist eine Dachorganisation, die 1991 von in Deutschland lebenden Aleviten gegründet wurde. Der AABF sind nach Eigenangaben derzeit 96 alevitische Gemeinden angeschlossen. Umfassende Informationen zur Alevitischen Gemeinde bietet: http://www.alevi.com.

Kooperationspartner die Einrichtung einer paritätisch besetzten vierköpfigen Arbeitsgruppe.[506] Diese konnte nach einem zwei Jahre andauernden Diskussions- und Arbeitsprozess im Sommer 2003 eine erste Entwurfsfassung vorlegen.

Grundsätzlich soll die Schrift alle interessierten Lehrerinnen und Lehrer – auch außerhalb des Schulversuchs - dazu befähigen, "das Alevitentum in fachlich qualifizierter Weise zum Gegenstand des Unterrichts zu machen." Zugleich soll die Handreichung die alevitischen Lehrerinnen und Lehrer anregen, in Kooperation mit der *Islamischen Unterweisung* und dem christlichen Religionsunterricht alevitischen Schülerinnen und Schülern Inhalte anzubieten und so "zur Erhaltung und Vermittlung von Kenntnissen über deren eigene Religion beizutragen."[507]

Die Handreichung, die in den folgenden Kapiteln in ihren wichtigsten Aspekten skizziert wird, besteht aus zwei Teilen. Der erste Gliederungspunkt umfasst ein ausführliches Interview, das Klaus Gebauer und Metin Özsinmaz mit dem Vorstandsmitglied der alevitischen Gemeinde, Faysal Ilhan, führten. Die zahlreichen Fachtermini und Namen, die im Interview auftauchen, werden im Text bzw. am Textrand in zum Teil umfangreichen lexikonartigen Artikeln erläutert. Der zweite Teil der Handreichung erörtert mögliche Perspektiven eines alevitischen Religionsunterrichts in Nordrhein-Westfalen und präsentiert grundlegende Informationen zu den Zielen und Inhalten eines derartigen Unterrichts. Um zu veranschaulichen, wie diese im Unterricht zur Wirkung kommen, wird abschließend ein detailliert ausgeführter Unterrichtsentwurf vorgestellt, der mit umfangreichen Arbeitsmaterialien ausgestattet ist.

6.5.4.2 Interview mit Faysal Ilhan

Das vierzig Seiten umfassende Interview mit dem Vorstandsmitglied der *AABF*, Faysal Ilhan[508], ist angelegt als ein lockerer Leitfaden, der durch die alevitische Glaubenslehre und Geschichte führt. Die im gelegentlich sprunghaften Gesprächsverlauf benannten Ereignisse, Institutionen, Rituale und Personen werden, sofern sie für das Verständnis des Alevitentums als relevant angesehen werden, in

---

506 Für die Alevitische Gemeinde nahmen Ismail Kaplan und Dilek Öznur teil. Das Landesinstitut war durch Klaus Gebauer und Metin Özsinmaz vertreten.

507 Landesinstitut für Schule NRW / AABF-Alevitische Gemeinde (Hg.): Das Alevitentum – Informationen und Materialien für den Unterricht, Soest 2003 (Vorabdruck). Die Seitenangaben des Vorabdrucks, der das vorgesehene Bildmaterial noch nicht enthält, werden mit der später publizierten Fassung (Drucklegung in der zweiten Jahreshälfte 2005) vermutlich nicht übereinstimmen.

508 Faysal Ilhan studierte in Ankara Türkisch, Geschichte und Geographie und war in der Türkei in der ethnologischen Regionalforschung tätig. Ilhan ist Gründungsmitglied der Alevitischen Föderation, dem Vorläufer der heutigen AABF. In Deutschland war er in verschiedenen türkischen und alevitischen Organisationen u. a. im Bereich der Jugendarbeit tätig. Vgl. Landesinstitut für Schule NRW / AABF-Alevitische Gemeinde (Hg.): Das Alevitentum. Informationen und Materialien für den Unterricht, S. 15.

ausführlichen Exkursen erläutert. Die in den folgenden Abschnitten skizzierten Darlegungen Ilhans erheben keinen Anspruch auf Vollständigkeit. Die Zusammenfassung beschränkt sich auf die m. E. zentralen Fragestellungen. [509]

Zunächst kreist das Gespräch um die grundlegenden Fragen: Was ist ein Alevit, und wie gelangte das Alevitentum nach Anatolien? In seiner Antwort führt Faysal Ilhan u. a. aus, dass eine "authentische Beschreibung des Alevitentums" konstatieren müsse, dass die Wurzeln des Alevitentums[510] bereits in der Zeit des Propheten Muhammad "und vor allem in der Zeit des Kalifen Hz. Ali liegen".[511] Seinem Selbstverständnis nach sei das Alevitentum eine Glaubensrichtung, "die im Garten des Islams" zu Hause und die durch den vierten Kalifen Ali geprägt worden sei. Die Aleviten glaubten, dass Mohammed den Islam in der Form des Alevitentums weitergegeben habe. Schließlich sei Ali der engste Vertraute des Propheten gewesen. Ein Alevit sei ein Anhänger dieser Glaubensrichtung. Seinen Namen trage er in Verehrung von Ali.[512] Die Frage, wie nun das Alevitentum nach Anatolien gekommen sei bzw. was Ali mit Anatolien zu tun habe, beschäftige die heutigen Aleviten sehr. Im alevitischen Glauben werde davon ausgegangen, dass die Nachfahren von Ali nach "dem Massaker von Kerbela sich der Unterdrückung durch die siegreichen Umayyaden entzogen und in Chorasan ... eine neue Heimat fanden." Dort – dies könne als historisch gesichert gelten – habe das Alevitentum Kontakt zu türkischen Einwanderern gefunden. Diese hätten dann den Islam in "alevitischer Interpretation" übernommen. Dabei sei es auch zur Übernahme der "vorislamischen Tradition der Dedes als religiöse Lehrer des Volkes" gekommen. Im Alevitentum führten sie diese Funktion als Repräsentanten der alevitischen Glaubensrichtung weiter. Die Dedes stellten bis heute die "geistige und personelle Kontinuität" in der alevitischen Glaubensrichtung dar.[513]

Nach der Skizzierung der frühen Entstehungsgeschichte des Alevitentums, die hier nicht weiter dargestellt werden soll, fragen die Vertreter des Landesinstituts nach der Rolle von Hadschi Bektasch Veli, der nicht selten als der eigentliche

---

509 Insgesamt gibt es 28 erläuternde Artikel, z. B. zu "Ali", "Kerbela", "Muhammad", "Dede", "Yunus Emre", "Saz" usw.

510 Den in der wissenschaftlichen Diskussion vorkommenden Begriff "Alevitismus" lehnt Faysal entschieden ab. Die korrekte Bezeichnung laute "Alevitentum". Dieser Begriff sei im deutschen Sprachgebrauch in Anlehnung an die Begriffe "Judentum" und "Christentum" geprägt worden. Ebd., S. 8 .

511 Ali – 'Alī, Vetter und Schwiegersohn des Propheten, war der vierte der sogenannten rechtgeleiteten Kalifen. Er wurde 661 ermordet. Für die Schiiten, zu denen formal auch die Aleviten gehören, hat Ali eine besondere Bedeutung. Er gilt als Stammvater der Imame.

512 Ebd.

513 Ebd., S.9 ff.

Begründer des Alevitentums in Anatolien angesehen wird[514]. In seiner ausführlichen Antwort beschreibt Ilhan zunächst die schwierige Situation, in der sich das Alevitentum im vierten Jahrhundert nach der Hidschra befunden habe. Die Einwanderung nach Anatolien habe zu einer "Zerstreuung der Glaubenstradition" geführt. Nur ein geringer Teil der türkischen Westwanderer bekannte sich zum Alevitentum. Erst Hadschi Bektasch hätte sich bemüht, die durch die Migration bedingte Zerstreuung zu überwinden. Hadschi Bektasch sei als "kraftvoller Ordner" aufgetreten, dem es gelungen sei dem Alevitentum eine "gesellschaftliche Gestalt und Identität" zu geben. Hadschi Bektasch – und dies könne nicht deutlich genug gesagt werden – werde von den Aleviten in "keiner Weise als Religionsgründer verehrt ... sondern als Ordner des auf dem Glauben und der Lehre des Hz. Ali basierenden wahren Glaubensweges." Oftmals werde der Ordner einer Religion als ihr Gründer bezeichnet. Dieses Missverständnis liege daran, dass viele Menschen Glauben und Religion nicht unterscheiden können. Überdies sei vielen Menschen die Unterscheidung zwischen Religion und Religionsgemeinschaften unklar, und es käme zu Verwechselungen. Der Glaube sei eine Sache der einzelnen Menschen. Die Religion hingegen sei der gemeinsame Glaube einer Gemeinschaft, und die Religionsgemeinschaft sei schließlich die "institutionell gefügte gemeinschaftliche Form einer Religion". Lediglich an der letzten Stufe habe Hadschi Bektasch gearbeitet. Grundsätzlich gelte, dass der Islam keinen Gründungsakt kenne. Vielmehr sei der Islam "ein Geschenk Gottes an die Menschen."[515]

Im weiteren Gesprächsverlauf fokussieren die Fragestellungen des *Landesinstituts* das grundlegende Verhältnis von Alevitentum und sunnitischem Mehrheitsislam. Zunächst wird der Vertreter der alevitischen Gemeinde gebeten, die bedeutsamen Unterschiede zwischen sunnitischem und alevitischem Glauben zu benennen. Ilhan führt aus, dass insbesondere im Hinblick auf die fünf Säulen des Islams eine unterschiedliche Auslegung bestehe. Trotz vieler Übereinstimmungen

---

514 Hadschi Bektasch Veli – Hacı Bektaş Veli (ca. 1209 – 1295), gilt als der Gründer des anatolischen Alevitentums. Nach der Niederlage des Aufstandes der Baba Ishak bei Amasya im Jahr 1240, in dem sich alevitisch gesonnene Turkmenen gegen die seldschukische Herrschaft auflehnten, verteilten sich die überlebenden alevitischen Führer auf ganz Anatolien. Hadschi Bektasch, der den Aufstand ebenfalls überlebt hatte, ließ sich in Karacahüyük nieder, entwickelte dort seine Lehre und gründete ein Kloster. Hadschi Bektasch vermittelte seine Anschauungen in türkischer Sprache. Seine Lehre fand auch Anhänger bei den Angehörigen anderer Religionsgemeinschaften. "Vor allem war es wohl der Humanismus, die Toleranz und Liberalität, die die Menschen anzogen. Nächstenliebe gehörte zu den obersten Zielen. Jeder Mensch musste sich zunächst selbst kennen lernen, wenn er sich seinen Nächsten wie Geschwister verhielt. Hacı Bektaş Veli lehrte, die Frauen mit Respekt zu behandeln. Er forderte, dass sie an allen religiösen Zeremonien teilzunehmen hatten. Er lehrte, dass es zwischen den Menschen auch unterschiedlicher Religionen keine Differenzen vor Gott und der Welt zu geben habe." (Info 8) Ebd., S. 16.

515 Ebd., S. 14.

auf "theologischer Ebene" gelte es festzustellen, dass die Sunniten sehr viel Wert auf die "Form der Glaubenspraxis" legen. Bei den Aleviten hingegen stehe der Sinn im Vordergrund.[516] Deutlich werde dies z. B bei der Verpflichtung zum täglichen Gebet. So interpretiere man die Verpflichtung zum täglichen Gebet als eine "Verpflichtung zum persönlichen Gebet, ohne Gemeinschaft und öffentlichen Ritus". Ähnlich verhalte es sich auch beim Fasten. Auch dieses Gebot werde nicht von der Form her betrachtet, sondern vom Sinn. Insgesamt kenne man 72 Sinngebungen des Fastens. Eine der Wichtigsten sei die Erziehung zum willentlichen Handeln. Es sei schwieriger, "sich selbst ohne äußeren Zwang zu bezwingen als sich durch öffentlichen Druck der Gemeinschaft zwingen zu lassen". Für den Hadsch gelte dem Sinne nach das Gleiche. Auch hier stehe die Form nicht im Vordergrund. Die eigentliche Reise mit dem Flugzeug, dem Schiff oder Bus sei nicht bedeutsam. Wichtigkeit habe allein die Reise mit dem Herzen[517]. Man könne in Deutschland leben und arbeiten und zugleich mit dem Herzen in Kerbela sein.[518] Eine vom sunnitischen Mehrheitsislam abweichende Auffassung gibt es auch zum Zakat. Von den Aleviten werde der Zakat nicht als eine äußere Pflicht im Sinne der Fünf Säulen angesehen. Vielmehr sei der zakat eine "normale Praxis" im Rahmen der Cem-Zeremonie, in der jeder nach Maßgabe seiner Möglichkeiten gebe und an deren Ende der Dede das Gesammelte unter den Weggefährten (musahip[519]) verteile. Lediglich bei der Schahada sieht Ilhan eine grundlegende Übereinstimmung mit dem sunnitischen Mehrheitsislam. Allah sei auch für die Aleviten "einzig und einzigartig" und Mohammed sei der Prophet Allahs. Jedoch denke man im Hinblick auf den Gottesbegriff anders: "Die Aleviten rufen Allah als Freund an und vermeiden dabei das Wort "Allah", weil sie glauben, dass die Ansprache des Schöpfers des Universums mit "Allah" als unzulässiger Versuch gedeutet werden muss, dessen Allmacht einzuschränken. Die Aleviten sprechen Gott mit "o" oder "hu" [wie in "Allah hu"], im Türkischen "hü" an. Diese sprachliche Ergebenheit ermöglicht es, den Namen Gottes, ohne ihn zu nennen, am Tage tausendmal zu sagen, bei jeder Begegnung mit einem Freund oder Bekannten: "hü dost!"[520]".[521]

---

516 Nach Ilhan hat jedes Wort einen äußerlichen Sinn (*zahiri*, äußerlich sichtbar) und 72 Möglichkeiten von Hintersinn (*batini*, innerlich, nicht sichtbar). Ebd., S. 20.

517 gönül yapmak.

518 Die Aleviten pilgern nach Kerbala. Aber auch dies ist nach alevitischer Auffassung keine Pflicht, die mit der eigentlichen Hadsch zu vergleichen ist.

519 Jede alevitische Familie geht eine Gemeinschaft mit einer anderen Familie ein. Diese Form der religiösen Wahlverwandtschaft hat auch wirtschaftliche Konsequenzen. Die Familienmitglieder sind gehalten sich in jeder Hinsicht zu unterstützen. Fehler und Verdienste müssen gemeinsam verantwortet werden. Ebd., S. 23.

520 Das türk. "dost" ist in diesem Kontext mit "Freund" zu übersetzen.

521 Ebd., S. 24.

Nachdem Ilhan die aus seiner Sicht bedeutsamen Unterschiede zwischen dem Alevitentum und den Sunniten aufgezeigt hat, wird er gebeten, die auch im Alevitentum vorhandenen unterschiedlichen Auffassungen zur Theologie und Glaubenspraxis darzulegen. Ilhan weist zunächst darauf hin, dass die Aleviten sich bis zur Gründung der Türkischen Republik kein Bild von sich selbst machen konnten. Das Alevitentum habe im Osmanischen Reich nur in Gemeinden existiert, die keine direkte Verbindung miteinander hatten. Eine Änderung sei erst zu Beginn der Türkischen Republik möglich gewesen. "Menschen aus allen Regionen der Türkei hörten voneinander und begegneten sich im Prozess der neuen nationalen Identitätsentwicklung. (...) Dabei nun wurde sichtbar, dass die religiöse Orientierung vieler heute zu den Aleviten zählenden Sippen ... gleich war." In diesem Prozess stellte man nicht nur Gleichheit im Glauben fest, sondern auch "in den Verhaltensweisen, den Gesten, den Symbolen, Riten und in den religiösen Begriffen." Offenbar hätten sich die religiösen Praktiken und Ansichten des Alevitentums seit seiner Ausbreitung "ohne Kommunikation" über die Jahrhunderte erhalten. Im überregionalen Selbstverständnis der Aleviten in Ostanatolien setzte sich in dieser historischen Phase der Name "Kizilbasch" durch, in Westanatolien und auf dem Balkan der Name "Bektaschi". Erst später habe man sich dazu entschlossen, den ursprünglich von Ethnologen kreierten Begriff "Aleviten" anzunehmen. In der Substanz sei der Glaube überall gleich, aber in der "Realisation" habe sich das Alevitentum stets an die soziale, wirtschaftliche und politische Umgebung angepasst. Dies habe dazu geführt, dass es auf dem Balkan Besonderheiten gäbe, die in Anatolien unbekannt seien, und umgekehrt.[522] Aus diesem Grund sei es auch falsch zu konstatieren, dass das Alevitentum eine anatolische Religion sei. Ein Kennzeichen des Alevitentums sei seine dezentrale geistige und religiöse Selbststeuerung. So käme kein Alevit aus Anatolien darauf, die von der "eigenen religiösen Praxis abweichende Realisierung des Alevitentums" als Abweichung zu bezeichnen oder gar zu kritisieren.[523] Es gebe deshalb auch keine Kritik an der Entwicklung in Deutschland. Die Aleviten seien stolz auf diese Eigenschaft, weil sie sie dazu befähige, "ohne Reformation ... normaler geistiger und sozialer Bestandteil einer demokratischen Gesellschaft zu sein."[524]

Die Gegenwart des Alevitentums in Deutschland könne man nur vor dem Hintergrund der vergangenen vier Jahrzehnte begreifen. Die Aleviten seien zu-

---

522 Ebd., S. 28 f.

523 Ilhan geht davon aus, dass die Selbstorganisation der Aleviten, die in der Tendenz auf eine Konstitution als Religionsgemeinschaft hinausläuft, in Deutschland und Westeuropa eine so genannte "neue Konkretisierung" des Alevitentums hervorbringen wird, die in der alevitischen Geschichte kein Vorbild hat. Ermöglicht werde dieser Prozess durch die in den westeuropäischen Verfassungen garantierten Freiheitsrechte.

524 Ebd.

nächst als Familien und kleine Gruppen gekommen, die keine Gelegenheit hatten, "ihre Riten und Gemeinschaftsformen in Großgruppen zu pflegen." Erst als die Sunniten begannen, Großorganisationen zu bilden, habe man sich gefragt, was das Alevitentum eigentlich sei und ob es sich hierbei um einen eigenen religiösen Weg handele? Etwas später seien die ersten Cem-Häuser entstanden. Hier zeige sich der Vorteil der Demokratie in Deutschland: "Es war sehr leicht, sich als Verein zu organisieren. (...) Eine große Rolle spielte dabei, dass wir uns anders als in der Türkei in Deutschland ohne Sorge zu erkennen geben konnten. Es war ein Genuss, diese Freiheit zu spüren. Der Artikel 3 des Grundgesetzes war unsere beste Erfahrung mit dem politischen System in Deutschland."[525]

Im letzten Teil des Gesprächs rückt das Themenfeld *Islamischer Religionsunterricht* in den Vordergrund. Zunächst weist Ilhan darauf hin, dass die alevitische Gemeinde "wie alle Religionen und Konfessionen in Deutschland ... einen Anspruch auf Religionsunterricht in der staatlichen Schule habe." Dieser Unterricht sollte in erster Linie "von den Kindern und Jugendlichen her gedacht werden" und dann erst von der alevitischen Tradition. Die in der Bundesrepublik lebenden alevitischen Kinder hätten ein Religionsverständnis, das nicht belastet sei durch die Geschichte der Aleviten in der Türkei. Ihr Anliegen sei es, die Glaubensinhalte vor dem Hintergrund ihrer Gegenwart in Deutschland kennen zu lernen. Ganz oben stehe der Wunsch, ein Leben führen zu können, in dem es keine Erniedrigung von Menschen durch Menschen gebe, dazu gehöre auch der "Respekt vor den Anschauungen der Andersgläubigen". Ein weiteres Ziel sei die Solidarität mit Hilfsbedürftigen. Diese Ziele sollten im Unterricht mit dem Wissen der "historischen Manifestationen der Tradition" verfolgt werden.[526] Hierzu gehörten:

- "der Glaube an Allah, an *Mohammed*, den Gesandten (*Resul*), und an *Ali*, den Wegbereiter (*Veli*) – wir nennen diese Dreiheit "*Üçleme*".[527]
- der Glaube an die heilige Kraft, die vor allem durch den Propheten *Mohammed* und durch *Ali* und dessen Nachkommen bis heute an Menschen übertragen wird.
- der Glaube an die Menschwerdung: Die Aleviten glauben, dass jeder Mensch ein Teil der *heiligen Kraft* in sich trägt, die er durch den *richtigen Weg wieder entdecken kann*."[528]

---

525 Ebd., S. 30 ff.
526 Ebd., S. 34 f.
527 Üçleme (türkisch: üç = drei) bezeichnet im alevitischen Religionsverständnis die "Einheit" von Allah – Mohammed – Ali. "Einheit" bezeichnet in diesem Kontext das spezifische Gottesverständnis von Mohammed und Ali. "Es gibt keine Differenz zwischen Allah und dem Gottesverständnis von Mohammed, und auch zwischen Ali und Mohammed gibt es keine Differenz. Somit repräsentiert auch Ali das vollständige Gottesverständnis, das Allah den Menschen geschenkt hat." (Info 23) in: Ebd., S.35.

Diese drei Inhalte seien als zentrale Glaubensgrundsätze des alevitischen Glaubens anzusehen. Bei der Nennung von "Traditionsinhalten" müsse jedoch betont werden, dass das Alevitentum eine Religion des Wandels sei. Das Alevitentum passe sich der Zeit an. Dies bedeute, die Schülerinnen und Schüler sollten lernen, wie sich "alevitische Lebensregeln in einer modernen Industriegesellschaft realisieren lassen und gegebenenfalls modifiziert werden müssen". Auch hier gelte der Grundsatz, "dass der Sinn und der Geist der Regeln erhalten bleibt, die Form sich aber den Lebensnotwendigkeiten anpasst."[529]

Befragt zu den Lernzielen eines möglichen alevitischen Religionsunterrichts nennt Ilhan an erster Stelle "die Fähigkeit und Bereitschaft, die Eltern zu ehren und die Natur zu lieben und schützend zu nutzen." Die Schülerinnen und Schüler sollten erkennen, dass "alles im Universum" eine "Widerspiegelung Gottes" und dass aus diesem Grunde alles Erschaffene würdig zu behandeln sei. Auch sollten die alevitischen Kinder erkennen, dass die Menschen zu einem lebenslangen Lernprozess verpflichtet seien.[530] Abschließend thematisieren die Vertreter des *Landesinstituts* das konflikthafte Verhältnis zwischen Aleviten und Sunniten. Ilhan wird gebeten darzulegen, ob ein alevitischer Religionsunterricht dazu beitragen könne, die bestehenden Konflikte zu lösen. In seiner Antwort konstatiert Ilhan erneut, dass das Alevitentum ein "eigenständiger Glaubensweg" sei. Das Alevitentum müsse, um seine Authentizität zu wahren, stets die "aktuelle geistige Auseinandersetzung im Land berücksichtigen." Das Alevitentum könne mit jeder Glaubensrichtung zusammenwirken. Aber die Frage "nach gemeinsamem Religionsunterricht mit den Sunniten" müsse man auch den Sunniten stellen. Bislang existiere nur ein Unterricht sunnitischer Orientierung. Eine "alevitische Praxis in der Schule" gebe es nirgendwo. Es bestehe aber die Hoffnung, dass es "eine solche Praxis" zum ersten Mal in Deutschland geben werde. Wenn er die Frage nach gemeinsamem Religionsunterricht weiterreiche, so geschehe dies "vor dem Hintergrund der Religionsgeschichte des Islams". Der "normale sunnitische Gläubige" kenne das Alevitentum überhaupt nicht. Deshalb frage man sich unter den Aleviten, ob die Sunniten bereit seien, "flexibel auf uns einzugehen", und ob es möglich sei, sich über "gemeinsame Erziehungsziele" zu verständigen. Wenn der Religionsunterricht "ein gemeinsames Lernen von Schülerinnen und Schülern unterschiedlicher religiöser Anschauung" aus der Sicht der Sunniten verkraften könne, dann sei es für die alevitische Religionsgemeinschaft kein Problem, einen gemeinsamen Religionsunterricht zu haben.[531]

---

528 Ebd. S.35 f. Hervorhebung durch Kursivdruck im Original.
529 Ebd., S. 35 f.
530 Ebd., S. 40.
531 Ebd.

6.5.4.3 Ziele und Inhalte eines möglichen alevitischen Religionsunterrichts

Der zweite Teil der Handreichung gewährt vor dem Hintergrund der religionsgeschichtlichen und religionswissenschaftlichen Darstellung des Alevitentums und vor dem Hintergrund der gesellschaftlichen und pädagogischen Wirklichkeit in der Bundesrepublik einen Einblick in die Ziele und Inhalte eines möglichen alevitischen Religionsunterrichts.[532] Die in der Handreichung skizzierten grundlegenden Ziele und Inhalte sind einem Rahmenlehrplan entnommen, den die *Alevitische Gemeinde* im Sommer 2001 in einer ersten Entwurfsfassung veröffentlichte.[533] In der Einführung zu den Zielen und Inhalten weisen die Herausgeber ausdrücklich darauf hin, dass aus der Sicht der Aleviten grundsätzlich ein interreligiöser Religionsunterricht dem konfessionellen Religionsunterricht vorzuziehen sei.[534] Der vorliegende Entwurf eines eigenständigen alevitischen Religionsunterrichts sei notwendig gewesen, "um das Profil alevitischer Religionspädagogik hinreichend zu konturieren".[535]

a) Ziele des alevitischen Religionsunterrichts
Der alevitische Religionsunterricht, der die Schülerinnen und Schüler in den "Zusammenhang von Glauben und Leben" einführen soll, hat vier grundlegende Ziele. Er soll:

- den Kindern Wissen über die Inhalte ihres Glaubens vermitteln (Wissensvermittlung)
- "sie in ihren religiösen und kulturellen Wurzeln unterweisen (Identitätsbildung)"
- dazu anleiten, "das Alevitentum auf der Grundlage der Menschenrechte einer kritischen Überprüfung zu unterziehen, somit eine Angleichung zwischen den Werten und Normen der deutschen Gesellschaft und den Werten und Normen ihres Glaubens herzustellen (Korrelation)"

---

532 Eine ausführliche Stellungnahme zum Thema Alevitischer Religionsunterricht findet sich in: Kaplan, Ismail: Das Alevitentum. Eine Glaubens- und Lebensgemeinschaft in Deutschland, Köln 2004, S. 92-101.

533 AABF-Alevitische Gemeinde Deutschland (Hg.), Rahmenplan für alevitischen Religionsunterricht an öffentlichen Schulen in Deutschland, (Entwurfsfassung), Köln 2001. In der Handreichung werden die Zielsetzungen in einer leicht modifizierten Form vorgestellt. Die Lehre der "Vier Tore" und die sogenannten "vier Lebens- und Lernwirklichkeiten" sind im alevitischen Lehrplanentwurf nicht enthalten.

534 Eine Stellungnahme zum alevitischen Religionsunterricht findet sich auch auf den Internetseiten der AABF. Auch hier heißt es: "Der interreligiöse RU ist die geeignetste und realistischste Form für die Vermittlung der alevitischen Lehre." http://www.alevi.com/sites/projekte/alevi%20unterricht/modelle.htm (24.02.04).

535 Landesinstitut für Schule NRW / AABF-Alevitische Gemeinde (Hg.): Das Alevitentum – Informationen und Materialien für den Unterricht, S.47.

- die "universellen und grundlegenden Werte des Menschseins bzw. der Menschheit" herausarbeiten (Werteerziehung).[536]

Diese grundlegenden Ziele korrespondieren mit der alevitischen Lehre der "Vier Tore"[537]:

- "Şeriat (Ordnung)
- Tarikat (mystischer Weg)
- Marifet (Erkenntnis)
- Hakikat (Wahrheit)"[538]

und mit den vier Lebens- und Lernwirklichkeiten jedes Menschen:

- "Materialität (Körper)
- Emotionalität (Gefühle)
- Intellektualität (Verstand)
- Spiritualität (Geist)."[539]

Vor dem Horizont dieser Zielsetzungen werden die Schülerinnen und Schüler im Unterricht gefördert,

- zu anderen Menschen "gleichberechtigte und tolerante Beziehungen" aufzubauen und diese unabhängig von "religiösen, konfessionellen und ethnischen Unterschieden" zu erhalten (Förderung der Beziehungsfähigkeit).
- In diesem Kontext kommt der Gleichberechtigung und Gleichbehandlung von Frauen und Männern in der alevitischen Religionslehre eine besondere Bedeutung zu. Die Schülerinnen und Schüler sollen in einem alltagsorientierten Unterricht die Gleichberechtigung der Mädchen und Jungen "konkretisieren und verinnerlichen" (Gleichberechtigung).
- Schließlich werden im alevitischen Religionsunterricht die Kinder gefördert, "eine ausgewogene Identität bzw. Persönlichkeit zu entwickeln. Sie sollen ... in die Lage versetzt werden, den alevitischen Glauben als einen gleichberechtigten Glauben anzusehen und zu vertreten. Sie werden dazu befähigt, ihre überlieferte Tradition entsprechend den Gegebenheiten in Deutschland kritisch zu betrachten und weiterzuentwickeln [Selbstverständnis und Fremdverständnis, interreligiöser Dialog]".[540]

---

536 Ebd., S. 48.
537 Vgl. hierzu die nachfolgende Dokumentation von Info 25 auf der folgenden Seite.
538 Landesinstitut für Schule NRW/AABF-Alevitische Gemeinde (Hg.): Das Alevitentum – Informationen und Materialien für den Unterricht, S.48.
539 Ebd.
540 Ebd., S. 48 f.

Dokumentation (Teil 1)

Info 25

Vier Pforten und vierzig Regeln

I. Şeriat > Ordnung	Körperlichkeit
1. iman getirmek	> glauben und bezeugen
2. ilim öğrenmek	> von Anderen lernen
3. ibadet etmek	> Gottesdienst verrichten
4. helal kazanç yemek	> ehrlich verdienen
5. haramdan sakınmak	> Unrechtmäßiges vermeiden
6. hayız ve nifas durumunda karısına yakın olmamak	> Respekt in den Zeiten der Unpässlichkeit
7. nikâh kılma	> die Ehe suchen
8. şefkat	> zugewandt sein zu Anderen
9. pak yiyip pak giymek	> rein essen und sauber bekleiden
10. iyilik buyurma	> Nützliches leisten

II. Tarikat > der mystische Weg	Emotion
1. mürşitten el alıp tövbe kılmak	> sich dem geistlichen Lehrer anvertrauen, gegenüber Sünden Reue zeigen
2. talip olmak	> sich dem geistlichen Lernen innerlich hinzugeben
3. dünya nimetlerine bağlanmamak	> auf Weltliches ohne Geist verzichten
4. sabır	> sich beherrschen
5. hürmet	> Andere achten
6. korku	> Ehrfurcht vor Gott
7. Tanrı'dan umut kesmemek	> Hoffnung auf Gott nicht aufgeben
8. hidayet	> sich auf Gottesweg begeben
9. toplumda uyumlu, sevecen olmak	> die Gemeinschaft liebevoll mittragen
10. aşk, şevk, sefa	> in Freude mit Menschen gemeinschaftlich sein

Entnommen aus: Landesinstitut für Schule NRW / AABF-Alevitische Gemeinde (Hg.):
Das Alevitentum – Informationen und Materialien für den Unterricht, S. 37.

Dokumentation (Teil 2)

III. Marifet > Erkenntnis

Verstand/Intelligenz

1. edep
2. heybet
3. sabır
4. kanaat
5. utanma
6. cömertlik
7. ilim
8. teslim ve rızada olmak
9. marifet
10. özünü bilme

> anständig sein
> großmütig sein
> geduldig sein
> genügsam sein
> Schamgefühl entwickeln
> freigebig sein
> sich um Wissen bemühen
> sich der Lehre anvertrauen
> mit Geist und Herz erkennen können
> Selbsterkenntnis erreichen

IV. Hakikat > Wahrheit

Spiritualität

1. turap olmak, 72 millete bir nazarla baknak
2. iradet

3. eline, diline, beline sahip olma

4. seyyir
5. tevekkül

6. sohbet
7. sır
8. rıza
9. düşünce
10. tanrı özlemini yürekten çıkarmamak

> alle Menschen und alle Glauben achten wie sich selbst
> an den einzigen Gott glauben und den Weg von Mohammed-Ali gehen
> mit seinen Händen, der Zunge und dem Körper verantwortlich umgehen
> für die Welt bestimmt sein
> Vertrauen auf Gott, sich als Teil der Schöpfung erkennen
> dialogisch denken und handeln
> das Geheimnis erfahren
> Gottesallmacht annehmen
> im Denken Gottes Gegenwart erfahren
> Gott im Herzen haben

Entnommen aus: Landesinstitut für Schule NRW / AABF-Alevitische Gemeinde (Hg.): Das Alevitentum – Informationen und Materialien für den Unterricht, S. 37.

b) Inhalte des alevitischen Unterrichts

Die in der Handreichung aufgelisteten Unterrichtsinhalte verstehen sich nicht als Curriculum, sondern als eine systematische Zusammenstellung wichtiger inhaltlicher Aspekte des alevitischen Religionsunterrichtes. In Verbindung mit den bereits dargestellten Zielsetzungen des Faches lassen sich aus den Inhaltsaspekten, die folgend dokumentiert werden, Unterrichtseinheiten entwerfen, auf deren Basis schließlich Themen für Unterrichtseinheiten und Unterrichtsstunden gewonnen werden können. Der Rahmenlehrplan der *Alevitischen Gemeinde Deutschland* führt zu allen nachfolgend genannten inhaltlichen Aspekten eine fachlich-didaktische Planungsübersicht aus: [541]

- "Allah
- Das Einssein von Allah-Mohammed-Ali
- Der Ehli Beyt-Weg der göttlichen Erkenntnis
- Der religiöse Wegweiser Haci Bektas Veli
- Religiöse Ämter und religiöse Pflichten im Alevitentum
- Grundpfeiler des Alevitentums: Die vier Tore *[dört kapı]*[542], vierzig Regeln *[kirk makam]*
- Die Cem-Zeremonie
- Das Cem-Haus
- Die Kerbala-Tragödie und das Muharrem-Fasten
- Das religiöse Opfer *[kurban]* und das Opferfest *[kurban bayramı]*
- Ich bin ein Alevit – ich bin eine Alevitin
- Der religiöse Tanz *Semah*."[543]

6.5.3.4 Zwischenfazit

Die vom *Landesinstitut* und der *Alevitischen Gemeinde* in Deutschland herausgegebene Handreichung bietet einen umfassenden Einstieg in die Geschichte des Alevitentums und gewährt in den exkursartigen Darstellungen Einblicke in die alevitische Glaubenslehre. Den Lehrerinnen und Lehrern des Schulversuchs und der angrenzenden Fächer steht damit erstmalig ein Hilfsinstrument zur Verfügung, das authentische und auch für Laien verständliche Informationen über das Alevitentum bereitstellt.

Bemerkenswert sind vor allem die Stellungnahmen zum Themenfeld *Islamischer Religionsunterricht*. Die *Alevitische Gemeinde in Deutschland*, die sich als eigenstän-

---

541 Ebd.
542 Kursivschrift bei diesem und den folgenden türkischen Begriffen im Original.
543 Ebd., S. 49.

diger Ausdruck des Alevitentums begreift, favorisiert eigentlich einen interreligiösen Religionsunterricht nach Hamburger Muster.[544] Da dieser aber in Nordrhein-
Westfalen nicht angeboten werden kann und ein regulärer islamischer Religionsunterricht, der gemeinsam von allen islamischen Strömungen oder "Konfessionen" getragen wird, aufgrund erheblicher Differenzen nicht in Sicht ist, beantragte die *Alevitische Gemeinde* beim Bildungsministerium die Erteilung eines eigenständigen alevitischen Religionsunterrichts. Unabhängig von diesem Antrag beteiligte sich die alevitische Gemeinde auch am Neuentwurf des Grundschulcurriculums, das erstmalig auch die Vermittlung alevitischer Inhalte im Rahmen der
Islamischen Unterweisung verbindlich regelt. Die "zweigleisige" Vorgehensweise der
Alevitischen Gemeinde erfolgt derzeit aus primär pragmatischen Überlegungen.
Selbst wenn der Antrag auf eigenständigen Religionsunterricht positiv beschieden
werden sollte, liegt eine landesweite Einführung eines solchen Unterrichtsangebotes aufgrund unzureichender Schülerzahlen an den meisten Schulen des Landes
nicht in Reichweite.[545] Ein wirklich flächendeckender Unterricht mit alevitischen
Inhalten ist in einer mittelfristigen Perspektive nur im Rahmen der *Islamischen
Unterweisung* möglich.

---

544 Vgl. hierzu die Ausführungen zum Religionsunterricht auf den Internetseiten der AABF
    (www.alevi.com). Am Hamburger Modell "Religionsunterricht für alle" beteiligen sich sowohl die
    christlichen als auch die islamischen Religionsgemeinschaften. In NRW ist auf der Grundlage der
    Landesverfassung lediglich ein konfessioneller Religionsunterricht zulässig.
545 Nach Angaben von Klaus Gebauer wird z. Z. (Februar 2005) im Ministerium für Bildung, Jugend
    und Kinder in Nordrhein-Westfalen die Einführung eines alevitischen Religionsunterrichts in
    fünf Städten des Landes ernsthaft erwogen.

7. Akzeptanz des Schulversuches

7.1 Beteiligung am Schulversuch

Welche Schülerinnen und Schüler nehmen das neue Unterrichtsangebot an? Erreicht die Islamische Unterweisung auch die Schülerinnen und Schüler, die bisher nicht im Rahmen des muttersprachlichen Unterrichts an der Islamischen Unterweisung teilgenommen haben?[546] Sind die bestehenden Unterrichtsgruppen konstant oder gab es in den vergangenen drei Jahren in einem erheblichen Ausmaß Abmeldungen zu verzeichnen? Auf diese Fragen gab es bisher keine Antworten, da die beteiligten Schulen und das Landesinstitut für Schule - als den Schulversuch betreuende Institution – keine aussagefähigen bzw. verwertbaren Daten zur Beteiligung erfassen.[547] Aus diesem Grund erwiesen sich relativ umfangreiche eigene Erhebungen an den Schulen als notwendig. Diese wurden ab dem Schuljahr 1999/2000 in zwei dreijährigen Erhebungsreihen durchgeführt.

Die erste Reihe (Januar 2000 bis Januar 2003) diente der Erfassung der Angebots- und Teilnehmergruppen in den jeweils neuen Kursen. In der Grundschule waren dies in der Regel die Gruppen der 1. Klasse[548] und in den Schulformen der Sekundarstufe I die Unterrichtsgruppen der 5. Klasse. Durchgeführt wurden die insgesamt drei schriftlichen Erhebungen mit einem standardisierten Fragebogen, der jeweils die Angebots- und Teilnehmergruppen – aufgeschlüsselt nach den 16 in NRW am stärksten vertretenen islamischen Herkunftsländern – erfasste.[549] In drei Durchläufen[550] wurden alle am Schulversuch beteiligten Schulen angeschrieben. Den Erhebungsinstrumenten beigelegt war eine Kurzdarstellung des Forschungsvorhabens und ein Begleitschreiben des Landesinstitutes für Schule, das

---

546 Die Islamische Unterweisung wurde bis zum Schuljahr 1999/2000 überwiegend im Rahmen des türkischen muttersprachlichen Unterrichts erteilt. Für die muslimischen Kinder aus den meisten anderen Herkunftsländern (z. B. Iran, Bosnien usw.) gab es bisher keine Unterrichtsangebote.
547 Die beteiligten Schulen erfassen keine Zahlen zu den Angebots- und Teilnehmergruppen.
548 Mehrere Ausnahmen gab es in Duisburg. An den Grundschulen beginnt die Islamische Unterweisung erst in der 3. Klasse.
549 Der Fragebogen befindet sich als Erhebungsinstrument im Anhang.
550 Angeschrieben wurden 22 Schulen im Januar 2000, 23 Schulen im September 2001 und 42 Schulen im November 2002.

um Beteiligung warb. Unterstützt wurden die Befragungen auch von den zuständigen Dezernenten und Schulräten der Schulbehörden. Nicht zuletzt aufgrund dieser breiten Unterstützung konnte in allen drei Erhebungen ein landesweit relativ hoher Rücklauf erzielt werden, der zwischen 71,5 und 68, 2 Prozent erreichte.

Die zweite Erhebungsreihe (September 2000 bis Oktober 2002) bestand aus drei Lehrkräftebefragungen. Die schriftlichen Gruppenbefragungen[551] wurden im Rahmen der ca. vierteljährlich stattfindenden Fortbildungsveranstaltungen[552] am Landesinstitut in Soest jeweils zu Beginn des neuen Schuljahres durchgeführt. Die Befragungen dienten in erster Linie der Erfassung der bestehenden Unterrichtsgruppen und der Abmeldungen[553]. Ebenfalls erfragt wurden die Gründe, die zu den Abmeldungen geführt hatten. An den Erhebungen beteiligten sich zwischen 12 und 14 Lehrerinnen und Lehrer. Die Auskünfte der Lehrkräfte bezogen sich auf die bestehenden Unterrichtsgruppen an landesweit 18 Schulen. Da einige Lehrerinnen und Lehrer im Untersuchungszeitraum versetzt oder aber erneut mit Aufgaben im muttersprachlichen Bereich beauftragt wurden[554], liegen an neun Schulen nicht zu allen Jahrgängen die vollständigen Zahlen vor.

7.7.1.1 *Herkunftsländer und "Konfessionen" der muslimischen Schülerinnen und Schüler*

Im Januar 2000 startete der Schulversuch an landesweit 22 Schulen. Die Schwerpunkte des Schulversuches in der Anfangsphase lagen in Duisburg und Köln. Beide Städte gingen mit insgesamt 15 Schulen an den Start. Die restlichen Schulen verteilten sich auf die Regierungsbezirke Arnsberg, Detmold und Münster. Die beteiligten Schulen verfügen über einen außerordentlich hohen Anteil von muslimischen Schülerinnen und Schülern. So ergab die erste Befragung an 15 Schulen[555], dass zum Erhebungszeitpunkt sich immerhin 38,3 Prozent der Gesamtschülerschaft zum Islam bekannten. Aufgesplittet nach den in NRW am häufigsten vertretenen islamischen Herkunftsländern ergibt sich folgendes Bild:

---

551 Der Fragebogen befindet sich als Erhebungsinstrument im Anhang.
552 Bis zum Beginn des Schuljahres 2002/2003 fand die Lehrerfortbildung für alle Lehrerinnen und Lehrer am Landesinstitut in Soest statt. Seit dem Schuljahr 2002/2003 wird ein Teil der Lehrkräfte dezentral von den jeweiligen Bezirksregierungen fortgebildet.
553 In einem zweiten Teil gab es in allen Erhebungen auch Fragen zur Unterrichtsdurchführung, die in diesem Kapitel nicht behandelt werden.
554 Die meisten Lehrkräfte sind auch im Rahmen des muttersprachlichen Unterrichts tätig. Oftmals unterrichten sie in bis zu vier Schulen. Diese Beschäftigungsform führt zu einer relativ hohen Fluktuation.
555 In der ersten Erhebung (Januar 2000) wurden die Schulen auch zum Anteil der Muslime an der Gesamtschülerschaft befragt. Von 4744 Schülern bekannten sich formal 1809 Jungen und Mädchen zum Islam. Die Religionszugehörigkeit wird von der Schulstatistik erfasst.

Herkunftsländer der muslimischen Schüler

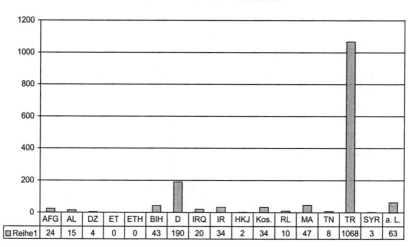

	AFG	AL	DZ	ET	ETH	BIH	D	IRQ	IR	HKJ	Kos.	RL	MA	TN	TR	SYR	a. L.
☐ Reihe1	24	15	4	0	0	43	190	20	34	2	34	10	47	8	1068	3	63

Tab1: Herkunftsländer der muslimischen Schülerinnen und Schüler an 15 Schulen des Schulversuchs IU, Stand: Januar 2000, (AFG = Afghanistan, AL = Albanien, DZ = Algerien, ET = Ägypten, ETH = Äthiopien, BIH = Bosnien H., D = Deutschland, IRQ = Irak, IR = Iran, HKJ = Jordanien, Kos. = Kosovo, RL = Libanon, MA = Marokko, TN = Tunesien, TR = Türkei, SYR = Syrien, a. L. = andere Länder). Grafik: Michael Kiefer

Wie nicht anders zu erwarten, stellten die Schülerinnen und Schüler mit türkischer Staatsangehörigkeit mit 59 Prozent die größte Gruppe. Mit großem Abstand folgte mit 10,5 Prozent die stark wachsende Gruppe der Schülerinnen und Schüler, die mittlerweile die deutsche Staatsbürgerschaft erworben haben. Gruppen im einstelligen Prozentbereich stellten die Schülerinnen und Schüler mit folgender Staatsangehörigkeit: Marokko (2,6 Prozent), Bosnien (2,4 Prozent), Iran (1,9 Prozent), Kosovo (1, 9 Prozent), Afghanistan (1, 3 Prozent), Irak (1,1 Prozent). Die Schülerinnen und Schüler albanischer, tunesischer, libanesischer, ägyptischer, syrischer und jordanischer Nationalität überschritten nicht die Ein-Prozentmarke. Mit geringen Abweichungen entsprechen diese Zahlen dem bundesweiten Durchschnitt. Von den in Deutschland lebenden 3, 2 Millionen Muslimen sind rund 2 Millionen (62,5 Prozent) türkische Staatsbürger. Die hier nicht aufgeführten Herkunftsländer der nichttürkischen Muslime bewegen sich ebenfalls im einstelligen Prozentbereich.[556]

Da die Schulstatistik die "Konfessionszugehörigkeit" der muslimischen Schülerinnen und Schüler nicht erfasst, sind hier nur Schätzungen auf der Basis der erfassten Staatsangehörigkeit möglich. Ausgehend von der Hypothese, dass ca. 80 Prozent der in Deutschland lebenden türkischen Muslime sich der Sunna nach

---

556 Şen / Aydın: Islam in Deutschland, München 2002, S. 15.

hanafitischem Recht zugehörig fühlen[557], erscheint die Annahme berechtigt, dass an den Schulen des Schulversuches von einer ähnlichen Relation ausgegangen werden kann. In der Umrechnung auf die 15 an der Erhebung teilnehmenden Schulen würde dies bedeuten, dass ca. 850 Schülerinnen und Schüler mit türkischer Staatsangehörigkeit Sunniten nach hanafitischem Recht sind. Mehrheitlich zur Sunna nach hanafitischem, schafi'itischem oder malikitischem Recht bekennen sich auch die hier lebenden afghanischen, algerischen, bosnischen, irakischen, jordanischen und marokkanischen Staatsangehörigen. Übertragen auf den Schulversuch und unter Berücksichtigung der mittlerweile eingebürgerten Muslime kann davon ausgegangen werden, dass ca. 400 Schülerinnen und Schüler der genannten Staatsangehörigkeiten ebenfalls Sunniten sind. Somit kann von einer Gesamtzahl von ca. 1250 sunnitischen Schülerinnen und Schülern ausgegangen werden. Sie stellen mit geschätzten 69 Prozent mit Abstand die größte "Konfession". Die Schiiten – als zweite konfessionsartige Hauptströmung im Islam – sind ebenfalls in den Schülergruppen vertreten. Ihre Zahl ist allerdings deutlich geringer anzusetzen. Mit geschätzten 4 Prozent bilden sie in der Bundesrepublik eine sehr kleine Gruppe.[558] Die meisten Schiiten sind unter den iranischen Migranten zu finden. In geringer Zahl gehören auch afghanische und irakische Flüchtlinge der Schia an. Umgerechnet auf den Schulversuch kann davon ausgegangen werden, dass sich maximal 40 Schülerinnen und Schüler zur Schia bekennen.

Historisch betrachtet kann auch die alevitische Glaubensgemeinschaft als Untergruppe der Schia angesehen werden. Da aber die alevitische Glaubenslehre und -praxis stark von den schiitischen Traditionslinien abweicht, sollte sie als eigenständige islamische Glaubensgemeinschaft angesehen werden. Ihr gehören in der Bundesrepublik ca. 15 Prozent der türkischen Migranten an.[559] Übertragen auf die Schulen des Schulversuches kann von ca. 160 bis 180 alevitischen Schülerinnen und Schülern ausgegangen werden. Innerhalb des Schulversuches bilden sie mit ca. 10 Prozent die zweitgrößte konfessionsartige Gruppe.

7.1.2 Die Angebots- und Teilnehmergruppen im Schuljahr 1999/2000

An der ersten Erhebung zur Akzeptanz des Schulversuches im Schuljahr 1999/2000 beteiligten sich 15 von 22 landesweit teilnehmenden Schulen. Aufgeschlüsselt nach Regierungsbezirken und Schulformen beteiligten sich folgende Schulen:

---

557 Ebd., S. 19.
558 Ebd.
559 Ebd.

- Regierungsbezirk Köln: ein Gymnasium, drei Hauptschulen, zwei Grundschulen, eine Schule für Lernbehinderte
- Regierungsbezirk Düsseldorf: eine Hauptschule, zwei Grundschulen
- Regierungsbezirk Detmold: eine Hauptschule
- Regierungsbezirk Arnsberg: eine Gesamtschule
- Regierungsbezirk Münster: zwei Hauptschulen und eine Grundschule.

An den teilnehmenden Grundschulen wurde das neue Fach – mit Ausnahme der Duisburger Schulen[560] – in der ersten Klasse angeboten. In den Schulformen der Sekundarstufe I beschränkte sich das Angebot in der Regel auf die 5. Klasse.[561] Die Eltern wurden über das neue Unterrichtsangebot informiert. Insgesamt wurde den Eltern von 473 Kindern das neue Unterrichtsangebot unterbreitet. Die Eltern von 364 Kindern entschlossen sich zur Anmeldung. Es ergibt sich für das Schuljahr 1999/2000 folgendes Bild:

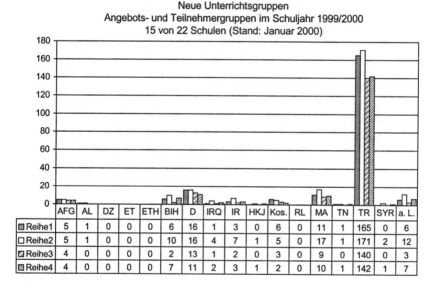

Neue Unterrichtsgruppen
Angebots- und Teilnehmergruppen im Schuljahr 1999/2000
15 von 22 Schulen (Stand: Januar 2000)

	AFG	AL	DZ	ET	ETH	BIH	D	IRQ	IR	HKJ	Kos.	RL	MA	TN	TR	SYR	a. L.
Reihe1	5	1	0	0	0	6	16	1	3	0	6	0	11	1	165	0	6
Reihe2	5	1	0	0	0	10	16	4	7	1	5	0	17	1	171	2	12
Reihe3	4	0	0	0	0	2	13	1	2	0	3	0	9	0	140	0	3
Reihe4	4	0	0	0	0	7	11	2	3	1	2	0	10	1	142	1	7

Tab 2: Neue Unterrichtsgruppen 1999/2000. Reihe 1 = Angebotsgruppe Schülerinnen, Reihe 2= Angebotsgruppe Schüler, Reihe 3 = Teilnehmergruppe Schülerinnen, Reihe 4 = Teilnehmergruppe Schüler. (AFG = Afghanistan, AL = Albanien, DZ = Algerien, ET = Ägypten, ETH = Äthiopien, BIH = Bosnien H., D = Deutschland, IRQ = Irak, IR = Iran, HKJ = Jordanien, Kos. = Kosovo, RL = Libanon, MA = Marokko, TN = Tunesien, TR = Türkei und SYR = Syrien). Grafik: Michael Kiefer

---

560 Die beteiligten Duisburger Grundschulen führen im ersten und zweiten Schuljahr zeitintensiven Sprachförderunterricht durch. Die Islamische Unterweisung beginnt mit dem dritten Schuljahr.
561 An manchen Schulen wurde die Islamische Unterweisung in mehreren Jahrgängen eingeführt.

Von den 336 türkischen Schülerinnen und Schülern wurden 282 angemeldet. Damit erreichte die Beteiligung in dieser mit Abstand größten Nationalitäten-gruppe 84 Prozent. Ähnlich hoch war die Beteiligung bei den afghanischen Kindern. Auch in dieser Gruppe nahmen 80 Prozent (8 von 10) das neue Fach an. Die zweitgrößte Gruppe im Schulversuch bildeten die deutschen Schülerinnen und Schüler. Von 32 wurden 24 angemeldet (75 Prozent). Bei den marokkanischen Schülerinnen und Schülern – der drittgrößten Gruppe im Versuch – nahmen 67,9 Prozent (19 von 28) am Schulversuch teil. Etwas niedriger war die Akzeptanz bei den bosnischen Schülerinnen und Schülern. Die Anmeldequote erreichte 56, 2 Prozent (9 von 16).

Bei den iranischen Schülerinnen und Schülern nahmen 50 Prozent (5 von 10) an der *Islamischen Unterweisung* teil. Ähnlich lagen die Anmeldezahlen auch bei den Schülerinnen und Schülern aus dem Irak, Kosovo, Tunesien und Syrien. Die Anmeldequote bei diesen sehr kleinen Gruppen überschritt jeweils die 50-Prozent-Marke. Insgesamt wurde eine Beteiligung von 73, 2 Prozent erreicht.

Die Verteilung der Geschlechter in den Angebots- und Teilnehmergruppen wies keine gravierenden Differenzen auf. Bezogen auf alle Nationalitäten nahmen bei den Mädchen 80 Prozent an der *Islamischen Unterweisung* teil. Bei den Jungen fiel die Beteiligung mit 75,9 Prozent etwas geringer aus. Große Unterschiede waren bei der Zusammensetzung der Unterrichtsgruppen in den einzelnen Regierungsbezirken festzustellen.

Im Regierungsbezirk Köln lag der Anteil der Schülerinnen und Schüler mit türkischer Nationalität bei 65,5 Prozent. Im Regierungsbezirk Düsseldorf, in dem zum Erhebungszeitpunkt alle Schulen des Schulversuches im Duisburger Norden lagen, war der Anteil der türkischen Kinder mit 86,7 Prozent deutlich höher. Aufgrund des hohen Anteils türkischer Schülerinnen und Schüler waren die Unterrichtsgruppen in Duisburg relativ homogen (vgl. Tab. 3):

Grundschule im Duisburger Norden 3. Klasse

	AFG	AL	DZ	ET	ETH	BIH	D	IRQ	IR	HKJ	Kos.	RL	MA	TN	TR	SYR	a. L.
☐ Reihe1											1		5		54		
☐ Reihe2											1		3		42		

Tab 3: Beispiel Grundschule in Duisburg. Reihe 1 = Angebotsgruppe, Reihe 2 = Teilnehmer-gruppe.(AFG = Afghanistan, AL = Albanien, DZ = Algerien, ET = Ägypten, ETH = Äthiopien, BIH = Bosnien H., D = Deutschland, IRQ = Irak, IR = Iran, HKJ = Jordanien, Kos. = Kosovo, RL = Libanon, MA = Marokko, TN = Tunesien, TR = Türkei, SYR = Syrien, a. L. = andere Länder). Grafik: Michael Kiefer

Wie das Diagramm zeigt, bestanden die Unterrichtsgruppen in der 3. Klasse mehrheitlich aus türkischen Schülerinnen und Schülern. Der Anteil der nichttürkischen Kinder lag bei unter fünf Prozent.

Deutlich heterogener war die Zusammensetzung der Unterrichtsgruppen in Köln. Vor allem in Bonn und Umland ist das Spektrum der Herkunftsländer erheblich breiter, wie das folgende Beispiel einer Hauptschule aus Sankt Augustin zeigt: (vgl. Tab.4) :

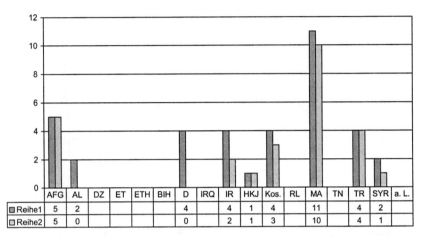

Tab. 4: Beispiel Hautschule in Sankt Augustin. Reihe 1 = Angebotsgruppe, Reihe 2 = Teilnehmer-gruppe.(AFG = Afghanistan, AL = Albanien, DZ = Algerien, ET = Ägypten, ETH = Äthiopien, BIH = Bosnien H., D = Deutschland, IRQ = Irak, IR = Iran, HKJ = Jordanien, Kos. = Kosovo, RL = Libanon, MA = Marokko, TN = Tunesien, TR = Türkei und SYR = Syrien, a. L. = andere Länder). Grafik: Michael Kiefer

In den Unterrichtsgruppen der 5. und 6. Klasse waren insgesamt Kinder mit sieben unterschiedlichen Nationalitäten vertreten. Die türkischen Schülerinnen und Schüler, die in nahezu allen Unterrichtsgruppen des Schulversuches die Majorität stellen, bildeten im vorliegenden Fall lediglich die drittgrößte Nationalität.

Ungeachtet der unterschiedlichen Zusammensetzung der Unterrichtsgruppen kann konstatiert werden, dass an den erfassten Schulen des Schulversuchs im ersten Jahr landesweit hohe Anmeldezahlen zu verzeichnen waren. Die vorgestellten Werte, die eine hohe Akzeptanz signalisieren, kamen zustande, ohne dass die Eltern wussten, wie die konkrete Ausgestaltung des Faches durch die Lehrkräfte aussah. Nach einem Jahr Unterricht und ersten Erfahrungen stellte sich die Frage, ob die Eltern ihre Kinder erneut anmelden bzw. die Kinder in den bestehenden Gruppen belassen würden.[562] Die erste Lehrkräftebefragung im September 2000 an der sich 14 von insgesamt landesweit 22 Lehrerinnen und Lehrern beteiligten, gab hierzu Auskunft.

---

562 Formal ist die Anmeldung zur Islamischen Unterweisung für ein Jahr gültig. Bei der Fortsetzung des Unterrichtes wird in der Regel auf eine erneute schriftliche Anmeldung verzichtet.

Bestehende Unterrichtsgruppen September 2000

	GGS Half.	Gym H.	HS Bn.	LB Fink.	GHS Aug.	GHS S.A.	LB Gut.	GGS Ger.	GHS Ger.	RS Ko.	GHS Aho.	RS. A.-T.	GHS H.B.	GHS Gri.	GGS San d.	GGS Sch.	HS Bod.	HS Am R.
Reihe1	15	12	16	15	26	8	10	15	17	10	25		48	34	51	45	15	13
Reihe2	15	12	15	15	0	14	12	14	24	10	23		46	39	44	35	13	13

Tab. 5: Bestehende Unterrichtsgruppen an landesweit 17 Schulen des Schulversuches. Reihe 1 = altes Schuljahr(1999/2000), Reihe 2 = neues Schuljahr (2000/2001). Grafik: Michael Kiefer

Erfasst wurden die Veränderungen in den bestehenden Unterrichtsgruppen zu Beginn des Schuljahres 2000/2001. Die befragten Lehrkräfte machten Angaben zu Kursen an 17 von damals 22 Schulen. Die in der Tab. 5 enthaltenen Zahlen beziehen sich in der Grundschule auf die Unterrichtsgruppen der 1. bzw. 3. Klasse (Ausnahme Duisburg)[563] und in der Sekundarstufe I in der Regel auf die Unterrichtsgruppen der 5. Klasse.

An vier Schulen (drei Hauptschulen, eine Lernbehindertenschule) hatten die bestehenden Kurse im neuen Schuljahr Neuzugänge zu verzeichnen.[564] An fünf Schulen (Gymnasium, Realschule, Hauptschule, Lernbehindertenschule, Grundschule) gab es keine Veränderungen. An weiteren sieben Schulen (vier Hauptschulen, drei Grundschulen) gab es in der Regel nur in einem geringen Ausmaß Abmeldungen zu verzeichnen. Eine Ausnahme hiervon bildete eine Duisburger Grundschule, wo 10 von 45 Schülerinnen und Schülern abgemeldet wurden. Gründe für die Abmeldungen wurden – so die Auskunft des Lehrers - von den Eltern nicht benannt.[565] An einer Hauptschule im Regierungsbezirk Köln wurde

---

563 In Duisburg beginnt die Islamische Unterweisung an allen Schulen der Primarstufe erst in der 3. Klasse.

564 Der Begriff *Neuzugänge* bezeichnet hier bisher nicht gemeldete Kinder, die erst im zweiten Jahr des Schulversuches angemeldet wurden, und Schulwechsler.

565 Zum Zeitpunkt der Befragung hatten noch keine Elterngespräche stattgefunden. Die hohe Abmeldequote wurde vom unterrichtenden Lehrer mit "mangelndem Interesse" der Schülerinnen und Schüler am neuen Fach erklärt.

die gesamte Unterrichtsgruppe aufgelöst. Die Gründe, die zur Auflösung der bestehenden Unterrichtsgruppe führten, sind nicht bekannt. Der zuständige Lehrer wurde von der Schulleitung lediglich darüber informiert, dass für das neue Schuljahr keine Anmeldungen vorlägen. Insgesamt hatten die Unterrichtsgruppen der 17 Schulen 51 Abmeldungen zu verzeichnen. 86,3 Prozent der Schülerinnen und Schüler nehmen auch im Schuljahr 2000/2001 an der *Islamischen Unterweisung* teil. Diese Zahl bescheinigt dem Fach in der Startphase erneut eine hohe Akzeptanz.

7.1.3 Die Angebots- und Teilnehmergruppen im Schuljahr 2001/2002

Die Zahl der teilnehmenden Schulen an der *Islamischen Unterweisung* hatte sich zu Beginn des Schuljahres 2001/2002 nur geringfügig verändert.[566] Lediglich im Regierungsbezirk Köln setzte eine weitere Hauptschule das neue Fach auf die Stundentafel. Der Schulversuch wurde nun landesweit an 23 Schulen durchgeführt.

Die zweite Erhebung zur Quantifizierung der Angebots- und Teilnehmergruppen wurde im Oktober 2001 durchgeführt. An der Erfassung der Schülerzahlen beteiligten sich alle Schulen aus der ersten Erhebung und die neu hinzugekommene Hauptschule aus dem Regierungsbezirk Köln. Wie auch bei der ersten Befragung wurden an den 16 teilnehmenden Schulen ausschließlich die Daten zu den neuen Unterrichtsgruppen erfasst.[567]

Insgesamt wurde den Eltern von 654 Schülerinnen und Schülern die *Islamische Unterweisung* zur Anmeldung für ihre Kinder angeboten. Von diesen entschlossen sich die Eltern von 480 Kindern zur verbindlichen Anmeldung. Die im Schuljahr 2001/2002 erzielte Gesamtbeteiligung erreichte 73,4 Prozent. Dieser Wert weicht lediglich um 0,2 Prozent von den Ergebnissen des Schuljahres 1999/2000 ab. In diesem Jahr lag die Gesamtbeteiligung bei 73,2 Prozent.

---

566 Zwei Schulen im Regierungsbezirk Düsseldorf, die an der Islamischen Unterweisung teilnehmen wollten, scheiterten an bürokratischen Hindernissen, bzw. an scheinbar interpretationsbedürftigen Erlassregelungen.

567 Dies sind in der Grundschule die Gruppen der 1. bzw. 3. Klasse und in der Sekundarstufe I in der Regel die Gruppen der 5. Klasse.

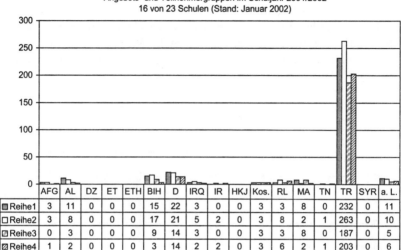

Neue Unterrichtsgruppen
Angebots- und Teilnehmergruppen im Schuljahr 2001/2002
16 von 23 Schulen (Stand: Januar 2002)

	AFG	AL	DZ	ET	ETH	BIH	D	IRQ	IR	HKJ	Kos.	RL	MA	TN	TR	SYR	a. L.
Reihe1	3	11	0	0	0	15	22	3	0	0	3	3	8	0	232	0	11
Reihe2	3	8	0	0	0	17	21	5	2	0	3	8	2	1	263	0	10
Reihe3	0	3	0	0	0	9	14	3	0	0	3	3	8	0	187	0	5
Reihe4	1	2	0	0	0	3	14	2	2	0	3	6	2	1	203	0	6

Tab 6: Neue Unterrichtsgruppen 2001/2002. Reihe 1= Angebotsgruppe Schülerinnen, Reihe 2= Angebotsgruppe Schüler, Reihe 3 = Teilnehmergruppe Schülerinnen, Reihe 4 = Teilnehmergruppe Schüler. (AFG = Afghanistan, AL = Albanien, DZ = Algerien, ET = Ägypten, ETH = Äthiopien, BIH = Bosnien H., D = Deutschland, IRQ = Irak, IR = Iran, HKJ = Jordanien, Kos. = Kosovo, RL = Libanon, MA = Marokko, TN = Tunesien, TR = Türkei, SYR = Syrien, a. L. = andere Länder). Grafik: Michael Kiefer

Die Beteiligung bei den türkischen Schülerinnen und Schülern erreichte erneut einen überdurchschnittlichen Wert. Mit 78,8 Prozent (390 von 495) war sie jedoch um ca. 5 Prozent niedriger als in der Startphase. Bei den kleineren "Nationalitätengruppen" – mit Ausnahme der marokkanischen Kinder (Beteiligung 100 Prozent , 10 von 10) – wurden teilweise die Quoten der Startphase unterschritten. So fiel bei den Kindern mit deutscher Staatsangehörigkeit – der zweitgrößten Gruppe im Versuch – die Beteiligung mit 65,1 Prozent (28 von 43) um 10 Prozent niedriger aus als im Schuljahr 1999/2000. Von den bosnischen Schülerinnen und Schülern nahmen lediglich 37,5 Prozent (12 von 32) teil. Im Schuljahr 1999/2000 lag die Beteiligung bei 56,2 Prozent.[568]
Die Veränderungen in den bestehenden Unterrichtsgruppen konnten zum Schuljahreswechsel 2000/2001 – 2001/2002 nur unvollständig erfasst werden. Von den 16 im Schuljahr 2001/2002 tätigen Lehrerinnen und Lehrern konnten

---

568 Auf den gesamten Schulversuch bezogen haben die Zahlen zur Beteiligung der bosnischen Kinder nur einen eingeschränkten Aussagewert. Im Schuljahr 2001/2002 besuchten von den 32 bosnischen Kindern, die landesweit am Schulversuch teilnahmen, 19 Schülerinnen und Schüler eine Lernbehindertenschule im Regierungsbezirk Köln. Diese Schule hatte trotz eines bestehenden Unterrichtsangebotes keine Anmeldungen zu verzeichnen.

lediglich sieben Lehrkräfte an der im September 2001 in Soest durchgeführten zweiten Lehrkräftebefragung zum Stand des Schulversuches teilnehmen. Aufgrund von fachlichen Umbesetzungen und Schulwechseln konnten neun Lehrerinnen und Lehrer die gewünschten Zahlen zu den Veränderungen in den bestehenden Unterrichtsgruppen nicht erbringen. Vollständige Zahlen liegen zu neun Schulen vor (Vgl. Tab. 7).

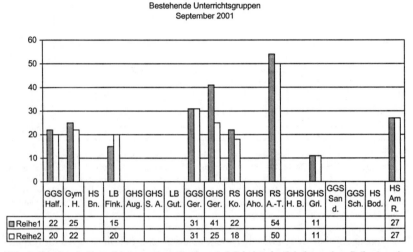

Bestehende Unterrichtsgruppen
September 2001

	GGS Half.	Gym. H.	HS Bn.	LB Fink.	GHS Aug.	GHS S. A.	LB Gut.	GGS Ger.	GHS Ger.	RS Ko.	GHS Aho.	RS A.-T.	GHS H. B.	GHS Gri.	GGS San d.	GGS Sch.	HS Bod.	HS Am R.
Reihe1	22	25		15				31	41	22		54		11				27
Reihe2	20	22		20				31	25	18		50		11				27

Tab. 7: Bestehende Unterrichtsgruppen an landesweit 9 Schulen des Schulversuches. Reihe 1 = altes Schuljahr (2000/2001), Reihe 2 = neues Schuljahr (2001/2002). Grafik: Michael Kiefer

An einer Schule (Lernbehindertenschule) hatten die bestehenden Kurse Neuzugänge zu verzeichnen. An drei Schulen (eine Grundschule, zwei Hauptschulen) gab es in den Kursen keine Veränderungen. Vier weitere Schulen (ein Gymnasium, zwei Realschulen, eine Grundschule) hatten in einem geringem Ausmaß Abmeldungen zu verzeichnen. Abmeldungen in großer Zahl gab es an einer Hauptschule im Regierungsbezirk Köln. Von 41 Schülerinnen und Schülern nahmen im neuen Schuljahr lediglich 25 an den Kursen der *Islamischen Unterweisung* teil.

Die Gründe, die zu den Abmeldungen führten, sind nur teilweise bekannt. Die befragten Lehrerinnen und Lehrer konnten nur dann Angaben machen, wenn es Rückmeldungen seitens der Eltern gegeben hatte. In einigen Fällen gab es aber auch detaillierte Auskünfte. So berichtete ein Lehrer, dass zwei türkische Kinder an einer Duisburger Grundschule abgemeldet wurden, weil die Eltern mit der Unterrichtssprache Deutsch nicht einverstanden waren. Eine Lehrerin, die ebenfalls an einer Duisburger Schule tätig war, berichtete, dass einige Kinder in der 6. Klasse abgemeldet wurden, weil die Eltern den Schülerinnen und Schülern die Teilnahme am türkischen Muttersprachunterricht, der parallel zur *Islamischen Unterweisung* stattfand, ermöglichen wollten.[569] Die zahlreichen Abmeldungen an einer Kölner Hauptschule betrafen ausschließlich den Kurs in der 7. Klasse. Der Lehrer, der an der gleichen Schule noch eine weitere Unterrichtsgruppe in der 6. Klasse unterrichtete, berichtete von "einem allgemeinen Desinteresse" am Fach.[570] Die Schülerinnen und Schüler hätten zur Fortsetzung der *Islamischen Unterweisung* in der 8. Klasse nicht motiviert werden können.

Insgesamt jedoch kann für den Schuljahreswechsel 2000/2001 – 2001/2002 konstatiert werden, dass in den bestehenden Unterrichtsgruppen der aufgeführten neun Schulen relativ wenig Abmeldungen registriert wurden. 88,3 Prozent der Schülerinnen und Schüler beteiligten sich auch im neuen Schuljahr am Schulversuch.

7.1.4 Die Angebots- und Teilnehmergruppen im Schuljahr 2002/2003

Zu Beginn des Schuljahres 2002/2003 wurde der Schulversuch *Islamische Unterweisung* landesweit erheblich ausgedehnt. Die Erweiterung erfolgte auf der Grundlage eines Erlasses des Schulministeriums vom November 2001, in dem landesweit alle in Frage kommenden Schulen[571] erneut zur Teilnahme aufgefordert wurden. Neben den bereits teilnehmenden 24 Schulen entschlossen sich zu Beginn des neuen Schuljahres ca. 20 weitere Schulen für den Eintritt in den Schulversuch. Damit hatte sich die Zahl der Schulen nahezu verdoppelt. Der Anteil der Schülerinnen und Schüler, die nun die Kurse der *Islamischen Unterweisung* besuchten, stieg über 30 Prozent. Darüber hinaus erklärten sich weitere 98 Schulen bereit, mittelfristig am Schulversuch teil zu nehmen.[572]

Die dritte und zugleich abschließende Erhebung zur Quantifizierung der Angebots- und Teilnehmergruppen wurde vom November 2002 bis Januar 2003

---

569 Der Runderlass vom 28. Mai 1999 des Ministeriums für Schule und Weiterbildung, Wissenschaft und Forschung (dokumentiert im Anhang dieser Arbeit) sieht eine solche Konkurrenzsituation der beiden Fächer nicht vor. Eigentlich sollte die Islamische Unterweisung – als ordentliches Fach - parallel zum Religionsunterricht stattfinden.
570 In der 6. Klasse gab es keine Abmeldungen.
571 Schulen mit einem hohen Anteil muslimischer Schülerinnen und Schüler.
572 Landesinstitut für Schule (Hg.): Zweite Fachtagung "Islamische Unterweisung" als eigenständiges Unterrichtsfach in deutscher Sprache, 15. bis 16. November 2001 im Landesinstitut für Schule NRW Soest, Bericht und Dokumentation, Soest November 2002, S. 5.

durchgeführt.[573] Angeschrieben wurden insgesamt 42 Schulen. Die gewünschten Daten wurden landesweit von 30 Schulen zur Verfügung gestellt. Aufgeschlüsselt nach den fünf Regierungsbezirken in Nordrhein-Westfalen beteiligten sich folgende Schulen:

- Regierungsbezirk Köln: ein Gymnasium, eine Realschule, vier Hauptschulen, drei Grundschulen
- Regierungsbezirk Düsseldorf: eine Gesamtschule, eine Hauptschule, eine Realschule, zwei Grundschulen
- Regierungsbezirk Detmold: eine Hauptschule, eine Grundschule
- Regierungsbezirk Arnsberg: eine Gesamtschule, zwei Schulen für Lernbehinderte, drei Grundschulen
- Regierungsbezirk Münster: sechs Hauptschulen und zwei Grundschulen.

An den aufgeführten Schulen wurde 1139 Schülerinnen und Schülern die *Islamische Unterweisung* angeboten. Von diesen nahmen 734 das Unterrichtsangebot an. Die Beteiligung im Schuljahr 2002/2003 erreichte in den neuen Unterrichtsgruppen 64,4 Prozent. Nach Staatsangehörigkeit aufgeteilt ergibt sich folgendes Bild:

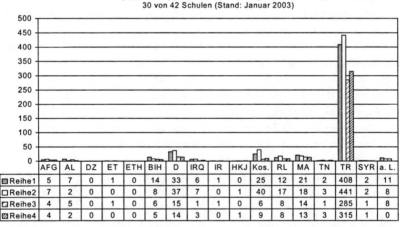

Neue Unterrichtsgruppen: Angebots- und Teilnehmergruppen im Schuljahr 2002/2003
30 von 42 Schulen (Stand: Januar 2003)

	AFG	AL	DZ	ET	ETH	BIH	D	IRQ	IR	HKJ	Kos.	RL	MA	TN	TR	SYR	a. L.
▣ Reihe1	5	7	0	1	0	14	33	6	1	0	25	12	21	2	408	2	11
▢ Reihe2	7	2	0	0	0	8	37	7	0	1	40	17	18	3	441	2	8
▨ Reihe3	4	5	0	1	0	6	15	1	1	0	6	8	14	1	285	1	8
▨ Reihe4	4	2	0	0	0	5	14	3	0	1	9	8	13	3	315	1	0

Tab 8: Neue Unterrichtsgruppen 2002/2003. Reihe 1= Angebotsgruppe Schülerinnen, Reihe 2= Angebotsgruppe Schüler, Reihe 3 = Teilnehmergruppe Schülerinnen, Reihe 4 = Teilnehmergruppe Schüler. (AFG = Afghanistan, AL = Albanien, DZ = Algerien, ET = Ägypten, ETH = Äthiopien, BIH = Bosnien H., D = Deutschland, IRQ = Irak, IR = Iran, HKJ = Jordanien, Kos. = Kosovo, RL = Libanon, MA = Marokko, TN = Tunesien, TR = Türkei, SYR = Syrien, a. L. = andere Länder). Grafik: Michael Kiefer

---

573 Der relativ lange Erhebungszeitraum erwies sich als notwendig, da zu Beginn des Schuljahres teilweise unklar war, welche Schulen am Versuch teilnehmen.

Von den türkischen Schülerinnen und Schülern beteiligten sich 70,7 Prozent (600 von 849). In der Gruppe der marokkanischen Kinder wurde ein ähnliche Beteiligungsquote erzielt (69,2 Prozent / 27 von 39). Bei den anderen "Nationalitätengruppen" – mit der Ausnahme der relativ kleinen afghanischen, albanischen und tunesischen Schülergruppen – fiel die Beteiligung deutlich niedriger aus. Von den libanesischen Kindern nahmen 55,1 Prozent (16 von 29) teil, von den bosnischen 50 Prozent (11 von 22). Relativ gering war die Beteiligung bei den deutschen Kindern. Angenommen wurde das Angebot von lediglich 41,4 Prozent (29 von 70). Ein noch geringeres Ergebnis wurde bei den Schülerinnen und Schülern aus dem Kosovo erzielt. Nur 23 Prozent (15 von 65) entschieden sich für die Teilnahme am Schulversuch.

Die Gesamtbeteiligung erreichte im Schuljahr 2002/2003 lediglich 64,4 Prozent. Dieses Ergebnis fällt um fast 10 Prozent niedriger aus als die Werte in den vorausgegangenen Erhebungen. Ein Vergleich der Beteiligungsdaten an den alten und neuen Schulen zeigte, dass die Schulen, die bereits seit dem Schuljahr 1999/2000 am Schulversuch teilnahmen, in der Regel Werte erreichten, die mit den Beteiligungswerten der ersten beiden Erhebungen übereinstimmten. Dagegen ist das Bild bei den neu hinzugekommenen Schulen uneinheitlich. An manchen Schulen (meist Grundschulen) mit relativ kleinen Angebotsgruppen (maximal 20 Kinder) nahmen alle Kinder an der *Islamischen Unterweisung* teil. Die großen Schulen (Hauptschulen) hingegen erreichten in einigen Fällen relativ niedrige Beteiligungswerte. So erreichte die Beteiligung an einer Hauptschule im Regierungsbezirk Münster lediglich 13,3 Prozent (13 von 98). Die Gründe, die zu dieser sehr niedrigen Beteiligung führten, waren zum Zeitpunkt der Befragung nicht bekannt. Auch eine spätere Nachfrage am *Landesinstitut für Schule* im Februar 2002 brachte keine Aufklärung. Ein Grund für die niedrigen Anmeldezahlen ist vermutlich in der kurzen Vorbereitungszeit zu sehen. Den Schulleitungen stand maximal ein halbes Jahr Vorlaufzeit für die Einrichtung des neuen Fachs zur Verfügung. Überdies fehlte es in einem erheblichen Ausmaß an fortgebildeten Lehrkräften. Im Regierungsbezirk Münster wurde im Schuljahr 2002/2003 die *Islamische Unterweisung* an vielen Schulen mit unerfahrenen MSU-Lehrern durchgeführt, die erstmalig *Islamische Unterweisung in* deutscher Sprache zu unterrichten hatten. Vermutlich wurden die Eltern im Vorfeld nicht ausreichend über das neue Unterrichtsangebot informiert.

An der dritten und abschließenden Erhebung zu den bestehenden Unterrichtsgruppen, die im Oktober 2002 durchgeführt wurde, nahmen 14 Lehrerinnen und Lehrer teil. Sie stellten die Daten zu den Unterrichtsgruppen an 14 Schulen des Schulversuches zur Verfügung. Zu vier Schulen gab es erneut keine Auskünfte. Wie auch in den vorangegangenen Jahren waren hauptsächlich Personalumbesetzungen für diesen Sachverhalt verantwortlich. Die folgende Grafik zeigt die Veränderungen zu Beginn des Schuljahres 2002/2003 (Vgl. Tab. 9)

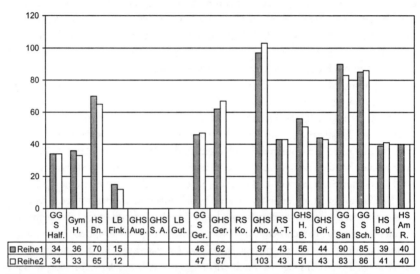

Bestehende Unterrichtsgruppen
September 2002

	GG S Half.	Gym H.	HS Bn.	LB Fink.	GHS Aug.	GHS S. A.	LB Gut.	GG S Ger.	GHS Ger.	RS Ko.	GHS Aho.	RS A.-T.	GHS H. B.	GHS Gri.	GG S San	GG S Sch.	HS Bod.	HS Am R.
Reihe1	34	36	70	15				46	62		97	43	56	44	90	85	39	40
Reihe2	34	33	65	12				47	67		103	43	51	43	83	86	41	40

Tab. 9: Bestehende Unterrichtsgruppen an landesweit 14 Schulen des Schulversuches. Reihe 1 = altes Schuljahr (2001/2002), Reihe 2 = neues Schuljahr (2002/2003). Grafik: Michael Kiefer

Zwei Grundschulen und zwei Hauptschulen hatten im Schuljahresübergang durch Schulwechsel Neuzugänge zu verzeichnen. An zwei Grundschulen und einer Hauptschule gab es keine Veränderungen. An einem Gymnasium, drei Hauptschulen, einer Lernbehindertenschule und einer Grundschule gab es in geringem Umfang Abmeldungen zu verzeichnen. Insgesamt wurden an den aufgeführten Schulen 19 Schülerinnen und Schüler abgemeldet. Gemessen an der Gesamtzahl von 757 Schülerinnen und Schülern, die das islamkundliche Kursangebot auch im neuen Schuljahr nutzten, ist die Zahl der Abmeldungen als sehr niedrig anzusehen. Die Gründe, die zu den Abmeldungen führten sind unterschiedlich.[574] An zwei Schulen wurden jeweils zwei alevitische Kinder abgemeldet, weil die Eltern der Ansicht waren, dass die *Islamische Unterweisung* zu einseitig auf sunnitische Inhalte orientiert sei.[575] An einer anderen Schule gab es erneut mehrere Abmeldungen, weil die Schüler nach dem Willen der Eltern an dem parallel

---

574 Einige Abmeldungen erfolgten aufgrund von Schulwechseln.
575 Die Geschichte und der Glauben der alevitischen Glaubensrichtung wird, wie bereits ausführlich dargelegt, in den vorliegenden Curricula nicht behandelt.

zur *Islamischen Unterweisung* stattfindenden türkischen Muttersprachunterricht teilnehmen sollten.

7.2 Zwischenfazit

1. Die ablehnende Haltung der islamischen Spitzenverbände zum Schulversuch *Islamische Unterweisung*, die in der öffentlichen Auseinandersetzung um einen regulären islamischen Religionsunterricht stets präsent war, wird offenbar von einem erheblichen Teil der muslimischen Eltern nicht geteilt. Die Ergebnisse der zwei Erhebungsreihen, die über einen Zeitraum von drei Jahren durchgeführt wurden, bescheinigen der *Islamischen Unterweisung* durchweg einen hohen Zuspruch. In den Schuljahren 1999/2000 und 2001/2002 wurden mehr als 73 Prozent der muslimischen Schülerinnen und Schüler zu den neuen Unterrichtsgruppen verbindlich angemeldet. Nach der Ausweitung des Schulversuches im Schuljahr 2002/2003 auf ca. 45 Schulen erreichten die "alten" Schulen erneut Werte über 70 Prozent. Mit den neuen Schulen erreichte die Gesamtbeteiligung – trotz der unzureichenden Vorbereitungszeit – 64,4 Prozent.   Eine hohe Akzeptanz im heterogenen Feld der muslimischen Elternschaft für die *Islamische Unterweisung* signalisieren auch die geringen Abmeldezahlen aus den bestehenden Unterrichtsgruppen. Im Untersuchungszeitraum wurden in den bestehenden Unterrichtsgruppen weniger als 5 Prozent der teilnehmenden Schülerinnen und Schüler abgemeldet.

2. Die Beteiligung der türkischen Schülerinnen und Schüler am Schulversuch war während des ganzen Untersuchungszeitraums überdurchschnittlich hoch (1999/2000 – 84 Prozent, 2001/2002 – 78,8 Prozent, 2002/2003 – 70,7 Prozent). Dieses Ergebnis ist in zweierlei Hinsicht bemerkenswert. Erstens zeigt die hohe Akzeptanz, dass die türkischen Eltern die massiven Bedenken der türkischen Regierung gegen die Unterrichtssprache Deutsch, die bis zur Ministervereinbarung vom 11. Februar 2002 bestanden, offenbar nicht teilten.[576] Zweitens wurde eine hohe Beteiligung auch in den Wohnquartieren erreicht, wo nach Angaben der Schulleitungen der Einfluss islamistisch orientierter Moscheevereine relativ groß ist. So waren die Anmeldezahlen im Duisburger Norden – hier verfügten die *IGMG* und der *VIKZ* über eine beträchtliche Anhängerschaft unter den türkischen Migranten - nur unwesentlich niedriger als im Landesdurchschnitt.

---

576 Gemeinsamer Aufruf des Ministers für Nationale Erziehung der Republik Türkei Metin Bostancioglu und der Ministerin für Schule, Wissenschaft und Forschung des Landes Nordrhein-Westfalen Gabriele Behler vom 11. Februar 2002, in: Landesinstitut für Schule (Hg.): Zweite Fachtagung "Islamische Unterweisung" als eigenständiges Unterrichtsfach in deutscher Sprache, 15. bis 16. November 2001 im Landesinstitut für Schule NRW Soest, Bericht und Dokumentation, Soest November 2002, S. 83 ff.

7.3 Die Eltern und der Schulversuch – Ergebnisse einer schriftlichen Elternbefragung

7.3.1 Zielsetzung der Befragung

Die hohen Anmeldezahlen, die die Kurse der *Islamischen Unterweisung* in den ersten drei Jahren zu verzeichnen hatten, zeigen, dass eine deutliche Mehrheit in der muslimischen Elternschaft dem neuen islamkundlichen Unterricht aufgeschlossen gegenüber steht. Die im letzten Kapitel vorgelegten Zahlen und die Angaben der Lehrer zu den bestehenden Unterrichtsgruppen ermöglichen jedoch keine Rückschlüsse auf die Beweggründe der Eltern, die ihre Kinder für die *Islamische Unterweisung* angemeldet haben. Wie stehen die Eltern zum Schulversuch? Stimmen sie dem neu konzipierten Unterricht vorbehaltlos zu oder wünschen sie in Zukunft einen regulären Religionsunterricht, an dessen curricularer Ausgestaltung die großen islamischen Verbände beteiligt werden sollen? Kennen die Eltern überhaupt den Unterschied zwischen einem islamkundlichen Unterricht – wie der *Islamischen Unterweisung* – und einem regulären Religionsunterricht? Authentische Stellungnahmen und Antworten auf den angedeuteten Fragenkomplex gab es von den am Schulversuch beteiligten Eltern bislang nicht.

Die im Juni und Juli 2002 durchgeführte schriftliche Elternbefragung sollte einen kleinen Beitrag zur Erhellung des angerissenen Problemzusammenhangs leisten. Die Eltern von insgesamt 153 Schülerinnen und Schülern gaben Antworten auf Fragen aus drei thematischen Feldern:[577]

Feld 1: Islamischer Religionsunterricht

- Wurden die Eltern über Inhalte und Konzeption der *Islamischen Unterweisung* unterrichtet?
- Haben die Eltern Vorerfahrungen mit der *Islamischen Unterweisung* im Rahmen des muttersprachlichen Unterrichts?
- Kennen die Eltern den Unterschied zwischen *Islamischer Unterweisung* und regulärem islamischen Religionsunterricht?
- Wünschen die Eltern bei der zukünftigen Ausgestaltung des Faches die Beteiligung der islamischen Verbände?
- Wenn ja, welcher Verband soll beteiligt werden?
- Soll es für alle Muslime – also Sunniten, Schiiten und Aleviten - einen gemeinsamen Religionsunterricht geben?
- Wie stehen die Eltern zur Unterrichtssprache Deutsch?

---

577 Der genaue Wortlaut der Fragen ist dem Fragebogen zu entnehmen, der sich im Anhang der Untersuchung befindet.

- Welche Form der Lehrerausbildung wünschen die Eltern?

Feld 2: Religiosität und Alltag

- Religions- und "Konfessionszugehörigkeit" der Eltern aufgeschlüsselt nach Geschlechtern
- Häufigkeit der Moscheebesuche
- Besuchen die Kinder neben der IU auch den Koranunterricht in einer Moschee?

Feld 3: Herkunft und Staatsangehörigkeit

- Geburtsland
- Staatsangehörigkeit
- Aufenthaltsdauer

Die Fragen im Themenfeld *Islamischer Religionsunterricht* orientieren sich weitgehend an den strittigen Sachfragen, die sich in der bisher geführten öffentlichen Auseinandersetzung zwischen den Kultusverwaltungen der Länder, den islamischen Verbänden und den Entsendestaaten herauskristallisiert haben. Die Stellungnahmen bzw. Antworten der Eltern auf die zu diesem Feld gehörenden *Einstellungsfragen* [578] sollen aufzeigen, wie die Eltern zu den Forderungen der islamischen Verbände stehen. Von herausragender Bedeutung ist in diesem Kontext die Frage nach dem repräsentativen "Ansprechpartner" auf muslimischer Seite, dessen Existenz die Kultusverwaltungen der Flächenstaaten aufgrund unzureichender Mitglieder verneinen. Wünschen die Eltern – trotz dieses Mangels - die Beteiligung der in Nordrhein-Westfalen ansässigen Verbände ? Und wenn ja, welchen Verband favorisieren die Eltern? Überdies galt es zu ermitteln, ob die am Schulversuch beteiligten Eltern mit der derzeitigen Form der Unterrichtsdurchführung – in deutscher Sprache und gemeinsam für alle Muslime - einverstanden sind.

Die Fragenanordnungen des Themenfeldes *Religiosität und Alltag* sollen Aufschluss darüber geben, welche Muslime an der Befragung teilgenommen haben. Neben der Erfassung der "Konfessionszugehörigkeit" der Befragten, die in den vorausgegangenen Untersuchungen lediglich geschätzt werden konnte, geht es vor allem darum, abschätzen zu können, welche Bedeutung der Islam im Alltag der Befragten spielt. Auf Informations- und Diskussionsveranstaltungen zur *Islamischen Unterweisung* wurde gelegentlich von Vertretern islamischer Vereine die Ansicht geäußert, dass lediglich die Eltern, die über keine regelmäßigen Kontakte zu den islamischen Gemeinden verfügen, ihre Kinder in den staatlichen Islamun-

---

578 Vgl. Zum Terminus Einstellungsfragen: Schnell / Hill / Esser (Hg.): Methoden der empirischen Sozialforschung, 6. Aufl., München / Wien / Oldenburg 1999, S. 304.

terricht entsenden. Um diesen Vorwurf auf seine Richtigkeit überprüfen zu können, erwiesen sich zwei Fragestellungen als notwendig, die sich unmittelbar auf die Partizipation der Eltern am islamischen Gemeindeleben beziehen. So sollte mit der ersten Frage die Häufigkeit der Moscheebesuche ermittelt werden. Schließlich wurden die Eltern auch danach befragt, ob ihre Kinder - neben der islamischen Unterweisung - am Koranunterricht einer Moscheegemeinde teilnehmen.

Die *Fragen nach Befragteneigenschaften* [579] im Themenfeld *Herkunft und Staatsangehörigkeit* dienen der Erfassung der wichtigsten Migrationseckdaten. Die Angaben zu den Herkunftsländern, der Staatsangehörigkeit und der Verweildauer werden nach Geschlechtern getrennt – also für die Mütter und die Väter erhoben. Die Daten sollen grundsätzliche Einsichten in die Integrations- und Familiengeschichte der Befragten ermöglichen. Die in diesem Zusammenhang relevanten Fragen lauten: Liegen Mischehen vor, oder verbleiben die Männer und Frauen im Rahmen der Herkunftsnation? Heiraten die in der Bundesrepublik aufgewachsenen Männer Frauen, die ebenfalls hier aufgewachsen sind, oder bevorzugen sie Ehefrauen aus dem Herkunftsland der Eltern? Im Kontext der Untersuchung wäre im Weiteren zu klären, ob die unterschiedlichen biographischen Hintergründe sich im Antwortverhalten in den bereits skizzierten Themenfeldern auswirken. So sind weitere Fragestellungen denkbar, wie z. B.: Hat die Annahme der deutschen Staatsbürgerschaft Auswirkungen auf die Akzeptanz der Unterrichtssprache?

7.3.2 Erhebungsinstrument

7.3.2.1 Fragebogenaufbau

Die Entwicklung des Erhebungsinstrumentes gestaltete sich recht schwierig und zeitaufwendig, da sich bereits nach den ersten Elterngesprächen im Dezember 2001 drei grundsätzliche Probleme abzeichneten:

1. Zahlreiche Eltern verfügen nicht über die "sprachliche Leistungsfähigkeit" ("Auffassungsgabe und Sprachgewandtheit"), die zum Ausfüllen eines Fragebogens erforderlich ist.[580] Aufgrund dieses Sachverhalts sind schriftliche Befragungen teilweise nur in der Sprache der Herkunftsländer möglich.

2. Viele Eltern verfügen über keine Erfahrungen mit schriftlichen Befragungen. Der Umgang mit Antwortskalen z. B. bei Bewertungen ("stimmt nicht /

579 Ebd., S. 304.
580 Friedrichs, Jürgen: Methoden der empirischen Sozialforschung, 14. Aufl., Opladen 1990, S. 236.

stimmt wenig / stimmt mittelmäßig / stimmt ziemlich / stimmt sehr") ist nicht eingeübt.

3. Schriftliche Befragungen erwecken angeblich bei vielen Muslimen Misstrauen. Die Gefahr eines Datenmissbrauchs gegen "die Muslime" wird grundsätzlich als sehr hoch eingeschätzt.

Aufgrund dieser besonderen Ausgangslage wurden bei der Entwicklung des Erhebungsbogens folgende Konstruktionskriterien beachtet.

- Die erläuternden Begleitschreiben und die Erhebungsinstrumente sind mehrsprachig zu gestalten, und zwar in Deutsch, Arabisch und Türkisch.
- Um die Übersetzungsproblematik (Bedeutungsverschiebung, unerwünschte Konnotation usw.) möglichst gering zu halten, sind die Fragen kurz und mit einfachen Worten zu gestalten.
- Sofern die Fragestellung es zulässt, sind "geschlossene" Fragen zu bevorzugen, da diese vom Befragten keine "Schreibgewandtheit"[581] erfordern.
- Sprachlich komplizierte Antwortskalen wie "stimmt nicht / stimmt wenig / stimmt mittelmäßig / stimmt ziemlich / stimmt sehr" sind zu vermeiden.
- Komplizierte Filter und Gabelungen, die Verwirrung bei unerfahrenen Befragten hervorrufen könnten, sind ebenfalls zu vermeiden.
- Fragen, die das Misstrauen der Befragten hervorrufen könnten - wie z. B. Sind sie Mitglied in einem Moscheeverein? – werden nicht in den Fragebogen aufgenommen.

7.3.2.2 Fragebogenaufbau

Die jeweils dreifache Anordnung der Fragen und Antwortvorgaben in Deutsch, Arabisch und Türkisch führte in den ersten Probeentwürfen zu unübersichtlichen und sehr langen Ergebnissen. Da sich die gestalterischen Probleme aufgrund der großen und verwirrenden Textmengen nicht befriedigend lösen ließen, wurde auf den Entwurf eines einheitlichen dreisprachigen Erhebungsinstruments verzichtet. Stattdessen wurden eine deutsch-arabische und eine deutsch-türkische Version erarbeitet.[582]

Das Deckblatt wurde nach den bei schriftlichen Befragungen üblichen Gestaltungsrichtlinien ausgearbeitet.[583] Folgende Punkte wurden aufgenommen:

- Name, Beruf, Adresse und Telefonnummer des Absenders
- Thema der Befragung

---

581 Ebd.
582 Beide Versionen des Fragebogens befinden sich im Anhang dieser Untersuchung.
583 Ebd., S. 237.

- Verwertungsziel der Befragung
- Zusicherung der Anonymität des Befragten
- Hinweis zur Freiwilligkeit der Befragung

Die Hinweise auf die Freiwilligkeit, Anonymität und Zweckgebundenheit der Befragung wurden in der Mitte des Deckblattes mit großer Fettschrift deutlich hervorgehoben.

Die Anordnung und Reihenfolge der Fragen orientieren sich weitgehend an den genannten Themenfeldern. Die Einleitungsfragen stammen aus dem Themenfeld *Islamischer Religionsunterricht.* Sie beziehen sich unmittelbar auf die *Islamische Unterweisung* und sollen den Befragten einen unkomplizierten Einstieg in die Befragung vermitteln. Die persönlichen und die eher "schwierigen" bzw. "sensiblen" Fragen (z. B. Wie oft besuchen Sie eine Moschee?) wurden in das letzte Drittel des Fragebogens platziert.

Insgesamt enthält der Fragebogen 13 grafisch voneinander abgesetzte und durchnummerierte Frageanordnungen. Sieben Fragen sind mit einer einstufigen Filterung versehen (z. B. Wenn Sie die letzte Frage mit "Nein" beantwortet haben). Bei acht Fragen handelt es sich um "geschlossene" Fragen mit Antwortvorgaben. Da bei einigen Fragen (z. B. Welcher Glaubens-gemeinschaft gehören Sie an?) mit den Vorgaben nicht alle möglichen Antworten erfasst werden können, erwiesen sich bei drei Frageanordnungen sogenannte "Hybridfragen" (Kombination von offener und geschlossener Antwortvorgabe) als notwendig. Drei Frageanordnungen enthalten einfach zu beantwortende "offene" Fragen (z. B. In welchem Land wurden Sie geboren?).

7.3.2.2 Pretests

Der Erfolg einer schriftlichen Befragung, die in einer sprachlich heterogenen Zielpopulation durchgeführt wird, hängt in einem hohen Maße von der Qualität bzw. Zuverlässigkeit des Erhebungsinstrumentes ab. Da es keine allgemeine Theorie für Befragungstechniken gibt, aus der die Konstruktion eines Fragebogens abzuleiten wäre, muss das Erhebungsinstrument vor der Datenerhebung empirisch getestet werden. Nach Rainer Schnell dienen Pretests vor allem der Überprüfung:

- "der ausreichenden Variation der Antworten,
- des Verständnisses durch den Befragten,
- des Interesses und der Aufmerksamkeit des Befragten gegenüber den Fragen,
- der Kontinuität des Interviewablaufes,
- der Effekte der Fragenanordnung,

- der Güte der Filterung,
- von Kontexteffekten,
- der Dauer der Befragung (...)."[584]

Bei der Entwicklung des Erhebungsinstruments konnten zwei Testphasen unterschieden werden:

In der ersten Phase – den "Entwicklungspretests"[585] – wurden mit einer ersten Entwurfsfassung des Fragebogens die aufgeführten Probleme überprüft. Im November 2001 wurden anhand eines Leitfadens mehrere qualitative Einzelinterviews und eine Gruppendiskussion[586] mit arabischen und türkischen Muttersprachlehrern durchgeführt. Die Teilnehmer wurden gebeten, die ihnen vorliegenden Frageanordnungen kritisch zu kommentieren. Überdies sollten sie unverständliche, unangemessene und missverständliche Formulierungen und Antwortvorgaben benennen.[587]

Vor allem im Verlauf der Gruppendiskussion wurde deutlich, dass die erste Entwurfsfassung in einem erheblichen Ausmaß umgestaltet werden musste. So äußerten sich einige Teilnehmer sehr kritisch zu den persönlichen Fragen. Insbesondere die Frage nach der Zugehörigkeit in einem islamischen Verein rief Missmut hervor. Manche Teilnehmer äußerten die Ansicht, dass eine solche Frage den Verdacht aufkommen ließe, dass es in dieser Befragung darum ginge, die Muslime "auszuspionieren". Ebenfalls in diesem Kontext wurde die angeblich nicht präzise benannte Zielvorgabe der Untersuchung kritisiert. Ein Teilnehmer vertrat die Ansicht, dass die in der Befragung gewonnenen Daten sicherlich nachteilige Folgen für "die Muslime" hätten. Neben diesen eher grundsätzlichen Einwänden gab es auch Änderungswünsche zu den Frageanordnungen und Filterungen, die einigen Teilnehmern als zu kompliziert und lang erschienen.

Auf der Grundlage der in den Einzelinterviews und in der Gruppen-diskussion geleisteten Kritik wurde der Fragebogen an einigen Punkten modifiziert. Die Ergebnisse wurden in zwei weiteren Einzelinterviews erneut getestet.[588] Da die vorgelegte Fassung auch bei gezieltem Nachfragen nicht mehr beanstandet wurde, konnte das Erhebungsinstrument nun einem abschließenden Testlauf zugeführt werden.

---

584 Schnell / Hill / Esser, S. 324.
585 Converse / Presser: Survey Questions, Handcrafting the Standardized Questionnaire, Beverly Hills 1986, S. 65 –74.
586 Im Rahmen der Lehrerfortbildung haben an der Gruppendiskussion 16 Lehrerinnen und Lehrer teilgenommen.
587 Schnell / Hill / Esser, S. 325.
588 Die Interviews wurden mit einem arabischen und einem türkischen Muttersprachlehrer durchgeführt. Beide Lehrer unterrichten im Rahmen des muttersprachlichen Unterrichts auch das Fach Islamische Unterweisung.

Der Abschluss-Pretest wurde am 18. Dezember 2001 auf einem Elternabend an einem Kölner Gymnasium durchgeführt, das seit dem Schuljahr 1999/2000 am Schulversuch teilnimmt. Von 50 eingeladenen Eltern waren 13 türkische Mütter und Väter erschienen. Sie alle erklärten sich nach der formalen Beendigung des Elternabends bereit, den Fragebogen auszufüllen und anschließend zu besprechen. In der abschließenden Diskussion wurde deutlich, dass die modifizierte Entwurfsfassung für die anwesenden Eltern keine sprachlich unverständlichen Fragen oder Frageführungen enthielt.[589] Die Länge des Fragebogens bzw. die Befragungsdauer wurden nicht bemäkelt. Kritisiert wurden erneut die Fragen zur Religionsausübung. Ein Teilnehmer beanstandete vor allem die Frage zur Häufigkeit der Moscheebesuche und vertrat die Ansicht, dass einige Eltern eine solche Frage nicht beantworten würden. Zur Begründung führte er aus, dass nach dem "11. September" die Muslime verunsichert seien und dass es in der Bundesrepublik eine wachsende allgemein islamfeindliche Stimmung gäbe. Diese würde unter Umständen durch die Umfrageergebnisse verstärkt.[590] Kritische Nachfragen gab es auch zu der Frage: "Die *Islamische Unterweisung* wurde ohne Beteiligung der islamischen Vereine (Dachverbände) eingeführt. Sollen die islamischen Vereine (Dachverbände) in Zukunft beteiligt werden?" Einige Teilnehmer gaben zu verstehen, dass man eine Beteiligung der Verbände strikt ablehne, und vertraten überdies die Meinung, man solle eine solche Frage erst gar nicht stellen.[591] Auf Ablehnung und Unverständnis stießen bei zwei Teilnehmern auch die Antwortvorgaben der Folgefrage: "Wenn Sie die letzte Frage mit JA beantwortet haben: Welche Organisation/Verbände sollen beteiligt werden?" Ein Teil der in den Antwortvorgaben genannten Verbände war drei Teilnehmern nicht bekannt.

Die Ergebnisse des Abschluss-Pretests zeigten, dass am Erhebungsinstrument erneut Modifikationen vorgenommen werden mussten. Um eine bessere Akzeptanz zu erzielen, wurde im Mittelteil des Deckblatts in Großdruck der Hinweis platziert, dass die anonym erhobenen Daten ausschließlich wissenschaftlichen Zwecken zugeführt werden und dass die Teilnahme an der Befragung freiwillig ist. Ferner wurde im Anschreiben die Zielsetzung der Befragung verständlicher formuliert. Die Fragen zur Religionsausübung und zur Beteiligung der islamischen Vereine und Verbände an der *Islamischen Unterweisung* wurden nicht entfernt. Ein Verzicht auf die kritisierten Fragestellungen hätte die Zielsetzung der Befragung an zentralen Punkten erheblich eingeschränkt. Entfernt wurden lediglich die

---

589 Die meisten anwesenden Eltern verfügten über gute bis sehr gute Deutschkenntnisse.
590 Die anderen Eltern teilten diese Auffassung nicht. Sie hatten keine Bedenken bei der Beantwortung der kritisierten Fragestellung.
591 Die türkischen Beiträger führten weiter aus, dass sie aufgrund ihres laizistischen Staatsverständnisses einer Beteiligung islamischer Verbände nicht zustimmen könnten. Die Unterrichtsgestaltung müsse auch in Zukunft ausschließlich durch staatliche Institutionen erfolgen.

Antwortvorgaben zur Frage "Welche Organisation/Verbände sollen beteiligt werden?" In der Neufassung wurde die Frage "offen" formuliert.

7.3.3 Auswahl der beteiligten Schulen

Zum geplanten Zeitpunkt der Untersuchung im Juni 2002 beteiligten sich landesweit 24 Schulen am Schulversuch. Aufgrund der eng bemessenen finanziellen Ressourcen[592] zeigte sich bereits in der Vorplanung im Oktober 2001, dass die Befragung landesweit nicht an allen Schulen durchgeführt werden konnte. Für eine kleinere Auswahl der teilnehmenden Schulen sprach auch der Umstand, dass im Vorfeld der Untersuchung umfangreiche Vorbereitungen – z. B. Vorgespräche mit den Schulleitungen und Lehrern usw. – durchgeführt werden mussten. Nach ersten Sondierungen erwies sich eine Beschränkung auf fünf Schulen als realistisch. Bei der Auswahl der Schulen wurden folgende Kriterien zu Grunde gelegt:

- Ausgewogene Beteiligung von Grundschulen und Schulformen der Sekundarstufe 1 (möglichst alle im Schulversuch vorkommenden Schulen).
- landesweite Auswahl mit den Schwerpunkten Köln und Duisburg.[593]
- Schulen mit heterogenen Unterrichtsgruppen ("Konfession" und Herkunftsland).[594]
- Einwilligung und Unterstützung der Schulleitung.[595]
- Qualifizierte Mitarbeit der unterrichtenden Fachlehrerinnen und –Lehrer.

Nach einer Reihe von Vorgesprächen mit acht Lehrerinnen und Lehrern, die an zehn Schulen *Islamische Unterweisung* im Schuljahr 2001/2002 unterrichteten, wurde unter Verwendung der ersten drei Kriterien eine Vorauswahl getroffen. Nach weiteren Gesprächen mit sechs Schulleitungen sicherten zwei Grundschulen (Köln, Duisburg), eine Hauptschule (Köln), ein Gymnasium (Köln) und eine Gesamtschule (Hamm) ihre Beteiligung und Unterstützung zu. Alle Schulen erfüllen die aufgelisteten Kriterien.

---

592 Die Befragung wurde ausschließlich mit Eigenmitteln durchgeführt.
593 Fast zwei Drittel der teilnehmenden Schulen liegen in den Regierungsbezirken Köln und Düsseldorf (alle in Duisburg).
594 An einigen Schulen ist der Anteil türkischer Kinder überproportional hoch.
595 Die Ausgabe von Fragebögen über die Fachlehrer muss von der Schulleitung genehmigt werden.

7.3.4 Durchführung

Die kritischen Kommentare der Lehrer und Eltern während der Pretests hatten erkennen lassen, dass ein nicht unerheblicher Teil der muslimischen Elternschaft Befragungen zum Themenfeld Islam skeptisch bis ablehnend gegenübersteht. Die diffusen Ängste vor Datenmissbrauch hätten bei einem postalischen Versand der Erhebungsinstrumente vermutlich zu einem sehr geringen Rücklauf geführt. Die Bedenken der Eltern – dies hatten zahlreiche Gespräche gezeigt – konnten nur dann erfolgreich ausgeräumt werden, wenn die Schulen und die Fachlehrerinnen und Lehrer, die bei den Eltern und islamischen Gemeinden vor Ort Wertschätzung und Glaubwürdigkeit genießen, an der Durchführung der Befragung an zentraler Stelle mitwirken. Durch zahlreiche andere Befragungen hatten die an der Erhebung teilnehmenden Schulen die Erfahrung gemacht, dass ein relativ hoher Rücklauf dann erreicht werden kann, wenn die Erhebungsinstrumente von den Lehrerinnen und Lehrern im Rahmen des regulären Unterrichts ausgegeben werden. Aufgrund dieser Erfahrungen wurde in Absprache mit allen Schulleitungen eine "unterrichtsinterne" Ausgabe der Fragebögen beschlossen.

Die Ausgabe der Bögen erfolgte an allen fünf Schulen im Zeitraum vom 1. bis 15. Juni 2002. Insgesamt wurden 288 Erhebungsinstrumente an die Schülerinnen und Schüler ausgeben. Bei der Verteilung wurden die Kinder gebeten, die Fragebögen und Begleitschreiben an die Eltern weiter zu leiten. Zur nächsten Unterrichtsstunde sollte der ausgefüllte Fragebogen wieder mitgebracht werden. Da damit gerechnet werden musste, dass einige Kinder oder Eltern die Weiterleitung bzw. Bearbeitung des Erhebungsinstrumentes vergessen, sollte bei einer nicht erfolgten Vorlage nach spätestens zwei weiteren Unterrichtsstunden ein Erinnerungsschreiben[596] durch die Lehrkräfte ausgegeben werden.

Insgesamt wurden 153 (von 288) verwertbare Fragebögen zurückgegeben.[597] Die Rücklaufquote schwankte zwischen 91 Prozent (Grundschule Duisburg) und 42 Prozent (Gymnasium Köln). Die Gesamtbeteiligung lag bei 53, 1 Prozent.

---

596 Das ebenfalls mehrsprachig abgefasste Erinnerungsschreiben befindet sich im Anhang.
597 Nicht eingerechnet sind die Fragebögen die größtenteils unvollständig oder nicht bearbeitet zurückgegeben wurden. Insgesamt 15 Fragebögen konnten nicht in die Auswertung aufgenommen werden. Auf den nicht ausgefüllten Exemplaren befinden sich teilweise handschriftliche Vermerke wie z. B. "Wir möchten uns nicht beteiligen".

7.3.5 Ergebnisse

7.3.5.1 Herkunftsländer, Aufenthaltsdauer und Staatsangehörigkeit der Befragten[598]

Wie nicht anders zu erwarten, stellen die Mütter und Väter, die in der Türkei geboren wurden, die mit Abstand größte Gruppe unter den Teilnehmerinnen und Teilnehmern der schriftlichen Erhebung. Von den Befragten gaben 87,6 Prozent (268 von 306) die Türkei als Geburtsland an. In der Liste der Herkunftsländer folgt mit sehr großem Abstand die Bundesrepublik mit 5,2 Prozent (16 von 306), Marokko mit 2 Prozent (6 von 306) und Jugoslawien mit 1,3 Prozent (4 von 306). Alle anderen genannten Herkunftsländer (Libanon, Niederlande, Bosnien, Pakistan) liegen unter 1 Prozent (Vgl. Tab. 10).

Lediglich 2,6 Prozent (8 von 306) leben weniger als 10 Jahre in der Bundesrepublik. 82,3 Prozent (252 von 306) leben seit mehr als zehn Jahren in Deutschland, und 13,4 Prozent (41 von 306) wurden hier geboren (Vgl. Tab. 11). Angesichts dieser mehrheitlich langen Verweildauer besitzen nur relativ wenige Mütter und Väter die deutsche Staatsbürgerschaft. Auf die Frage *Haben Sie einen deutschen Pass?* antworteten 17,3 Prozent (53 von 306) mit "Ja" (Vgl. Tab 12).

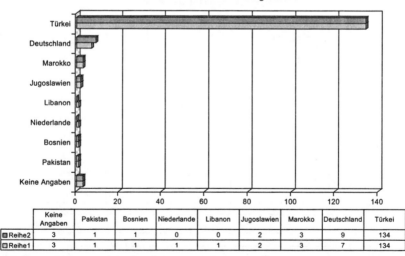

In welchem Land wurden Sie geboren?

	Keine Angaben	Pakistan	Bosnien	Niederlande	Libanon	Jugoslawien	Marokko	Deutschland	Türkei
▣ Reihe2	3	1	1	0	0	2	3	9	134
▢ Reihe1	3	1	1	1	1	2	3	7	134

Tab.10: Elternbefragung an fünf Schulen des Schulversuches, Juni 2002. In welchem Land wurden Sie geboren? (Keine Antwortvorgaben). Reihe 1 = Mütter, Reihe 2 = Väter. Grafik: Michael Kiefer

---

598 Die Antwortvorgaben zu Herkunft, Verweildauer, Staatsangehörigkeit und Religion erfassen beide Elternteile in getrennten Sparten.

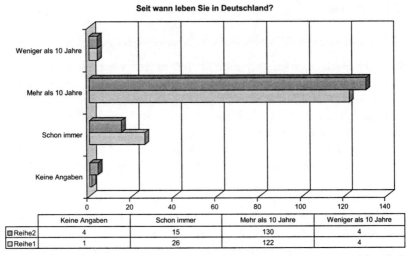

	Keine Angaben	Schon immer	Mehr als 10 Jahre	Weniger als 10 Jahre
☐ Reihe2	4	15	130	4
☐ Reihe1	1	26	122	4

Tab. 11: Elternbefragung an fünf Schulen des Schulversuches, Juni 2002. Seit wann leben Sie in Deutschland? (Mit Antwortvorgaben). Reihe 1 = Mütter, Reihe 2 = Väter. Grafik: Michael Kiefer

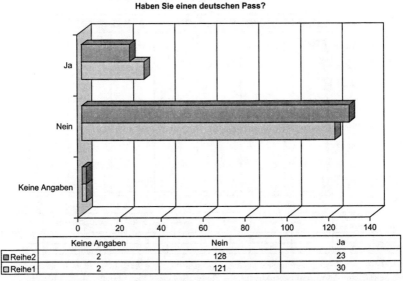

	Keine Angaben	Nein	Ja
☐ Reihe2	2	128	23
☐ Reihe1	2	121	30

Tab. 12: Elternbefragung an fünf Schulen des Schulversuches, Juni 2002. Haben Sie einen deutschen Pass? (Mit Antwortvorgaben). Reihe 1 = Mütter, Reihe 2 = Väter. Grafik: Michael Kiefer

7.3.5.2 Religionszugehörigkeit und Religionsausübung

Was die Religionszugehörigkeit betrifft, weist die Gruppe der befragten Eltern eine hohe Homogenität auf. Auf die Frage *Welcher Religionsgemeinschaft gehören Sie an?* gaben bis auf zwei Ausnahmen (eine katholische und eine evangelische Christin) die Befragten den Islam als Religionsgemeinschaft an (Vgl. Tab.13). Von diesen betrachten sich 86,2 Prozent (262 von 304) als Sunniten. 1,3 Prozent (4 von 306) bekennen sich zur Schia, und 7,2 Prozent (22 von 304) bezeichnen sich als Angehörige der alevitischen Glaubensgemeinschaft (Vgl. Tab. 14).

Ein nicht unerheblicher Teil der Befragten – nahezu ein Drittel – nimmt regelmäßig, d. h. mindestens wöchentlich am Gemeindeleben der Moscheevereine teil. Auf die Frage *Wie oft besuchen Sie eine Moschee?* gaben 14 Prozent (43 von 306) an, dass sie täglich eine Moschee besuchen, 18,6 Prozent (57 von 306) wöchentlich und 54,2 Prozent (166 von 306) gelegentlich. 9,8 Prozent (30 von 306) besuchen nie eine Moschee (Vgl. Tab. 15).

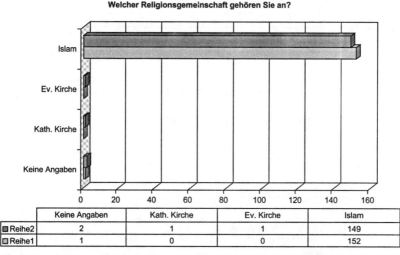

Welcher Religionsgemeinschaft gehören Sie an?

	Keine Angaben	Kath. Kirche	Ev. Kirche	Islam
▣ Reihe2	2	1	1	149
▢ Reihe1	1	0	0	152

Tab.13: Elternbefragung an fünf Schulen des Schulversuches, Juni 2002. Welcher Religionsgemeinschaft gehören Sie an? (Hybridfrage). Reihe 1 = Mütter, Reihe 2 = Väter. Grafik: Michael Kiefer

Fortsetzung der Tabelle folgende Seite:

**Wenn Sie bei der letzten Frage das Feld "Islam" angekreuzt haben:
Welcher islamischen Glaubensrichtung gehören Sie an?**

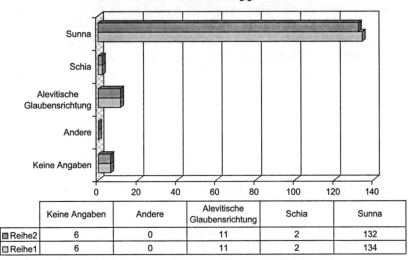

	Keine Angaben	Andere	Alevitische Glaubensrichtung	Schia	Sunna
Reihe2	6	0	11	2	132
Reihe1	6	0	11	2	134

Tab.14: Elternbefragung an fünf Schulen des Schulversuches, Juni 2002. Welcher islamischen Glaubensrichtung gehören Sie an? (Hybridfrage). Reihe 1 = Mütter, Reihe 2 = Väter. Grafik: Michael Kiefer

Wie oft besuchen Sie eine Moschee?

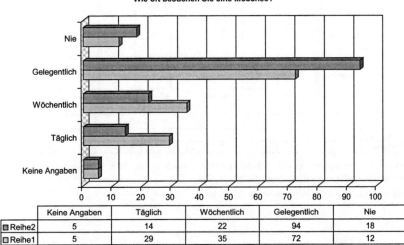

	Keine Angaben	Täglich	Wöchentlich	Gelegentlich	Nie
Reihe2	5	14	22	94	18
Reihe1	5	29	35	72	12

Tab.15: Elternbefragung an fünf Schulen des Schulversuches, Juni 2002. Wie oft besuchen Sie eine Moschee? (Mit Antwortvorgaben). Reihe 1 = Mütter, Reihe 2 = Väter. Grafik: Michael Kiefer

7.3.5.3 Islamische Unterweisung, Koranunterricht und Islamischer Religionsunterricht

Für viele Eltern ist die *Islamische Unterweisung* kein gänzlich unbekanntes Fach. Nahezu zwei Drittel der Kinder (99 von 153) haben bereits an der *Islamischen Unterweisung* im Rahmen des muttersprachlichen Unterrichts teilgenommen. Fast ebenso hoch ist die Zahl der Kinder, die neben der staatlichen *Islamischen Unterweisung* am Koranunterricht einer Moschee teilnehmen. 58,2 Prozent (89 von 153) besuchen den Koranunterricht eines Moscheevereins (Vgl. Tab. 16 und 17).

Über die Zielsetzungen und Inhalte des neuen Faches wurden die Eltern nur teilweise informiert. Auf die Frage *Wurden Sie von der Schule oder dem Lehrer über die Ziele und Inhalte der Islamischen Unterweisung informiert?* antworteten 51 Prozent (78 von 153) mit "Nein". Von den Eltern, die mit "Ja" geantwortet haben (73 von 153), wurden 41 Prozent (30 von 73) *über den Unterschied zwischen islamischem Religionsunterricht und Islamischer Unterweisung*[599], 42,5 Prozent (31 von 73) *über die Ziele der Islamischen Unterweisung,* 41 Prozent (30 von 73) *über die Unterrichtsinhalte* und 22 Prozent (16 von 73) *über die Lehrmaterialien* informiert (Vgl. Tab. 18 und 19).

Angesichts der eher unzureichenden Informationen, welche die Schulen für die Eltern bereitstellen, verwundert es nicht, dass lediglich 51 Prozent der Eltern (78 von 153) den Unterschied zwischen *Islamischem Religionsunterricht* und *Islamischer Unterweisung* kennen (Tab. 20).

Die Unterrichtssprache Deutsch, die in Teilen der türkischen Öffentlichkeit kontrovers diskutiert wird, findet bei den befragten Eltern mehrheitlich Zustimmung. Auf die Frage *Die "Islamische Unterweisung" wird in deutscher Sprache durchgeführt. Sind Sie damit einverstanden?* antworteten 61,4 Prozent (94 von 153) mit "Ja". Von den 38 Prozent der Befragten (58 von 153), die Deutsch als Unterrichtssprache ablehnen, stimmten 95 Prozent (55 von 58) für Türkisch. Lediglich 5,2 Prozent (3 von 58) gaben an, dass sie Arabisch als Unterrichtssprache wünschen (Vgl. Tab. 21 und 22).

In der Debatte um den islamischen Religionsunterricht wird immer wieder die Frage nach dem vom Grundgesetz geforderten Ansprechpartner auf muslimischer Seite gestellt. Die Kultusverwaltungen der Flächenstaaten vertraten bisher unisono die Ansicht, dass ein repräsentativer Ansprechpartner fehle, der bei der inhaltlichen Ausgestaltung des Faches hinzugezogen werden könne. Wie stehen die Eltern zu diesem Sachverhalt? Gefragt wurde: *Die "Islamische Unterweisung" wurde ohne Beteiligung der islamischen Vereine (Dachverbände) eingeführt. Sollen die islamischen Vereine (Dachverbände) in Zukunft beteiligt werden?* Hierauf antworteten 49 Prozent (75 von 153) mit "Ja". 42,5 Prozent (65 von 153) mit "Nein" und 8,5 Prozent (13 von 153) machten keine Angaben. Diejenigen, die mit "Ja" geantwortet hat-

---

[599] Jeweils der Wortlaut der Antwortvorgaben.

ten, wurden gebeten, die Organisation zu benennen, die in Zukunft an der Konzeption der *Islamischen Unterweisung* beteiligt werden sollte (*Welche Organisation/Verbände sollen beteiligt werden?*[600]). 42,7 Prozent (32 von 75) nannten die *DİTİB*[601], 16 Prozent (12 von 75) die *IGMG*[602], 6,7 Prozent (5 von 75) den *VIKZ*[603], 1,3 Prozent (1 von 75) die *ATIB*[604] und 1,3 Prozent (1 von 75) die *AABF*[605]. 32 Prozent (24 von 75) machten keine Angaben (Vgl. Tab. 23 und 24).

Die einheitliche Gestaltung der *Islamischen Unterweisung* für alle "konfessionsartigen" islamischen Strömungen findet überwiegend die Zustimmung der Befragten. (*Die "Islamische Unterweisung" wird für alle Muslime [Sunniten, Schiiten, Aleviten] in einem gemeinsamen Unterricht erteilt. Soll der gemeinsame Unterricht auch in Zukunft fortgeführt werden?*) 90,2 Prozent sind für die Fortführung des gemeinsamen Unterrichtes. Lediglich 6,5 Prozent (10 von 153) stehen dem "konfessionsübergreifenden" Unterricht ablehnend gegenüber (Vgl. Tab. 25).

Schließlich wurden die Eltern auch zur Lehrerausbildung befragt (*Welche Ausbildung sollten ihrer Meinung nach die Lehrerinnen und Lehrer haben, die das Fach "Islamische Unterweisung" unterrichten?*) Die Mehrheit der Befragten (53 Prozent / 81 von 153) möchte Lehrkräfte, die ihre theologische Hochschulqualifikation in einem islamischen Land erworben haben. Knapp 40 Prozent (61 von 153) sind der Ansicht, die Lehrkräfte sollten über eine theologische Ausbildung verfügen, die hier in Deutschland erworben wurde. 1,3 Prozent (2 von 153) waren der Meinung, dass die Lehrerinnen und Lehrer keine besondere Ausbildung benötigen (Vgl. Tab. 26).

---

600 Keine Antwortvorgaben.
601 DİTİB = Islamische Union der Anstalt für Religion e. V..
602 IGMG = Islamische Gemeinschaft Milli Görüş.
603 VIKZ = Verband der islamischen Kulturzentren.
604 ATIB = Union der Türkisch-Islamischen Kulturvereine in Europa e. V..
605 AABF = Föderation der Aleviten Gemeinden in Deutschland.

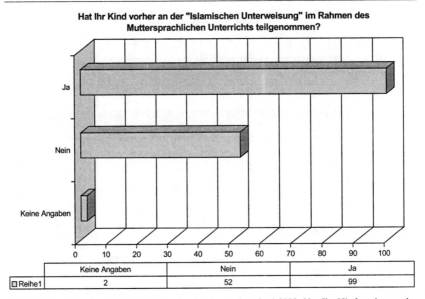

Hat Ihr Kind vorher an der "Islamischen Unterweisung" im Rahmen des Muttersprachlichen Unterrichts teilgenommen?

	Keine Angaben	Nein	Ja
☐ Reihe1	2	52	99

Tab.16: Elternbefragung an fünf Schulen des Schulversuches, Juni 2002. Hat Ihr Kind vorher an der "Islamischen Unterweisung" im Rahmen des Muttersprachlichen Unterrichtes teilgenommen? (Mit Antwortvorgaben). Reihe 1 = Eltern. Grafik: Michael Kiefer

Besucht Ihr Kind den Koranunterricht einer Moschee

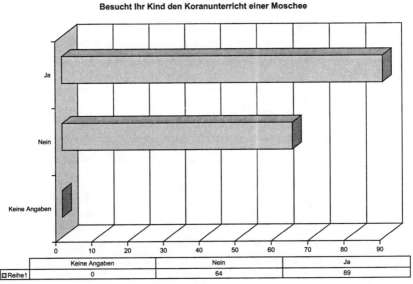

	Keine Angaben	Nein	Ja
☐ Reihe1	0	64	89

Tab.17: Elternbefragung an fünf Schulen des Schulversuches, Juni 2002. Besucht Ihr Kind den Koranunterricht in einer Moschee? (Mit Antwortvorgaben). Reihe 1 = Eltern. Grafik: Michael Kiefer

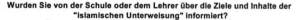

**Wurden Sie von der Schule oder dem Lehrer über die Ziele und Inhalte der
"islamischen Unterweisung" informiert?**

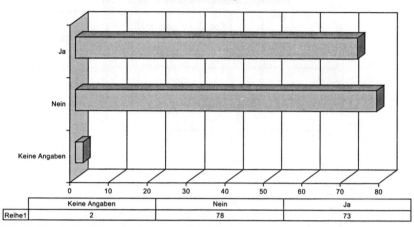

	Keine Angaben	Nein	Ja
Reihe1	2	78	73

Tab.18: Elternbefragung an fünf Schulen des Schulversuches, Juni 2002. Wurden Sie von der Schule über die Ziele und Inhalte der "Islamischen Unterweisung" informiert? (Mit Antwortvorgaben). Reihe 1 = Eltern. Grafik: Michael Kiefer, Fortsetzung:

**Wenn Sie die Frage mit "Ja" beantwortet haben:
Über was wurden Sie infomiert?
(Sie können mehrere Antwortmöglichkeiten ankreuzen)**

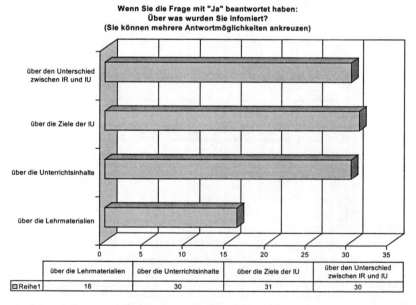

	über die Lehrmaterialien	über die Unterrichtsinhalte	über die Ziele der IU	über den Unterschied zwischen IR und IU
☐ Reihe1	16	30	31	30

Tab. 19: Elternbefragung an fünf Schulen des Schulversuches, Juni 2002. Wenn Sie die Frage mit "Ja" beantwortet haben. Über was wurden Sie informiert (Mit Antwortvorgaben). IR = Islamischer Religionsunterricht, IU = Islamische Unterweisung, Reihe 1 = Eltern. Grafik: Michael Kiefer

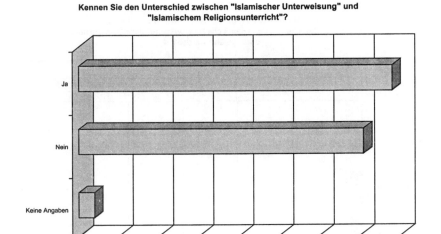

Kennen Sie den Unterschied zwischen "Islamischer Unterweisung" und "Islamischem Religionsunterricht"?

	Keine Angaben	Nein	Ja
☐ Reihe1	4	71	78

Tab. 20: Elternbefragung an fünf Schulen des Schulversuches, Juni 2002. Kennen Sie den Unterschied zwischen "Islamischer Unterweisung" und Islamischem Religionsunterricht? (Mit Antwortvorgaben), Reihe 1 = Eltern. Grafik: Michael Kiefer

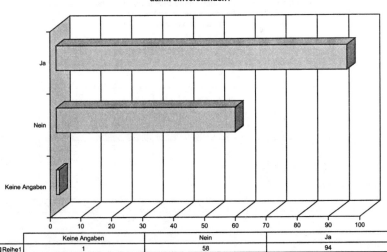

Die "Islamische Unterweisung" wird in deutscher Sprache durchgeführt. Sind Sie damit einverstanden?

	Keine Angaben	Nein	Ja
☐ Reihe1	1	58	94

Tab. 21: Elternbefragung an fünf Schulen des Schulversuches, Juni 2002. Die "Islamische Unterweisung" wird in deutscher Sprache durchgeführt. Sind Sie damit einverstanden? (Mit Antwortvorgaben). Reihe 1 = Eltern. Grafik: Michael Kiefer

Fortsetzung folgende Seite:

Wenn Sie die letzte Frage mit "Nein" beantwortet haben: In welcher Sprache soll die "Islamische Unterweisung" Ihrer Meinung nach durchgeführt werden?

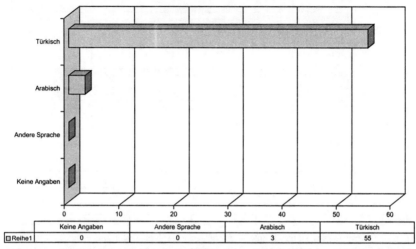

	Keine Angaben	Andere Sprache	Arabisch	Türkisch
☐ Reihe1	0	0	3	55

Tab.22: Elternbefragung an fünf Schulen des Schulversuches, Juni 2002. Wenn Sie die letzte Frage mit "Nein" beantwortet haben: In welcher Sprache soll die "Islamische Unterweisung" Ihrer Meinung nach durchgeführt werden? (Hybridfrage). Reihe 1 = Eltern. Grafik: Michael Kiefer

Die "Islamische Unterweisung" wurde ohne Beteiligung der islamischen Vereine (Dachverbände) eingeführt. Sollen die islamischen Vereine (Dachverbände) in Zukunft beteiligt werden?

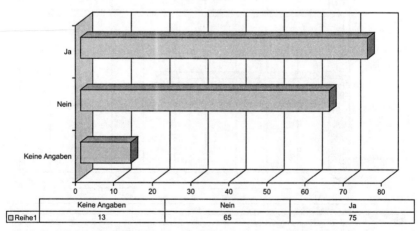

	Keine Angaben	Nein	Ja
☐ Reihe1	13	65	75

Tab.23: Elternbefragung an fünf Schulen des Schulversuches, Juni 2002. Die "Islamische Unterweisung" wurde ohne Beteiligung der islamischen Vereine (Dachverbände) eingeführt. Sollen die islamischen Vereine (Dachverbände) in Zukunft beteiligt werden? (Mit Antwortvorgaben) Reihe 1 = Eltern. Grafik: Michael Kiefer. Fortsetzung folgende Seite:

Wenn Sie die letzte Frage mit "Ja" beantwortet haben:
Welche Organisation / Verbände sollten beteiligt werden?
(Keine Antwortvorgaben)

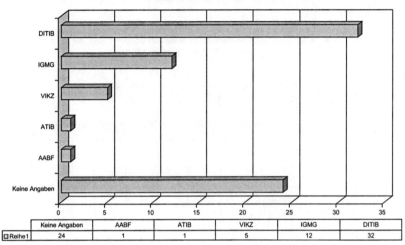

	Keine Angaben	AABF	ATIB	VIKZ	IGMG	DITIB
☐ Reihe1	24	1	1	5	12	32

Tab.24: Elternbefragung an fünf Schulen des Schulversuches, Juni 2002. Wenn Sie die letzte Frage mit Ja beantwortet haben: Welche Organisation/Verbände sollten beteiligt werden? (Keine Antwortvorgaben). DİTİB = Islamische Union der Anstalt für Religion e. V., IGMG = Islamische Gemeinschaft Milli Görüş, VIKZ = Verband der islamischen Kulturzentren, ATIB = Union der Türkisch-Islamischen Kulturvereine in Europa e. V., AABF = Föderation der Aleviten Gemeinden in Deutschland, Reihe 1= Eltern. Grafik: Michael Kiefer

Die "Islamische Unterweisung" wird für alle Muslime (Sunniten, Schiiten, Aleviten) in
einem gemeinsamen Unterricht erteilt. Soll der gemeinsame Unterricht auch in Zukunft
fortgeführt werden?

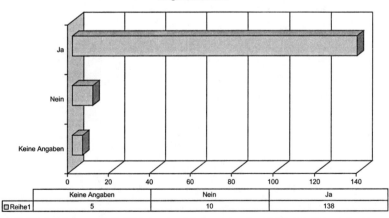

	Keine Angaben	Nein	Ja
☐ Reihe1	5	10	138

Tab.25: Elternbefragung an fünf Schulen des Schulversuches, Juni 2002. Die "Islamische Unterweisung" wird für alle Muslime (Sunniten, Schiiten, Aleviten) in einem gemeinsamen Unterricht erteilt.

Soll der Unterricht auch in Zukunft fortgeführt werden? (Mit Antwortvorgaben). Reihe 1= Eltern. Grafik: Michael Kiefer. Wenn Sie die letzte Frage mit "Nein" beantwortet haben: Wie soll der Unterricht fortgeführt werden? (Keine Antwortvorgaben). Von den zehn Befragten, die mit "Nein" geantwortet hatten, machten neun keine Angaben. Ein Befragter gab an: "Der Unterricht soll nur sunnitische Inhalte vermitteln".

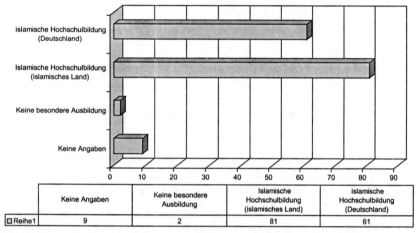

Welche Ausbildung sollten ihrer Meinung nach die Lehrer/innen haben, die das Fach "Islamische Unterweisung" unterrichten?

	Keine Angaben	Keine besondere Ausbildung	Islamische Hochschulbildung (islamisches Land)	islamische Hochschulbildung (Deutschland)
☐ Reihe1	9	2	81	61

Tab.26: Elternbefragung an fünf Schulen des Schulversuches, Juni 2002. Welche Ausbildung sollten ihrer Meinung nach die Lehrer/innen haben, die das Fach "Islamische Unterweisung unterrichten? Schlüssel Antwortvorgaben: Islamische Hochschulbildung (Deutschland) = Die Lehrer/innen sollten über eine abgeschlossene theologische (islamische) Hochschulbildung verfügen, die hier in Deutschland erworben wurde. Islamische Hochschulbildung = Die Lehrer/innen sollten über eine abgeschlossene theologische (islamische) Hochschulbildung verfügen, die in einem islamischen Land erworben wurde. Keine besondere Ausbildung = Die Lehrer/innen benötigen keine besondere Ausbildung. Reihe 1 = Eltern. Grafik: Michael Kiefer

7.3.6 Bewertung der Ergebnisse

7.3.6.1 Repräsentativität

Die ethnische und religiöse Zusammensetzung[606] der Teilnehmergruppe entspricht bis auf geringfügige Abweichungen den aktuellen demographischen Eckdaten, die von seriösen Institutionen zu den islamischen Gemeinschaften bereitgestellt werden. So schätzt z. B. der Direktor des Zentrums für Türkeistudien, Faruk Şen, die Zahl der sunnitischen Muslime auf ca. 80 Prozent.[607] In der durchgeführten Befragung lag der Anteil der Teilnehmerinnen und Teilnehmer, die sich zum sunnitischen Islam bekennen, bei 86,1 Prozent. Ähnlich sind die quantitativen Relationen bei den wichtigsten Herkunftsländern. In der Regel bleiben die Differenzen im einstelligen Prozentbereich. Angesichts dieser Übereinstimmungen kann davon ausgegangen werden, dass die vorliegenden Ergebnisse für die Gesamtelternschaft des Schulversuches "repräsentativ"[608] sind.

7.3.6.2 Religionsausübung

Auf Diskussionsveranstaltungen zum Schulversuch wurde in den vergangenen vier Jahren von Muslimen immer wieder der Vorwurf erhoben, dass gläubige Muslime, also solche, die täglich ihren religiösen Pflichten nachkommen, ihre Kinder einem staatlichen Islamunterricht nicht anvertrauen würden. Vielmehr würden sie die religiöse Ausbildung der Kinder den traditionellen Koranschulen überlassen. Dieser Ansicht kann mit einem Teil der vorliegenden Ergebnisse widersprochen werden. Lediglich 9,8 Prozent der Teilnehmerinnen und Teilnehmer gaben an, dass sie nie eine Moschee besuchen. Nahezu ein Drittel besucht täglich oder zumindest wöchentlich eine Moschee. Die Partizipation am islamischen Gemeindeleben genießt offenbar bei der Mehrheit der Eltern einen hohen Stellenwert. Unterstützt wird diese Annahme auch durch die Inanspruchnahme der Bildungsangebote in den örtlichen Moscheevereinen. Am Koranunterricht in den Moscheevereinen, der in der Debatte um den *Islamischen Religionsunterricht* oftmals als massives Integrationshindernis angesehen wird, nehmen immerhin 58 Prozent der Kinder teil. Anscheinend bilden Koranunterricht und staatlich erteilte *Islamische Unterweisung* im "Doppelpack" für eine Mehrheit der Eltern keine prob-

---

606 In Bezug auf die Herkunftsländer und die "Konfessionszugehörigkeiten".
607 Şen / Aydın: Islam in Deutschland, München 2002, S. 18.
608 Der Terminus *repräsentativ* ist hier, sofern strenge sozialwissenschaftlichen Kriterien angelegt werden, nur eingeschränkt gültig. Zum Untersuchungszeitpunkt waren gemessen an der Gesamtzahl der in NRW lebenden Muslime nur relativ wenige Schülerinnen und Schüler am Schulversuch beteiligt.

lematische oder spannungsreiche Konstellation. Die religiöse Bildungstätigkeit der islamischen Vereine in den Wohnquartieren wird von vielen Eltern für wichtig gehalten und akzeptiert. Umgekehrt scheint es von Seiten der Moscheevereine – ungeachtet ihrer ideologischen Ausrichtung – keine nennenswerte Agitation gegen den Schulversuch zu geben.[609]

7.3.6.3 Unterscheidung Islamischer Religionsunterricht – Islamische Unterweisung

Etwas mehr als die Hälfte der Eltern wurde angeblich nicht über die Ziele und Inhalte der *Islamischen Unterweisung* informiert. Folglich kennen auch die meisten Befragten nicht den Unterschied zwischen einem regulären islamischen Religionsunterricht und der *Islamischen Unterweisung*. Die hohe Zahl der nichtinformierten Eltern zeigt, dass die Schulen und die Schulaufsichtsbehörden ihre Informationspflicht gegenüber den Eltern nur unzureichend wahrnehmen. Zumeist übertragen die Schulleitungen die "Elternarbeit" den zuständigen Fach-Lehrerinnen und –Lehrern. Diese sind in der Regel schlicht überfordert. Nur ein geringer Teil der derzeit unterrichtenden Lehrerinnen und Lehrer, die mehrheitlich aus dem muttersprachlichen Unterricht kommen und über keine fachspezifische Ausbildung verfügen, ist mit den rechtlichen Rahmenbedingungen und den fachlichen bzw. curricularen Anforderungen des Faches ausreichend vertraut.[610] Angesichts der Tatsache, dass der Schulversuch in der muslimischen Öffentlichkeit mit viel Aufmerksamkeit bedacht wird, und angesichts der integrationspolitischen Bedeutung des Schulversuches sollte der Elternarbeit in Zukunft erheblich mehr Bedeutung beigemessen werden.[611]

7.3.6.4 Unterrichtssprache

Die *Islamische Unterweisung* ist auch als Fach eines zeitlich nicht befristeten Schulversuches ordentliches Lehrfach. Dies bedeutet, dass die von den Schülerinnen und Schülern im Unterricht erbrachten Leistungen versetzungs- und prüfungsrelevant sind. Aus schulrechtlicher Sicht muss daher der Unterricht in deutscher Sprache abgehalten werden. Für Deutsch als Unterrichtssprache spricht auch die sprachlich heterogene Zusammensetzung der Unterrichtsgruppen. Neben türkischen Schülerinnen und Schülern, die die mit Abstand größte Gruppe im

---

609 Zumindest im Duisburger Norden gab es von den Moscheevereinen, die der IGMG und dem VIKZ angehören, keine Aufforderungen, die Kinder von der Islamischen Unterweisung abzumelden.

610 Manche Lehrer sind aufgrund ihrer unzureichenden Deutschkenntnisse mit der genauen Bedeutung der Fachterminologie nicht vertraut. "Islamische Unterweisung" und "Islamischer Religionsunterricht" werden gelegentlich synonym gebraucht.

611 Derzeit entsteht am Landesinstitut für Schule in Soest eine mehrsprachige Informationsbroschüre über den Schulversuch. Das Info-Material ist hauptsächlich für die Elternarbeit konzipiert.

Schulversuch stellen, nehmen am Unterricht arabische, bosnische und iranische Kinder teil. Trotz dieser unstrittigen Ausgangslage ist eine beträchtliche Minderheit der befragten Eltern (38 Prozent) mit Deutsch als Unterrichtssprache nicht einverstanden. Auffällig ist, dass der deutschsprachige Unterricht ausschließlich von türkischen Eltern abgelehnt wird. Die befragten arabischen, bosnischen und iranischen Eltern signalisierten durchweg Zustimmung. Die Tatsache, dass Deutsch als Unterrichtssprache bei einem beträchtlichen Teil der türkischen Eltern auf Ablehnung stößt, hängt vermutlich damit zusammen, dass bis zur Ministervereinbarung vom 11. Februar 2002[612] die türkische Regierung und die von ihr gesteuerte DİTİB, die in Deutschland nach Faruk Şen über 600 000 Anhänger hat,[613] die Doktrin vertraten, der türkische Islam sei nur in türkischer Sprache korrekt zu vermitteln. Hinter dieser nationalistisch bemäntelten Begründung, die hier nicht weiter erörtert werden soll, verbirgt sich auch die Angst – dies zeigten zahlreiche Gespräche mit türkischen Muslimen -, ein staatlich gelenkter deutschsprachiger Islamunterricht könne inhaltliche Manipulationen an zentralen religiösen Begriffen vornehmen bzw. diese verfremden und so von der traditionellen Auffassung abkoppeln.[614]

7.3.6.5 Einheitlicher Islamunterricht

Folgt man Werner Schiffauer, dann rennt man mittlerweile offene Türen ein, wenn man konstatiert, dass es "den Islam" – im Singular - in Deutschland nicht gibt.[615] Vielmehr gibt es mehrere islamische Strömungen oder auch "Konfessionen", die sich in ihrer Religionsauffassung bzw. in der Glaubenspraxis teilweise erheblich voneinander unterscheiden. Angesichts dieses Sachverhalts stellt sich die Frage, ob ein einheitlicher Islamunterricht wie die Islamische Unterweisung überhaupt möglich und erstrebenswert ist. Die befragten Eltern messen den Unterschieden offenbar keine große Bedeutung bei, denn sie plädieren mehrheitlich für einen "konfessionsübergreifenden" Islamunterricht. Immerhin 90,2 Prozent wün-

---

612 Vgl. Gemeinsamer Aufruf des Ministers für Nationale Erziehung der Republik Türkei Metin Bostancioglu und der Ministerin für Schule, Wissenschaft und Forschung des Landes Nordrhein-Westfalen Gabriele Behler vom 11. Februar 2002, in: Landesinstitut (Hg.): Zweite Fachtagung "Islamische Unterweisung" als eigenständiges Unterrichtsfach in deutscher Sprache, 15. bis 16. November 2001 im Landesinstitut für Schule NRW Soest, S. 83 ff.

613 Şen, Faruk: Begegnungen: "Islam ist Bestandteil Europas", Interview mit Prof. Dr. Faruk Sen über den Islam, Europa und die Rolle der türkischen Muslime, in: Islamische Zeitung vom 23.05.2003.

614 Vgl., Kiefer: Islamische Unterweisung in deutscher Sprache – Eine Skizze zu Gründen, Problemen und Lösungsmöglichkeiten, S. 61 ff.

615 Schiffauer: Muslimische Organisationen und ihr Anspruch auf Repräsentativität, S. 143.

schen auch in Zukunft ein gemeinsames Unterrichtsangebot. Diese hohe Zahl kann als ein klares Votum für den gemeinsamen Unterricht gewertet werden.

7.3.6.6 Beteiligung der islamischen Vereine bzw. Verbände

Sollen die islamischen Verbände, die in den letzten Jahren unüberschaubaren und teils rapiden Veränderungen unterworfen waren, bei der Konzeption des Islamunterrichtes beteiligt werden?[616] Wer ist auf der muslimischen Seite ein möglicher "Ansprechpartner" für den Staat? Diese Fragen stehen seit einigen Jahren im Vordergrund der Diskussion. In Nordrhein-Westfalen zerfällt die befragte Elternschaft bei der Beantwortung der Beteiligungsfrage in zwei "Lager". Knapp die Hälfte der Befragten (49 Prozent) plädiert für eine Beteiligung und 42,5 Prozent sind dagegen. Überraschend bei diesem Ergebnis ist die hohe Zahl der "Beteiligungsgegner". Viele Eltern - dies zeigten zahlreiche Gespräche, die im Umfeld der Untersuchung stattfanden – begegnen dem Vertretungsanspruch der Verbände mit großer Skepsis. Kritisiert werden vor allem "übertriebene" Mitgliederzahlen, die in der deutschen Öffentlichkeit den Eindruck eines legitimen Vertretungsanspruchs herbeiführen sollen. Auch sei teilweise unklar, welche politischen Kräfte sich hinter den Organisationsfassaden verbergen. Überdies müsse man sehen, dass ein Teil der Verbände nicht als "verlässlicher", d. h. beständiger "Ansprechpartner" angesehen werden könne.

Bei der Beantwortung der zweiten Frage – der Frage nach dem Kooperationspartner auf muslimischer Seite – gab es ebenfalls überraschende Ergebnisse. Der *Zentralrat der Muslime in Deutschland (ZMD)*, der sich stets als zentraler Ansprechpartner in der Öffentlichkeit präsentiert, und seine Mitgliedsorganisationen werden von den befragten Eltern nicht als Kooperationspartner benannt. Die zumeist türkischen Eltern (86 Prozent) plädieren überaus deutlich für Verbände oder Spitzenorganisationen, denen überwiegend türkische Vereine angehören. 42,7 Prozent der Beteiligungsbefürworter wünschen *DİTİB* als Ansprechpartner, 16 Prozent die IGMG und 6,7 Prozent den *VIKZ*. Alle anderen Organisationen und Verbände liegen unter zwei Prozent.

---

616 Bielefeldt: Muslime im säkularen Rechtsstaat, S. 115.

8. Schlussbetrachtung

1. In Belgien, Österreich und den Niederlanden sind die islamischen Gemeinschaften zum Teil seit Jahrzehnten als Religionsgemeinschaften gesetzlich anerkannt und damit den christlichen Religionsgemeinschaften gleichgestellt. Trotz dieser im Vergleich zu Deutschland formal günstigen Ausgangslage gestaltete sich die Entwicklung und Einführung islamischer Unterrichtsangebote schwierig und konfliktreich. In Österreich und Belgien führte die staatlicherseits geforderte Institutionalisierung des Islams zur Schaffung einheitlicher Gremien, die nicht in der Lage oder willens sind, die real vorzufindende Richtungsvielfalt widerzuspiegeln. Lehrreich ist vor allem das belgische Beispiel. Dort erbrachte die vom Staat mit großem Aufwand initiierte Konstruktion einer einheitlichen repräsentativen Vertretung nicht die gewünschte innermuslimische Einigung. Aufgrund interner Differenzen um die Besetzung der Führungsspitze war das Gremium im Jahr 2003 handlungsunfähig. Auch in Österreich führte der Prozess der institutionellen Vergemeinschaftung in eine zentrale Organisation zu Problemen und Konflikten. Deutlich werden diese z. B. in dem von der *IGGiÖ* verantworteten Islamunterricht, der die kleineren konfessionsartigen Gruppen – z. B. die Aleviten – faktisch nicht berücksichtigt und damit ausschließt. Als großes Problem erwies sich bislang auch die akademische Lehrerausbildung. In Österreich lässt die *IGGiÖ* einen Teil der Lehrerausbildung von arabischsprachigem Personal durchführen. Da die zumeist türkischsprachigen Lehramtskandidaten über keine oder nur geringe Arabischkenntnisse verfügen, muss das zukünftige Lehrpersonal vor der eigentlichen Aufnahme des Studiums umfangreiche Arabischkenntnisse erwerben.

2. Die in der Bundesrepublik seit Jahrzehnten geführte Diskussion um die Einführung eines islamischen Religionsunterrichts dreht sich zumeist um juristische Fragestellungen, die durch Art.7 Abs. 3 aufgeworfen werden. Ein breites Bündnis von islamischen Organisationen und Vertretern der evangelischen und katholischen Kirche, Juristen, Theologen und Religionspädagogen vertritt eine orthodox konservative Interpretation der verfassungsrechtlichen Bestimmungen und fordert einen konfessionell gebundenen islamischen Religionsunterricht, der

ein Gegenstück zum üblichen christlichen Bekenntnisunterricht darstellen soll. Gestritten wird nun hauptsächlich darüber, was eine Religionsgemeinschaft im Sinne der Verfassung sei und welche islamische Organisation als solche anerkannt werden könne. In der Debatte wird nur rudimentär zur Kenntnis genommen, dass die spezifisch deutsche Anerkennungsproblematik nur ein Element in einer insgesamt vertrackten Problemlage darstellt.

3. Angesichts der Erfahrungen in Belgien und Österreich ist vor allem die Konzeption des islamischen Religionsunterrichts als Einheitsunterricht kritisch zu hinterfragen, wenn er als Bekenntnisunterricht erteilt wird. Die kleineren konfessionsartigen Gruppen – wie z. B. die Aleviten – haben aufgrund der Mehrheitsverhältnisse in den staatlich anerkannten Vertretungsgremien faktisch keine Gestaltungsmöglichkeiten in der Curriculumentwicklung. Dieser Sachverhalt führt dazu, dass vom Mehrheitsislam (Sunna) abweichende Glaubensinhalte im Unterricht nicht vorkommen. Unter diesem Defizit leidet auch der mit viel Beifall bedachte Schulversuch *Islamischer Religionsunterricht* in Niedersachsen. Der vom niedersächsischen Bildungsministerium initiierte "Runde Tisch", an dem in der Anfangsphase die *SCHURA-Niedersachsen*, *DİTİB* und ein Vertreter der *Alevitischen Gemeinde* teilnahmen, konnte bei der Ausarbeitung des Grundschulcurriculums in Bezug auf die alevitischen Inhalte keinen tragfähigen Konsens erzielen. Da die Aleviten ihre Inhalte nicht in ihrem Sinne im neuen Lehrplan verankern konnten, stellten sie ihre Mitarbeit ein und beantragten die Einführung eines alevitischen Religionsunterrichts. Folglich gibt es nun einen islamischen Einheitsunterricht, der ohne weitere Beteiligung und Zustimmung der alevitischen Gemeinde durchgeführt wird.

Langwierig und schwierig gestaltet sich auch die Wahl von Ansprechpartnern auf muslimischer Seite. Als strittig gilt, ob die islamischen Dachverbände und Spitzenorganisationen aufgrund ihrer relativ niedrigen Mitgliederzahlen (dieses Problem stellt sich z. B. beim *ZMD*) gegenüber dem Staat einen legitimierten Vertretungsanspruch geltend machen können. Ein weiteres Problem stellt sich bei *DİTİB*, dem mit Abstand größten islamischen Dachverband. Die Organisation wird von türkischen Staatsbeamten geleitet und verfolgt in Sachen Religionsausübung die Interessen der türkischen Regierung in Deutschland. Es ist höchst fraglich, ob eine Beteiligung von *DİTİB* mit dem Gebot der weltanschaulichen Neutralität des Staates vereinbart werden kann.

Bislang ungelöst sind des Weiteren zentrale Fragen der Lehrerausbildung. Die Lehrkräfte, die zur Zeit ihren Dienst in den diversen Schulversuchen versehen, verfügen im Regelfall nur über eine unzureichende pädagogische und fachliche Ausbildung. Als teilweise mangelhaft muss auch die sprachliche Leistungsfähigkeit des eingesetzten Lehrpersonals angesehen werden. Gelegentlich beherrschen die Schülerinnen und Schüler in der Sekundarstufe I die Unterrichtssprache besser als die Fachlehrkräfte.

Ein weiterer schwerwiegender Missstand ist darin zu sehen, dass bislang auf die Entwicklung hochwertiger deutschsprachiger Unterrichtsmaterialien verzichtet wurde, die in fachlicher und pädagogischer Hinsicht den üblichen Standards entsprechen.

4. Das offene islamkundliche Unterrichtsangebot *Islamische Unterweisung als eigenständiges Unterrichtsfach* in Nordrhein-Westfalen ist vor dem Hintergrund der skizzierten Problemlage als innovatives und zukunftsfähiges Unterrichtsmodell anzusehen. Als Beleg für diese These können folgende Gründe angeführt werden:

a) Konzept offener Einheitsunterricht
Die *Islamische Unterweisung* ist per Definition ein islamkundliches Unterrichtsangebot, das die Verkündung des Glaubens ausspart. Eine Beteiligung der islamischen Organisationen und Verbände im Sinne von Art.7 Abs. 3 erwies sich bislang als nicht notwendig. Unter Auslassung der komplexen Rechtsprobleme, die mit dieser Konstruktion einhergehen, kann konstatiert werden, dass dieser Sachverhalt sich für die *Islamische Unterweisung* als offener islamischer Einheitsunterricht als günstig erwies, da in der staatlich gelenkten Entwicklung des Unterrichtsangebots die Richtungsvielfalt des islamischen Lebens in der Bundesrepublik ohne Einschränkungen berücksichtigt werden konnte. Anders als in Niedersachsen, wo ohne Beteiligung der Aleviten zur Zeit ein konfessionell gebundener Bekenntnisunterricht in Zusammenarbeit mit der *SCHURA-Niedersachsen* und der *DĪTĪB* erprobt wird, ist es in Nordrhein-Westfalen gelungen, die Aleviten zu einer punktuellen Zusammenarbeit mit den verantwortlichen Institutionen des Schulversuchs zu gewinnen. Die ersten Ergebnisse dieser in Deutschland einmaligen Zusammenarbeit sind in einer umfangreichen Handreichung zusammengefasst, die als Grundlageninformation sowohl in der *Islamischen Unterweisung* als auch in den gesellschaftswissenschaftlichen Fächern eingesetzt werden kann. Darüber hinaus werden die curricularen Neuentwürfe um alevitische Inhalte ergänzt.

b) umfangreiche Fachkompetenz
In fachwissenschaftlicher und religionspädagogischer Hinsicht ist die *Islamische Unterweisung* ein in der Bundesrepublik einmaliges Unterrichtsprojekt, das auf die vielfältigen Erfahrungen von mehr als zwanzig Jahren Entwicklungsarbeit und schulpraktischer Erprobung zurückgreifen kann. Nur in Nordrhein-Westfalen liegen Curricula für die Jahrgangsstufen 1-10 vor, die mit einem beachtlichen Ent-

wicklungsaufwand gemeinsam mit muslimischen Fachwissenschaftlern entwickelt wurden. Zwischenzeitlich wurden diese in tausenden von Unterrichtsstunden in allen Schulformen gründlich erprobt. Die in der Erprobung gewonnenen Erfahrungen der Schüler, Eltern und Lehrkräfte wurden auf Fachtagungen und anderen Veranstaltungen systematisch zusammengetragen und analysiert. Auf der Basis dieser Daten erarbeitete die Curriculumkommission einen vollständig neuen Lehrplanentwurf für die Primarstufe. Mit der Neufassung sind zwei weitreichende Innovationen gelungen. An erster Stelle muss das vier Lernwelten umfassende ganzheitliche Lernkonzept angeführt werden. Die Lernwelten *Körperlichkeit, Emotionalität, Intellektualität* und *Spiritualität* sind in der Unterrichtsplanung gleichermaßen zu berücksichtigen. Hierdurch wird das im Unterricht oftmals vernachlässigte emotionale Erleben der Schülerinnen und Schüler zu einem integralen Bestandteil eines mehrdimensionalen Lernprozesses. Die zweite bedeutende Innovation ist darin zu sehen, dass die Analyse und Planungsraster bzw. deren Ergänzungen erstmalig auch die alevitische Glaubenslehre berücksichtigen. Hierdurch haben die Lehrkräfte erstmals die Möglichkeit, die durch den Lehrplan verbindlich gesetzten Themen mehrdimensional zu gestalten.

c) Qualifizierung des Lehrpersonals

Auch in der Personalauswahl und -qualifizierung wurden mittlerweile zukunftsfähige Modelle etabliert. Da zur Zeit in der Bundesrepublik keine ausgebildeten deutschsprachigen Lehrkräfte für die *Islamische Unterweisung* zur Verfügung stehen, werden seit dem Schuljahr 2003/2004 neue Stellen im Schulversuch mit muslimischen Islamwissenschaftlerinnen und Islamwissenschaftlern besetzt, die in der Regel ihr Examen an einer deutschen Hochschule erworben haben. Die pädagogische Qualifikation der "Seiteneinsteiger" erfolgt an den örtlichen Studienseminaren. Für die bereits tätigen Lehrkräfte, die ursprünglich mit der Durchführung des muttersprachlichen Unterrichts in Türkisch oder Arabisch beauftragt waren, wurde im Schuljahr 2003/2004 eine umfangreiche Fortbildungsmaßnahme am *Landesinstitut für Schule* in Soest durchgeführt. Neben fachwissenschaftlichen Grundlagen, die sich von der Frühzeit des Islams bis in die Postmoderne erstrecken, wurden unter anderem Lehr-, Lern- und Arbeitsformen in der Primar- und Sekundarstufe von erfahrenen Moderatoren vermittelt. Beide als Interimslösungen angelegten Maßnahmen werden mittelfristig durch ein Lehramtsstudium an der Universität Münster abgelöst. Der neue Lehrstuhl für Islamische Theologie wurde bereits besetzt. Der viersemestrige Erweiterungsstudiengang startete zum Wintersemester 2004/2005. Ein grundständiges Studium soll zu einem späteren Zeitpunkt folgen. Die Absolventinnen und Absolventen des Studiengangs können sowohl in der *Islamischen Unterweisung* als auch in einem potentiellen islamischen Religionsunterricht eingesetzt werden.

d) sprachliche Pluralität

Vor allem bei vielen türkischen Eltern hat die Unterrichtssprache Deutsch Vorbehalte und Kritik ausgelöst. So wurde die Befürchtung ausgesprochen, dass die konsequente Verwendung deutscher Begriffe mit "Verfremdungen", Bedeutungsverschiebungen (Bsp. zakat – Almosen), unerwünschten Konnotationen oder gar Manipulationen einhergehen könnte. Um diese Befürchtungen auszuräumen, beschloss das *Landesinstiut* für Schule, das für die inhaltliche Gestaltung des Schulversuchs verantwortlich zeichnet, in der religiösen Fachterminologie die sprachliche Pluralität zu wahren und bei den wichtigen Begriffen die arabisch-koranische Sprachgestalt bzw. deren Übertragung ins Türkische oder Bosnische beizubehalten. Da die Lehrkräfte in der Regel nicht über entsprechende Sprachkenntnisse in allen drei Sprachen verfügen, wurde vor zwei Jahren mit der Entwicklung eines Glossars begonnen, das unter Berücksichtigung der arabischen, bosnischen und türkischen Schreibweise, islamische Begriffe in kurz gefassten Artikeln vorstellt. Von der bereits mehrfach erweiterten Sammlung wird im Winter 2004 die dritte Entwurfsfassung vorgelegt. Auch die Glossararbeit zeigt, dass der Schulversuch ein auf Pluralität orientiertes Unterrichtsprojekt ist, das ohne unerwünschte Vereinheitlichungen auskommt.

d) Akzeptanz

An den teilnehmenden Schulen des Schulversuchs erhält die *Islamische Unterweisung* in einem hohen Maße Zuspruch durch die muslimischen Eltern. Bei den neuen Unterrichtsgruppen lag die Beteiligung in den ersten zwei Jahren bei 73 Prozent. Nach der Verdopplung der teilnehmenden Schulen im Schuljahr 2002/2003 wurde trotz unzureichender Vorbereitung landesweit eine Gesamtbeteiligung von 64 Prozent erreicht. Die Beteiligung an den "alten" Schulen lag erneut über 70 Prozent. Eine hohe Akzeptanz signalisieren auch die geringen Abmeldezahlen. Bis zum Beginn des Schuljahres 2003/2004 lag die Zahl der Abmeldungen unter 5 Prozent. Ebenfalls sehr positiv fallen auch die Teilergebnisse der im Jahr 2002 durchgeführten Elternbefragung aus. Immerhin 90 Prozent der Befragten votierten für das bestehende offene islamkundliche Unterrichtsangebot, in dem Sunniten, Schiiten und Aleviten gemeinsam unterrichtet werden. Aufgrund dieser Zahlen kann konstatiert werden, dass ein erheblicher Teil der muslimischen Eltern die ablehnende Haltung der islamischen Spitzenverbände zum Schulversuch nicht teilt.

5. Auch wenn nach fünfjähriger Versuchsdauer eine überwiegend positive Zwischenbilanz gezogen werden kann, gibt es dennoch eine Reihe von bislang nicht oder nur unzureichend bearbeiteten Problemen. Im Einzelnen sind dies:

a) fehlende Partizipationsmöglichkeiten für Muslime
Um die Akzeptanz des Schulversuchs langfristig zu sichern, müssen Muslime bzw. muslimische Vereinigungen an der Ausgestaltung der *Islamischen Unterweisung* beteiligt werden. Die Ergebnisse der Elternbefragung zeigen, dass knapp die Hälfte (49 Prozent) der Eltern, deren Kinder am Schulversuch teilnehmen, ausdrücklich eine Beteiligung islamischer Vereine bzw. Organisationen wünschen. Der im Jahr 2004 eingerichtete Beirat, in dem Islamwissenschaftler und die in Nordrhein-Westfalen vertretenen islamischen Verbände vertreten sind, stellt keine Lösung des Problems dar, da der Beirat lediglich über die Entwicklung im Schulversuch informiert wird. Mitwirkungsmöglichkeiten sind nicht vorgesehen. Das Bildungsministerium ist aufgefordert, ungeachtet der zur Zeit laufenden rechtlichen Auseinandersetzung, ein angemessenes Partizipationsmodell zu entwickeln, das auch auf muslimischer Seite auf eine möglichst breite Akzeptanz stößt. Als erster Schritt in diese Richtung könnte sich die Schaffung einer proportional besetzten Arbeitsgemeinschaft sinnvoll erweisen, an der Vertreter von Moscheevereinen und Vertreter der in Nordrhein-Westfalen tätigen Dachverbände beteiligt sind.

b) fehlende Schulbücher und Unterrichtsmaterialien
Obwohl der Schulversuch seit fünf Jahren erprobt wird, ist es den verantwortlichen Institutionen bislang nicht gelungen, deutschsprachige Unterrichtsmaterialien vorzulegen, die den aktuellen curricularen Vorgaben entsprechen. Aufgrund der sukzessiven Ausweitung des Schulversuchs erstreckt sich mittlerweile das Problem auf alle Jahrgangsstufen der Primarstufe und der Sekundarstufe I. In der schulischen Praxis bedeutet dies, dass die Lehrkräfte - neben ihrer Unterrichtstätigkeit - mit einem beträchtlichen Zeitaufwand selber deutschsprachige Unterrichtsmaterialien herstellen müssen. Die hierbei verwendeten Materialien stammen zumeist aus türkischen oder arabischen Quellen, die den hiesigen Qualitätsstandards nicht oder nur unzureichend gerecht werden. Angesichts der Dauer und des Ausmaßes des Problems sollte das Bildungsministerium umgehend die Entwicklung von Unterrichtsmaterialien in Auftrag geben. Sofern das *Landesinstitut* eine zügige Erstellung nicht leisten kann, sind externe Fachkräfte oder Verlage zu beauftragen.

c) überalterte Curricula

Die Themenauswahl und die inhaltliche Gestaltung des Curriculumentwurfs für die Jahrgangsstufen 7-10 orientierte sich in der Konzeptionsphase Mitte der neunziger Jahre an den Erfordernissen eines islamkundlichen Unterrichts, der im Rahmen des muttersprachlichen Unterrichts für sunnitische Schülerinnen und Schüler erteilt wird. Die Analyse der drei ausgewählten Themeneinheiten zeigt, dass der Entwurf in mehrfacher Hinsicht den Anforderungen eines offenen, mehrkonfessionellen und zeitgemäßen islamkundlichen Unterrichts nicht mehr gerecht wird. Angesichts der bestehenden Mängel sollte das Bildungsministerium das *Landesinstitut für Schule* umgehend mit der Entwicklung einer neuen Entwurfsfassung beauftragen.

c) fehlende Integration der Lehrkräfte in den schulischen Alltag

Viele Lehrkräfte sind an drei bis fünf Schulen mit der Durchführung der *Islamischen Unterweisung* beauftragt. Dieser Sachverhalt führt dazu, dass die Fachlehrerinnen und -lehrer aufgrund ihrer geringen Anwesenheit nur unzureichend in den schulischen Alltag (Kollegium, Elternschaft, Wohnumfeld) eingebunden sind. Hinzu kommen in einem erheblichen Ausmaß zusätzliche Fahrzeiten, die formal nicht zur Arbeitszeit gerechnet werden können. Die Schulaufsichtsbehörden sind aufgefordert, die an mehreren Schulen eingesetzten Lehrkräfte durch eine deutliche Absenkung der zu erteilenden Unterrichtsstunden zu entlasten. Eine vollständige Integration der *Islamischen Unterweisung* ist nur dann zu erreichen, wenn die Lehrkräfte des Faches über die reine Unterrichtzeit hinaus an der Schule und im Wohnumfeld präsent sein können.

6. Von einer weiteren erheblichen Ausdehnung des Schulversuchs von derzeit 110 auf über 200 Schulen sollte das Bildungsministerium zum gegenwärtigen Zeitpunkt absehen. Eine weitere Ausdehnung des Schulversuchs ist erst dann geboten, wenn die curricularen Grundlagen des Faches auch in der Sekundarstufe I einer grundlegenden Neubearbeitung unterzogen wurden und hochwertige Unterrichtsmaterialien und ausgebildete Lehrkräfte in ausreichender Zahl zur Verfügung stehen.

9. Anhang

I. Islamische Unterweisung

Runderlass des Ministeriums für Schule und Weiterbildung, Wissenschaft und Forschung vom 28. 5. 1999 – AZ. 715.31, 20/4-448/99

I. Islamische Unterweisung im muttersprachlichen Unterricht

1. Im muttersprachlichen Unterricht der Klassen 1 bis 10 können Schülerinnen und Schüler aller Schulformen an der Islamischen Unterweisung teilnehmen. Sie vermittelt im Rahmen der Wertordnung des Grundgesetzes und der Bildungs- und Erziehungsziele der Landesverfassung religiöses Wissen, ohne den Glauben zu verkünden oder zum Glauben zu erziehen.

2. Die Teilnahme ist freiwillig. Wer angemeldet worden ist, ist grundsätzlich für die Dauer eines Schuljahres zur regelmäßigen Teilnahme verpflichtet.

3. Die Mindestteilnehmerzahl folgt den Regelungen für den muttersprachlichen Unterricht. Ebenso wie der sprachliche Teil des muttersprachlichen Unterrichts kann die Islamische Unterweisung für Schülerinnen und Schüler einer Schule, aber auch mehrer Schulen derselben Schulformen oder Schulstufen angeboten werden.

4. Islamische Unterweisung hat das Ziel, den muslimischen Schülerinnen und Schülern in Deutschland die islamische Tradition in ihrer Geschichte, Ethik und Religion zu vermitteln. Sie soll ihnen helfen, in einem säkularisierten, von christlicher Kultur geprägtem Land als Muslime zu leben. Sie soll einen Beitrag zum guten Zusammenleben zwischen Menschen unterschiedlicher Religionen in Gleichberechtigung, Frieden und gegenseitiger Zuwendung leisten.

5. Die Themen des Unterrichts folgen den Unterrichtseinheiten des Landes Nordrhein-Westfalen zur Islamischen Unterweisung. Schulbücher bedürfen der Genehmigung durch das Ministerium für Schule und Weiterbildung, Wissenschaft und Forschung.

6. Unterrichtssprachen sind Türkisch, Arabisch – unabhängig von den Herkunftsländern der Schülerinnen und Schüler – und Bosnisch. Islamische Unter-

weisung in anderen Muttersprachen bedarf der Zustimmung des Ministeriums für Schule und Weiterbildung, Wissenschaft und Forschung.

7. Von den fünf Wochenstunden für den muttersprachlichen Unterricht können zwei Stunden für die Islamische Unterweisung in Anspruch genommen werden.

8. In der Bescheinigung über die Teilnahme am muttersprachlichen Unterricht wird als Bemerkung aufgenommen: "... hat an der Islamischen Unterweisung (mit ... Erfolg) teilgenommen."

9. Bei Versetzungen werden positive Leistungen in Islamischer Unterweisung in der Grundschule gemäß VV 11.2 zu § 11 AO-GS (BASS 13-S11 Nr. 1.2), in der Sekundarstufe I gemäß VV 21.2 zu § 21 AO-S I (AB1. NRW. 1 1999 S. 97) berücksichtigt.

10. Der Unterricht wird von muslimischen Lehrkräften für den muttersprachlichen Unterricht im Dienst des Landes erteilt, die hierzu bereit und geeignet sind. Sie werden dafür in der Regel in Lehrgängen der Bezirksregierungen fortgebildet. Über die Auswahl der Lehrkräfte entscheidet die Schulaufsicht.

11. Für die Islamische Unterweisung können keine Wochenstunden des Unterrichts anstelle einer Fremdsprache (§ 6 Abs. 10 und 11 AO-S1 – S AB1. NRW 1. 1998 S. 215) in Anspruch genommen werden. Für Schülerinnen und Schüler, die an diesem Unterricht teilnehmen, können daneben eine oder zwei Wochenstunden Islamische Unterweisung erteilt werden, soweit der Stellenrahmen es zulässt und sie nicht die Islamische Unterweisung einer anderen Lerngruppe besuchen können.

II Islamische Unterweisung als eigenständiges Unterrichtsfach (Schulversuch)

1. Ein eigenständiges Unterrichtsfach "Islamische Unterweisung" wird angestrebt. Zur Vorbereitung wird es im Rahmen eines Schulversuchs (§ 4 b SchVG – BASS – 2) mit Beginn des Schuljahres 1999/2000 eingeführt.

2. Im Schulversuch soll erprobt werden, unter welchen Voraussetzungen Islamische Unterweisung als eigenständiges Fach in die Stundentafel von Schulen aufgenommen werden kann. Weiterhin dient der Schulversuch der Weiterentwicklung der Vorgaben des Landes über die Unterrichtsinhalte und des Fortbildungskonzepts.

3. In den Schulversuch werden alle Schulformen der Primarstufe und Sekundarstufe 1 beginnend mit der Eingangsklasse einbezogen. Beteiligen können sich

je Regierungsbezirk im ersten Versuchsjahr zwei Grundschulen, zwei Hauptschulen, eine Realschule, ein Gymnasium und eine Gesamtschule sowie landesweit zwei Sonderschulen.

4. Islamische Unterweisung ist einordentliches Fach mit wöchentlich zwei Unterrichtsstunden. Wer angemeldet worden ist, ist grundsätzlich für die Dauer
eines Schuljahres zur regelmäßigen Teilnahme verpflichtet. Die Leistungen einer
Schülerin oder eines Schülers sind in gleichem Maße versetzungs- und abschlusswirksam wie Leistungen in Religionslehre in der besuchten Schulform.

5. Für die Unterrichtsziele und -inhalte gilt Abschnitt I, für die Auswahl der
Lehrkräfte Abschnitt I Nr. 10. Neben Lehrkräften für den muttersprachlichen
Unterricht können auch andere Lehrkräfte muslimischen Glaubens im Dienst des
Landes für den Unterricht im Fach "Islamische Unterweisung" fortgebildet wer-
den.

6. Unterrichtssprache ist Deutsch.

7. Die Mindestschülerzahl einer Lerngruppe ist zwölf. Der Stellenbedarf wird
aus den Grundstellen der Schule gedeckt.

8. Die beteiligten Schulen berichten der Bezirksregierung auf dem Dienstweg
während des Schulversuchs jeweils bis zum 31. August über ihre Erfahrungen im
vergangenen Schuljahr. Die Bezirksregierungen fassen die Berichte zusammen,
kommentieren sie und legen sie jeweils bis zum 30. September dem Ministerium
für Schule und Weiterbildung, Wissenschaft und Forschung vor. Das Landesinstitut für Schule und Weiterbildung wird die Schulen bei der Durchführung des
Versuchs unterstützen.

9. Die Schulen legen ihre Anträge auf Teilnahme am Schulversuch den Bezirksregierungen bis 30. Juni 1999 auf dem Dienstweg vor. Diese leiten die Anträge mit einem Entscheidungsvorschlag an das Ministerium für Schule und Weiterbildung, Wissenschaft und Forschung weiter.

Erhebungsinstrumente

Angebots- und Teilnehmergruppen

Bestehende Unterrichtsgruppen

Elternbefragung

Schulversuch: „Islamische Unterweisung"

Zweite Erhebung zur Akzeptanz des Schulversuches

Stand: September 2001

durchgeführt von: Michael Kiefer, Islamwissenschaftler, Tel. 0211/318494, E-Mail: orientw@aol.com
(im Rahmen eines Dissertationsprojektes am Orientalischen Seminar der Universität Köln)

Regierungsbezirk ....

Schulform ....

Adresse ....

....

2. Angebotsgruppe (neue Kurse)

	(w)	(m)
Wie viele muslimische Schüler/innen könnten an der islamischen Unterweisung teilnehmen?		

Herkunftsländer der muslimischen Schüler/innen

	(w)	(m)
Afghanistan		
Albanien		
Algerien		
Ägypten		
Äthiopien		
Bosnien H.		
Deutschland		
Irak		
Iran		
Jordanien		

Fortsetzung der Sparte Angebotsgruppe auf der nächsten Seite

	(w)	(m)
Kosovo	☐	☐
Libanon	☐	☐
Marokko	☐	☐
Tunesien	☐	☐
Türkei	☐	☐
Syrien	☐	☐
andere Länder	☐	☐

3. Teilnehmergruppe (neue Kurse)

	(w)	(m)
Gesamtzahl der Anmeldungen	☐	☐

Herkunftsländer der muslimischen Schüler/innen

	(w)	(m)
Afghanistan	☐	☐
Albanien	☐	☐
Algerien	☐	☐
Ägypten	☐	☐
Äthiopien	☐	☐
Bosnien H.	☐	☐
Deutschland	☐	☐
Irak	☐	☐
Iran	☐	☐
Jordanien	☐	☐
Kosovo	☐	☐
Libanon	☐	☐
Marokko	☐	☐
Tunesien	☐	☐
Türkei	☐	☐
Syrien	☐	☐
andere Länder	☐	☐

Rücklauf an: Michael Kiefer, Himmelgeister Str. 107 e, 40225 Düsseldorf

Schulversuch: Islamische Unterweisung

Veränderungen in den Unterrichtsgruppen

Befragung der Lehrerinnen und Lehrer

Stand: September 2001

Name: _____

Schule: _____

---

1. Veränderungen

Wird der Schulversuch an Ihren Schulen fortgesetzt?

(Wir benötigen Angaben zu allen Schulen, an denen Sie unterrichten)

1. Schule Name:_____ ja ☐ nein ☐

2. Schule Name:_____ ja ☐ nein ☐

3. Schule Name:_____ ja ☐ nein ☐

4. Schule Name:_____ ja ☐ nein ☐

5. Schule Name:_____ ja ☐ nein ☐

Gab es Abmeldungen ?

(Angaben bitte in der Reihenfolge der ersten Frage)

	Teilnehmerzahl altes Schuljahr	Teilnehmerzahl neues Schuljahr
1. Schule	☐	☐
2. Schule	☐	☐
3. Schule	☐	☐
4. Schule	☐	☐
5. Schule	☐	☐

Wissen Sie etwas über die Gründe, die zu den Abmeldungen führten?

(Haben Sie z. B. mit den Eltern gesprochen? Bitte berichten sie.)

_____

_____

_____

_____

_____

_____

_____

Schulversuch: Islamische Unterweisung als eigenständiges Unterrichtsfach

Pilot Proje: Bağımsız branş dersi İslam Din Bilgisi

Elternbefragung
Anababalar için sormaca

Die Befragung wird im Rahmen eines Dissertationsvorhabens am Orientalischen Seminar der Universität Köln durchgeführt.

Bu sormaca Köln Üniversitesi Doğu Bilimleri Semineri'nde yapılan bir doktora çalışması çerçevesinde uygulanır.

Die Daten werden anonym erhoben und dienen ausschließlich wissenschaftlichen Zwecken. Die Teilnahme ist freiwillig.

Kişisel bilgiler istenmez ve bilgiler yalnız bilimsel amaçla kullanılır.
Katılım isteğe bağlıdır.

Durchführung:

Uygulayan:

Michael Kiefer M.A., Islamwissenschaftler, Himmelgeister Str.107 e, 40225 Düsseldorf, Tel. 0211/318494

1. **Wurden Sie von der Schule oder dem Lehrer über die Ziele und Inhalte der „Islamischen Unterweisung" informiert?**

   „İslam Din Bilgisi" dersinin amaçları ve içeriği üzerine okul ya da öğretmen tarafından bilgilendirildiniz mi?

   JA   ☐   NEIN   ☐
   EVET   *HAYIR*

   > Wenn Sie die Frage mit „**JA**" beantwortet haben:
   > *„EVET" yanıtı verdiyseniz:*
   > **Über was wurden Sie informiert?**
   > (Sie können mehrere Antwortmöglichkeiten ankreuzen.)
   > ***Hangi konu üzerine bilgilendirildiniz?***
   > *(Aşağıda bir çok seçeneği işaretleyebilirsiniz.)*
   >
   > Wir wurden informiert über den Unterschied zwischen
   > islamischem Religionsunterricht und islamischer Unterweisung. ☐
   > *İslam Din Dersi ile İslam Din Bilgisi arasındaki ayrım*
   > *üzerine bilgilendirildik.*
   >
   > Wir wurden informiert über die Ziele der Islamischen
   > Unterweisung.   ☐
   > *İslam Din Bilgisi'nin amaçları üzerine bilgilendirildik.*
   >
   > Wir wurden informiert über die Unterrichtsinhalte.   ☐
   > *Dersin içeriği üzerine bilgilendirildik.*
   >
   > Wir wurden informiert über die Lehrmaterialien.   ☐
   > *Ders araç ve gereçleri üzerine bilgilendirildik.*

2. **Hat Ihr Kind vorher an der „Islamischen Unterweisung" im Rahmen des Muttersprachlichen Unterrichtes teilgenommen?**

   Çocuğunuz daha önce anadili çerçevesinde İslam Din Bilgisi derslerine katılıyor muydu?

   JA   ☐   NEIN   ☐
   EVET   *HAYIR*

3. **Kennen Sie den Unterschied zwischen "Islamischer Unterweisung" und Islamischem Religionsunterricht?**

   „İslam Din Bilgisi" ile „İslam Din Dersi" arasındaki ayrımı biliyor musunuz?

   JA   ☐   NEIN   ☐
   EVET   *HAYIR*

4. **Besucht Ihr Kind den Koranunterricht in einer Moschee?**

Çocuğunuz herhangi bir camide Kuran kursuna gidiyor mu?

JA   ☐   NEIN ☐
EVET   HAYIR

5. **Die "Islamische Unterweisung" wird in deutscher Sprache durchgeführt. Sind Sie damit einverstanden?**

İslam Din Bilgisi dersi Almanca verilmektedir. Buna olurunuzu veriyor musunuz?

JA   ☐   NEIN ☐
EVET   HAYIR

Wenn Sie die Frage mit „NEIN" beantwortet haben:
„HAYIR" yanıtını verdiyseniz:

In welcher Sprache sollte die islamische Unterweisung Ihrer Meinung nach durchgeführt werden?
Sizin düşüncenize göre İslam Din Bilgisi dersi hangi dilde verilmeliydi?

Türkisch   ☐
Türkçe

Arabisch   ☐
Arapça

Andere Sprache   ———————————————————
Başka bir dil   (bitte die gewünschte Sprache eintragen)
                   (istediğiniz dili buraya yazınız)

6. **Die "Islamische Unterweisung" wurde *ohne* Beteiligung der islamischen Vereine (Dachverbände) eingeführt. Sollen die islamischen Vereine (Dachverbände) in Zukunft beteiligt werden?**

„İslam Din Bilgisi" dersi İslam örgütlerinin (federasyonların) katılımı olmadan konulmuştur. Gelecekte İslam örgütlerinin katılımı olmalı mıdır?

JA   ☐   NEIN ☐
EVET   HAYIR

Wenn Sie die letzte Frage mit „JA" beantwortet haben:
Bu son soruyu „EVET » diye yanıtladıysanız :

Welche Organisation/Dachverbände sollten beteiligt werden?
Hangi kuruluş/örgüt buna katılmalıdır?

————————————————————————
     (bitte die gewünschte Organisation eintragen)
     (istediğiniz kuruluşun adını buraya yazın)

7. Die „islamische Unterweisung" wird für alle Muslime (Sunniten, Schiiten, Aleviten) in einem gemeinsamen Unterricht erteilt. Soll der gemeinsame Unterricht auch in Zukunft fortgeführt werden?

„İslam Din Bilgisi" dersi (Sünniler, Şiiler, Aleviler gibi) tüm Müslümanlara birarada verilmektedir. Herkes için ortak verilen bu ders gelecekte de böyle sürdürülmeli midir?

JA ☐   NEIN ☐
EVET   *HAYIR*

Wenn Sie die letzte Frage mit „NEIN" beantwortet haben:
Bu son soruyu „Hayır" diye yanıtladıysanız:

Wie soll der Unterricht durchgeführt werden?
Ders nasıl verilmelidir?

Der Unterricht soll_____
Ders

_____

_____

_____

8. Welche Ausbildung sollten Ihrer Meinung nach die Lehrerinnen und Lehrer haben, die das Fach islamische Unterweisung unterrichten?

„İslam Din Bilgisi" dersini veren öğretmenlerin hangi tür bir eğitim almış olması gerektiğini düşünüyorsunuz?

Die Lehrer/innen benötigen keine besondere Ausbildung.
Öğretmenlerin özel bir eğitimden geçmelerine gerek yoktur   ☐

Die Lehrer/innen sollten über eine abgeschlossene theologische (islamische)
Hochschulbildung verfügen, die in einem Islamischen Land erworben wurde.
*Öğretmenlerin bir İslam ülkesinde ilahiyat yüksek öğrenimini bitirmiş olmaları
gerekir*   ☐

Die Lehrer/innen sollten über eine abgeschlossene theologische (islamische)
Hochschulbildung verfügen, die hier in Deutschland erworben wurde.
*Öğretmenlerin burada Almanya'da ilahiyat yüksek öğrenimini bitirmiş olmaları
gerekir*   ☐

9. In welchem Land wurden sie geboren?

Hangi ülkede doğdunuz?

Vater: _____
Baba

Mutter: _____
Anne

10. Seit wann leben Sie in Deutschland?
Ne zamandan beri Almanya'da yaşıyorsunuz?

Vater *Baba*		**Mutter** *Anne*	
Schon immer *Sürekli*	☐	Schon immer *Sürekli*	☐
mehr als 10 Jahre *10 yıldan daha çok*	☐	mehr als 10 Jahre *10 yıldan daha çok*	☐
weniger als 10 Jahre *10 yıldan daha az*	☐	weniger als 10 Jahre *10 yıldan daha az*	☐

11. Haben Sie einen deutschen Pass?
Alman yurttaşı mısınız?

Vater *Baba*		**Mutter** *Anne*	
JA EVET	☐	JA EVET	☐
NEIN HAYIR	☐	NEIN HAYIR	☐

12. Welcher Religionsgemeinschaft gehören Sie an?
Hangi dindensiniz?

Vater *Baba*		**Mutter** *Anne*	
Islam	☐	Islam	☐
andere *başka*	☐	andere *başka*	☐

Bitte nennen Sie die Glaubensgemeinschaft. *(Dininizi lütfen buraya yazın.)*	Bitte nennen Sie die Glaubensgemeinschaft. *(Dininizi lütfen buraya yazın.)*

Wenn Sie bei der letzten Frage das Feld „**Islam**" angekreuzt haben.
„Son soruda „İslam" kutucuğunu işaretlediyseniz

Welcher islamischen Glaubensrichtung gehören Sie an?
Hangi İslam mezhebine aitsiniz?

Vater		**Mutter**	
Baba		*Anne*	
Sunna	☐	Sunna	☐
Sünni		*Sünni*	
Schia	☐	Schia	☐
Şii		*Şii*	
Alevitische Glaubensrichtung	☐	Alevitische Glaubensrichtung	☐
Alevi		*Alevi*	
Andere	☐	Andere	☐
Diğer		*Diğer*	

_____
Bitte nennen Sie die
Glaubensrichtung.
(Mezhebinizi lütfen buraya yazın.)

_____
Bitte nennen Sie die
Glaubensrichtung.
(Mezhebinizi lütfen buraya yazın.)

13. Wie oft besuchen sie eine Moschee?
Camiye ne zamanları gidersiniz?

Vater		**Mutter**	
Baba		*Anne*	
nie	☐	nie	☐
hiç bir zaman		*hiç bir zaman*	
gelegentlich	☐	gelegentlich	☐
arada sırada		*arada sırada*	
wöchentlich	☐	wöchentlich	☐
haftada bir		*haftada bir*	
täglich	☐	täglich	☐
her gün		*her gün*	

Schulversuch: Islamische Unterweisung als eigenständiges Unterrichtsfach

التجربة المدرسية: التربية الإسلامية كمادة تدريس مستقلة

Elternbefragung

بالآبـاء خـاص اسـتجواب

Die Befragung wird im Rahmen eines Dissertationsvorhabens am Orientalischen Seminar der Universität Köln durchgeführt.

هذا الإسـتجواب يـدخل فـي إطار التهـيئه لأطروحة فـي علم كولونيـا بجامعـة الإستشـراق.

Die Daten werden anonym erhoben und dienen ausschließlich wissenschaftlichen Zwecken. Die Teilnahme ist freiwillig.

هذه المعلومات تخدم فقط الهدف العلمي المتوخى منها و تبقى مجهولة.

Durchführung:

المسـؤول

Michael Kiefer M.A., Islamwissenschaftler, Himmelgeister Str.107 e, 40225 Düsseldorf, Tel. 0211/318494

1. **Wurden Sie von der Schule oder dem Lehrer über die Ziele und Inhalte der „Islamischen Unterweisung" informiert?**

1. هل تم إخباركم من طرف المدرسة أو من طرف المعلم عن الاهداف و محتويـات هذا التعليم الإسلامي ؟

JA ☐   NEIN ☐

نعم: لا

Wenn Sie die Frage mit „JA" beantwortet haben:
Über was wurden Sie informiert?
(Sie können mehrere Antwortmöglichkeiten ankreuzen)

إذا أجبتم بـ "نعم" عليكم بالإجابة عن هذا الأسئلة:

عن ماذا تم إخباركم؟ (يمكنكم إعطاء أكثر من جواب)

Wir wurden informiert über den Unterschied zwischen
islamischem Religionsunterricht und islamischer Unterweisung   ☐

لقد تم إخبارنا عن الفرق بين الدرس الإسلامي و التربية الإسلامية

Wir wurden informiert über die Ziele der Islamischen
Unterweisung   ☐

لقد تم إخبارنا عن أهداف التربية الإسلامية

Wir wurden informiert über die Unterrichtsinhalte   ☐

لقد تم إخبارنا عن محتويات هذا التدريس

Wir wurden informiert über die Lehrmaterialien   ☐

لقد تم إخبارنا عن الأدوات التعليمية

2. **Hat Ihr Kind vorher an der „Islamischen Unterweisung" im Rahmen des Muttersprachlichen Unterrichtes teilgenommen?**

2. هل شارك ابنكم في درس التعليم الإسلامي في إطار تعليم اللغة الأم ؟

JA ☐   NEIN ☐

نعم: لا

3. **Kennen Sie den Unterschied zwischen "Islamischer Unterweisung" und Islamischem Religionsunterricht?**

3. هل تعرفون الفرق بين درس التربية الإسلامية و درس الدين الإسلامي؟

JA ☐   NEIN ☐

نعم: لا

4. **Besucht Ihr Kind den Koranunterricht in einer Moschee?**
و. هل يذهب ابنكم إلى المدرسة القرآنية؟

JA   [ ]   NEIN   [ ]

نعم   لا

5. **Die "Islamische Unterweisung" wird in deutscher Sprache durchgeführt. Sind Sie damit einverstanden?**
و. هذا التعليم الإسلامي يُدرّسُ باللغة الألمانية. هل أنتم موافقون على ذلك؟

JA   [ ]   NEIN   [ ]

نعم   لا

Wenn Sie die Frage mit „NEIN" beantwortet haben:

In welcher Sprache sollte die islamische Unterweisung Ihrer Meinung nach durchgeführt werden?
إذا اجبتم عن هذا السؤال بـــ "لا ":

ما هي اللغة التي ترونها صالحة لهذا التدريس؟

türkisch   [ ]

التركيـــة

Arabisch   [ ]

العربيــة

Andere Sprache

أخرى لغة   _____

(Bitte die gewünschte Sprache eintragen)

(المفضــلة اكتـب هنـا اللغـة)

6. **Die "Islamische Unterweisung" wurde *ohne* Beteiligung der islamischen Vereine (Dachverbände) eingeführt. Sollen die islamischen Vereine (Dachverbände) in Zukunft beteiligt werden?**
6.لقد تم إعطاء درس التربية الإسلامية بدون إشراك الجمعيات و الرابطات الإسلامية.

هل ترون أن إشراك الجمعيات و الرابطات الإسلامية المتواجدة ضرورية؟

JA   [ ]   NEIN   [ ]

نعم   لا

Wenn Sie die letzte Frage mit „JA" beantwortet haben:

Welche Organisation/Verbände sollten beteiligt werden?
إذا أجبتم عن هذا السؤال بـــ " بنعم":

ما هي الجمعية التي تقترحونها في هذه المشاركة ؟

_____

(bitte die gewünschte Organisation eintragen)

(المفضــلة المؤسسـة اسـم هنا اكتـب)

7. Die „islamische Unterweisung" wird für alle Muslime (Sunniten, Schiiten, Aleviten) in einem gemeinsamen Unterricht erteilt. Soll der gemeinsame Unterricht auch in Zukunft fortgeführt werden?

٧.هذا التعليم الإسلامي يعطى لجميع المسلمين (السنيين ، الشيعيين و العلويين) في

شكل تدريس موحد. هل يجب أن يستمر هذا التدريس على ما هو عليه مستقبلا؟

JA ☐   NEIN ☐

نعم   لا

Wenn Sie die letzte Frage mit „NEIN" beantwortet haben:

Wie soll der Unterricht durchgeführt werden?

إذا أجبتم على السؤال الأخير بـ " لا ".

ما هو الشكل الأنسب الذي ترونه صالحا لهذا الدرس؟

Der Unterricht soll_____

على هذا الدرس

_____

_____

_____

_____

8. Welche Ausbildung sollten Ihrer Meinung nach die Lehrerinnen und Lehrer haben, die das Fach islamische Unterweisung unterrichten?

٨ ما هو نوع التكوين الذي ترونه صالحا في رأيكم لهؤلاء المعلمين الذين يدرسون

درس التربية الإسلامية؟

Die Lehrer/innen benötigen keine besondere Ausbildung.   ☐

لا يحتاج هؤلاء المعلمين لأي تكوين إضافي

Die Lehrer/innen sollten über eine abgeschlossene theologische (islamische) Hochschulbildung verfügen, die in einem Islamischen Land erworben wurde.   ☐

على هؤلاء المعلمين و المعلمات أن يكونوا حاصلين على تكوين ديني إسلامي
جامعي في بلد إسلامي

Die Lehrer/innen sollten über eine abgeschlossene theologische (islamische) Hochschulbildung verfügen, die hier in Deutschland erworben wurde.   ☐

على هؤلاء المعلمين و المعلمات أن يكونوا حاصلين على تكوين ديني إسلامي
جامعي في ألمانيا

9. In welchem Land wurden sie geboren?

9. في أي بلد ولدتم:

Vater: _____

الأب:

Mutter: _____

الأم:

10. Seit wann leben Sie in Deutschland?

10. كم عدد السنين التي قضيتوها في ألمانيا؟

Vater   *Mutter*

الأب: الأم:

Schon immer   ☐   Schon immer   ☐
دائما   دائما

mehr als 10 Jahre   ☐   mehr als 10 Jahre   ☐
أكثر من 10 سنوات   أكثر من 10 سنوات

weniger als 10 Jahre   ☐   weniger als 10 Jahre   ☐
أقل من 10 سنوات   أقل من 10 سنوات

11. Haben Sie einen deutschen Pass?

11. هل تحملون جواز سفر ألماني؟

Vater   *Muter*

الأب: الأم:

JA   ☐   JA   ☐
نعم   نعم

NEIN   ☐   NEIN   ☐
لا   لا

12. Welcher Religionsgemeinschaft gehören Sie an?

12. ماهو الدين الذي تعتنقونه ؟

Vater   *Mutter*

الأب: الأم:

Islam   ☐   Islam   ☐
الإسلام   الإسلام

andere   ☐   andere   ☐
ديانة أخرى   ديانة أخرى

_____   _____
Bitte nennen Sie die   Bitte nennen Sie die
Glaubensgemeinschaft   Glaubensgemeinschaft
(اكتب الديانة التي تنتمي إليها)   (اكتب الديانة التي تنتمي إليها)

Wenn Sie bei der letzten Frage das Feld „**Islam**" angekreuzt haben.

إذا أجبتم عن هذا السؤال بــ "Islam"

Welcher islamischen Glaubensrichtung gehören Sie an?

Vater		*Mutter*	
الأب:		الأم:	
Sunna	☐	Sunna	☐
سني		سنية	
Schia	☐	Schia	☐
شيعي		شيعية	
Alevitische Glaubensrichtung	☐	Alevitische Glaubensrichtung	☐
علوي		علوية	
Andere	☐	Andere	☐
فرقة أخرى آخرى		فرقة أخرى	

Bitte nennen Sie die Glaubensrichtung	Bitte nennen Sie die Glaubensrichtung
(اكتبها هنا)	(اكتبها هنا)

13. Wie oft besuchen sie eine Moschee?

13. كم من مرة في اليوم تذهبون فيها إلى المسجد؟

Vater		*Mutter*	
الأب:		الأم:	
nie	☐	nie	☐
لا أذهب بالمرة		لا أذهب بالمرة	
gelegentlich	☐	gelegentlich	☐
أحيانا		أحيانا	
wöchentlich	☐	wöchentlich	☐
كل أسبوع		كل أسبوع	
täglich	☐	täglich	☐
يوميا		يوميا	

10. Literatur- und Quellenverzeichnis

Abdullah, Muhammed S.: Drei muslimische Sachverbände in der Bundesrepublik Deutschland, in: CIBEDO-Texte Nr. 6, Frankfurt/Main 1980

Ahmed, Munir, D.: Ausschluß der Ahmadiyya aus dem Islam. Eine umstrittene Entscheidung des pakistanischen Parlaments, in: Orient, 1, 1979, S. 112

Alevitische Gemeinde Deutschland e. V.(AABF): Die Ziele der AABF, unter: http://www.alevi.com/sites/wir/ziel.htm (14.07.04)

Alevitische Gemeinde Deutschland e. V.(AABF): Satzung für die Alevitische Gemeinde Deutschland e. V., unter: http://www.alevi.com/sites/wir/satzung.htm (14.07.04)

Alevitische Gemeinde Deutschland e. V.(AABF): Zur Entstehungsgeschichte der AABF, unter: http://www.alevi.com/sites/wir/geschichte.htm (14.7.04)

Aydin, Hayrettin; Halm, Dirk; Şen, Faruk: "Euro-Islam", Das neue Islamverständnis der Muslime in der Migration, Stiftung Zentrum für Türkeistudien / Renner Institut, Essen, Mai 2003

Bayrisches Staatsministerium für Unterricht und Kultus: Informationen von der Pressestelle des Kultusministeriums. Neues im Schuljahr 2004/2005.

Bayrisches Staatsministerium für Unterricht und Kultus: Pressemitteilung Nr. 271 vom 28. September 2001

Bayrisches Staatsministerium für Unterricht und Kultus: Zwischenbericht an den Ausschuss für Bildung, Jugend und Sport vom 12. Januar 2002

Bayrisches Staatsministerium für Unterricht und Kultus: Pressemitteilung Nr. 25 vom 6. Februar 2003

Bayrisches Staatsministerium für Unterricht und Kultus: Sachstand bei den Angeboten islamischer Erziehung, Bericht vom 20. Januar 2004

Ben Jelloun, Tahar: Wo Glaube vor Recht geht. Besuch in einer niederländischen Grundschule, in Le Monde diplomatique vom 10. Dezember 2004

Bielefeldt, Heiner: Muslime im säkularen Rechtsstaat. Integrationschancen durch Religionsfreiheit, Bielefeld 2003

Bildau, Gerd: Die Bedeutung des Schulversuchs Islamische Unterweisung für die Stadt Duisburg, in: Gottwald, Eckart; Siedler, Dirk, Chr.: »Islamische Unterweisung« in deutscher Sprache. Berichte, Stellungnahmen und Perspektiven zum Schulversuch in Nordrhein-Westfalen, Neukirchen-Vluyn 2001, S. 64

Bildungsportal NRW: Islamische Unterweisung, unter: http://www.bildungsportal.nrw.de/BP/Schule/System/Faecher/Islamische_Unterweisung/index.html (06.12.2004)

Bouman, Johan: Der Koran und die Juden – Geschichte einer Tragödie, Darmstadt 1990

Baumann, Urs (Hg.): Islamischer Religionsunterricht. Grundlagen, Begründungen, Berichte, Projekte, Dokumentationen, Frankfurt a. M. 2002

Cavdar, Ibrahim: Islamischer Religionsunterricht an deutschen Schulen, in: Recht der Jugend und des Bildungswesens 1993, S. 265

CDU-NRW / FDP-NRW: Entwurf der Koalitionsvereinbarung von CDU und FDP zur Bildung einer neuen Landesregierung in Nordrhein-Westfalen, Düsseldorf, 16. Juni 2005, S. 54, unter: http://www.cdu-nrw.de/3192.php (10.06.05)

Cetin, Hüseyin: Islamische Unterweisung im Schuljahr 1999/2000, in: Gottwald, Eckart; Siedler, Dirk Chr.: »Islamische Unterweisung« in deutscher Sprache. Berichte, Stellungnahmen und Perspektiven zum Schulversuch in Nordrhein-Westfalen, Neukirchen-Vluyn 2001, S. 54

Ciompi, Luc: Die emotionalen Grundlagen des Denkens - Entwurf einer fraktalen Affektlogik, Göttingen 1997

Converse / Presser: Survey Questions, Handcrafting the Standardized Questionnaire, Beverly Hills 1986

Damasio, Antonio, R.: Descartes Irrtum – Fühlen, Denken und das menschliche Gehirn, München 1997

Doedens, Folkert: Dialogisch orientierter Religionsunterricht für alle in Hamburg, in: Beauftragte der Bundesregierung für Ausländerfragen (Hg.): Vom Dialog zur Kooperation – Die Integration von Muslimen in den Kommunen, Berlin / Bonn 2002, S.39

Doedens, Folkert: Gemeinsame Grundsätze der Religionsgemeinschaften für einen interreligiösen Religionsunterricht? Der Hamburger Weg: Religionsunterricht für alle, unter: http://lbs.hh.schule.de/relphil/pti/downloads/rufalle.doc (15.09.04)

Dressler, Markus: Die alevitische Religion: Traditionslinien und Neubestimmungen, Würzburg 2002

Elyas, Nadeem: Stellungnahme des Vorsitzenden des Zentralrats der Muslime in Deutschland Dr. Nadeem Elyas, Vorgelegt am 26. April 1999 im Pressezentrum Düsseldorf Landtag von Nordrhein-Westfalen

Emenet, Axel: Verfassungsrechtliche Probleme einer islamischen Religionskunde an öffentlichen Schulen – Dargestellt anhand des nordrhein-westfälischen Schulversuchs "Islamische Unterweisung", in: Burger / Butzer / Muckel (Hg.): Hochschulschriften zum Staats und Verwaltungsrecht, Band 5, Frankfurt a. M. 2003

Engin, Hava: Alewitischer Religionsunterricht an öffentlichen Schulen in der Bundesrepublik Deutschland, http://www.alewiten.com/hava2.htm (13.07.03)

Engin, Ismail; Erhard, Franz (Hg.): Aleviler / Alewiten, Cilt/Band 1: Kimlik ve Tarih / Identität und Geschichte, Cilt/Band 2: Inanç ve Gelenekler / Glaube und Traditionen, Cilt/Band 3: Siyaset ve Örgütler / Politik und Organisationen, Hamburg 2000-2001

Ev. Landeskirchen in Nordrheinwestfalen: Stellungnahme der Ev. Landeskirchen in Nordrhein-Westfalen zum "Entwurf eines Runderlasses Islamische Unterweisung", in: Schule und Kirche. Informationsdienst zu Bildungs- und Erziehungsfragen, 1999, Heft 2

Fauzi, Silke: Tacheles: Islam in Deutschland. An den Grenzen der Toleranz?, Hannover 2003

Fehrmann, Dominik: Geben und Nehmen – Islamunterricht und Kopftuch, in: Süddeutsche Zeitung vom 26. Januar 2004

Freie Hansestadt Bremen - Der Senat: Pressemitteilung vom 19. August 2003, unter:
http://www.bremen.de/web/owa/extern.p_anz_presse2_mitteilung?pi_mid =86378&pi_back=javascript:history.back()&pi_begriff=islamkunde&pi_teilsu che=0 (24.03.04)

Friedrichs, Jürgen: Methoden der empirischen Sozialforschung, 14. Aufl., Opladen 1990

Gebauer, Klaus: Religiöse Unterweisung für Schülerinnen und Schüler islamischen Glaubens in Nordrhein-Westfalen, in: Baumann, Urs (Hg.): Islamischer Religionsunterricht – Grundlagen, Begründungen, Berichte, Projekte, Dokumentationen, Bonn 2001, S. 232

Gebauer, Klaus: Islamische Unterweisung in deutschen Klassenzimmern, in: Recht der Jugend und des Bildungswesens – Zeitschrift für Schule, Berufsbildung und Jugenderziehung, 37. Jg. Heft 3/1989, S. 53

Gebauer, Klaus: Islamische Unterweisung in den Schulen des Landes Nordrhein-Westfalen, Islamunterricht, Stichworte, Thesen, Material für das Forum 4 der Konferenz "Lerngemeinschaft – Das deutsche Bildungswesen und der Dialog mit den Muslimen" in Weimar vom 13. bis 14. März 2003. Unveröffentlichtes Manuskript vom September 2003

Gebauer, Klaus: Geschichte der Islamischen Unterweisung in NRW, in: Landesinstitut für Schule (Hg.): Islamische Unterweisung in Nordrhein-Westfalen, Einige Infos, Stand Juni / Juli 2003 (Materialsammlung)

Gebauer, Klaus: Schulversuch Islamische Unterweisung in deutscher Sprache, in: Gottwald, Eckart; Siedler, Dirk Chr.: »Islamische Unterweisung« in deutscher Sprache. Berichte, Stellungnahmen und Perspektiven zum Schulversuch in Nordrhein-Westfalen, Neukirchen-Vluyn 2001 , S. 23

Gessler, Philipp: "Eine Welle antisemitischer Vorfälle", Die Tageszeitung vom 4. Dezember 2003

Ghadban, Ralf: Staat und Religion in Europa im Vergleich – Großbritannien, Frankreich und die Niederlande, Veranstaltungsdokumentation der Bundeszentrale für politische Bildung (Juli 2000), unter:
http://www.bpb.de/veranstaltungen/STZS3V,0,0,Staat_und_Religion_in_ Europa_im_Vergleich.html (24.03.04)

Gottwald, Eckart: Ordentlicher Islamischer Religionsunterricht statt Islamischer Unterweisung. Mitverantwortung der Muslime beim Religionsunterricht fördert auch die gesellschaftliche Integration, in: Gottwald, Eckart; Siedler, Dirk, Chr.: "Islamische Unterweisung" in deutscher Sprache. Berichte, Stellungnahmen und Perspektiven zum Schulversuch in Nordrhein-Westfalen, Neu-kirchen-Vluyn 2001, S. 83

Habel, Werner: Pädagogische Anfragen an den Schulversuch Islamische Unter-weisung, in: Gottwald, Eckart; Siedler Dirk, Chr.: »Islamische Unterweisung« in deutscher Sprache. Berichte, Stellungnahmen und Perspektiven zum Schul-versuch in Nordrhein-Westfalen, Neukirchen-Vluyn 2001, S. 79

Hahn, Dorothea: Geld und Glaube der Imame. Im säkularisierten Frankreich blockieren sich die Mitglieder des Muslimrates gegenseitig, in: Die Tages-zeitung vom 13. Dezember 2004

Harms, Joachim: Ethik des Islam im Ethikunterricht. Sachstandsbericht vom 9. September 2004 im Auftrag des Hessischen Landesinstituts für Pädagogik (HeLP) in Frankfurt

Heckel, Martin: Religionsunterricht für Muslime? – Kulturelle Integration unter Wahrung der religiösen Identität, Ein Beispiel für die komplementäre Natur der Religionsfreiheit, in: Juristenzeitung 1999, S.741

Heine, Peter: Halbmond über deutschen Dächern – Muslimisches Alltagsleben in unserem Land, München 1997

Herman, Ulrike: Diese Politikerin ist nicht feige!, in: Die Tageszeitung vom 24. März 2004

Höpp, Gerhard: Die Wünsdorfer Moschee: Eine Episode islamischen Lebens in Deutschland, 1915-1930, in: Die Welt des Islams, Vol. 36, Nr. 2, Juli 1996, S. 204

Hughes, Patrick, Hughes: Lexikon des Islam, Dreieich 1995

IGMG – Islamische Gemeinschaft Milli Görüs: Wir über uns. Selbstdarstellung, unter: http://www.igmg.de/index.php?module=ContentExpress&func =dis-play&ceid=6 (28.06.04)

Innenministerium des Landes Nordrhein-Westfalen: Islamischer Extremismus in Nordrhein-Westfalen, Düsseldorf 1999

Innenministerium des Landes Nordrhein-Westfalen: Verfassungsschutzbericht des Landes Nordrhein-Westfalen über das Jahr 2002

Inspectie van het Onderwijs: Islamitische basisscholen in Nederland, Inspectie-rapport, nr. 1999-2. unter: http://www.owinsp.nl/documents/pdf/islambs1999 (01.04.04)

Inspectie van het Onderwijs: Islamitische scholen nader Onderzocht, 2003-17, unter: http://www.owinsp.nl/documents/pdf/Islamitische_scholen_2002_2003 (01.04.04)

Islamische Religionsgemeinschaft Hessen: Islamischer Religionsunterricht in Hessen, Information für Interessierte und Betroffene, für Schülerinnen und Schüler, für Mütter und Väter, für Lehrkräfte. Erzieherinnen und ..., (Falt-blatt) Februar 2001

Islamische Religionsgemeinschaft Hessen: Pressemitteilung vom 16. Juni 2004, unter: http://www.irh-info.de/presse/pm20040615.htm (01.08.04)

Islamische Glaubensgemeinschaft in Österreich (IGGiÖ): Verfassung der Islami-schen Glaubensgemeinschaft in Österreich gemäß dem Gesetz vom 15. Juli

1912, RGBl. Nr. 159, betreffend die Anerkennung der Anhänger des Islams als Religionsgesellschaft, in der Fassung der Kundmachung BGBL Nr. 164/ 1988 und der Verordnung BGBL Nr. 466/ 1988, unter: http://www.derislam.at/islam.php?name=Themen&pa=showpage&pid=5 (26.04.04)

Islamrat für die Bundesrepublik Deutschland: Selbstdarstellung, unter: http://www.islamrat.de/selbstd/darstellung.html (14.07.04)

Islamrat für die Bundesrepublik Deutschland: Pressemitteilung des Ratsvorsitzenden Ali KIZIKAYA vom 23. Mai 2002

Kaplan, Ismail: Das Alevitentum. Eine Glaubens- und Lebensgemeinschaft in Deutschland, Köln 2004

Kiefer, Michael: Antisemitismus in den islamischen Gesellschaften – der Palästinakonflikt und der Transfer eines Feindbildes, Düsseldorf 2002

Kiefer, Michael: DER Islam – Drei Thesen zum Gebrauch eines sehr fragwürdigen Singulars, in: Jungle World (Hg.): Elfter September Nulleins – Die Anschläge, Ursachen und Folgen, Berlin 2002, S. 175

Kiefer, Michael: Islamische Unterweisung in deutscher Sprache – Eine Skizze zu Gründen, Problemen und Lösungsmöglichkeiten, in: Gottwald/Siedler (Hg.), "Islamische Unterweisung" in deutscher Sprache – Berichte, Stellungnahmen und Perspektiven zum Schulversuch in Nordrhein-Westfalen, Neukirchen-Vluyn 2001, S. 61

Köhler, Asiye; Köhler, Ayyub: Ordentlicher Religionsunterricht oder "Religionsunterricht für alle" an öffentlichen Schulen in Hamburg? unter: http://www.islamic-centre-hamburg.de/al-fadschr/nr101_110/nr104/af104_ 27.htm (15.09.04)

Kulturzentrum Anatolischer Aleviten Berlin: Presseerklärung vom 19. April 2002

Küntzel, Matthias: Djihad und Judenhaß – Über den neuen antijüdischen Krieg, Freiburg 2002

Landesinstitut für Schule NRW; AABF-Alevitische Gemeinde (Hg.): Das Alevitentum. Informationen und Materialien für den Unterricht, Soest 2003 (Vorabdruck)

Landesinstitut für Schule NRW: Entwurf einer Themeneinheit. Erarbeitet von einer Arbeitsgruppe der Alevitischen Gemeinde Deutschland e. V. (AABF), November 2004

Landesinstitut für Schule NRW: Islamische Unterweisung in deutscher Sprache in der Grundschule Klasse 1 bis 4 . Entwurf zur Erprobung in den Grundschulen des Landes Nordrhein-Westfalen, Fassung Oktober 2004

Landesinstitut für Schule (Hg.): Islamische Begriffe im Unterricht. Kleines Glossar arabisch-islamischer Begriffe, Entwurf (erste Teilfassung), Soest 2001

Landesinstitut für Schule (Hg.): Islamische Begriffe im Unterricht unter Berücksichtigung der arabischen, bosnischen und türkischen Schreibweise. Kleines Glossar arabisch-islamischer Begriffe, Entwurf, zweite Fassung, Soest 2003

Landesinstitut für Schule (Hg.): Islamische Unterweisung in deutscher Sprache in der Grundschule Klasse 1 bis 4 . Entwurf zur Erprobung in den Grundschulen des Landes Nordrhein-Westfalen, Fassung Oktober 2004 vor Abgabe an das Ministerium für Schule, Jugend und Kinder NRW

Landesinstitut für Schule (Hg.): Zweite Fachtagung "Islamische Unterweisung" als eigenständiges Unterrichtsfach indeutscher Sprache, 15. bis 16. November 2001 im Landesinstitut für Schule NRW Soest, Bericht und Dokumentation, Soest November 2002

Landesinstitut für Schule und Weiterbildung (Hg.): Dinimizi Ögreniyoruz, Müslüman ögrenciler icin Din Bilgisi kiitabi, Ilkokul 1 sinif, Bochum 1988

Landesinstitut für Schule und Weiterbildung (Hg.): Dinimizi Ögreniyoruz Ögretmen Kilavuzu, 1, sinif, Bochum 1988, und:

Landesinstitut für Schule und Weiterbildung (Hg.) Wir lernen unseren Glauben kennen, Lehrerbegleitbuch, Band 1, Bochum 1988

Landesinstitut für Schule und Weiterbildung (Hg.): Dinimizi Ögreniyoruz, Müslüman ögrenciler icin Din Bilgisi kiitabi, Ilkokul 2, sinif, Bochum 1989

Landesinstitut für Schule und Weiterbildung (Hg.): Dinimizi Ögreniyoruz, Müslüman ögrenciler icin Din Bilgisi kiitabi, Ilkokul 3-4, sinif, Bochum 1990

Landesinstitut für Schule und Weiterbildung (Hg.): Religiöse Unterweisung für Schülerinnen uns Schüler islamischen Glaubens – 12 Unterrichtseinheiten für die Klassen 5 und 6 (Entwurf), Soest 1991

Landesinstitut für Schule und Weiterbildung (Hg.): Religiöse Unterweisung für Schülerinnen uns Schüler islamischen Glaubens – 24 Unterrichtseinheiten für die Klassen 7-10 (Entwurf), Soest 1996

Lau, Jörg; Staud, Torlaf: "Das Kopftuch ist nicht so wichtig" ZEIT-Gespräch mit Rıdvan Çakir (DİTİB), Die Zeit vom 3. Juni 2004

Lähnemann, Johannes: Perspektiven in der Ausbildung islamischer Religionslehrer, unter:

http://presse.verwaltung.uni-muenchen.de/mum043/essay.htm (10.03.04)

Lemmen, Thomas: Islamische Organisationen in Deutschland, unter:

http://library.fes.de/fulltext/asfo/00803006.htm#E9E6 (17.12.03)

Lemmen, Thomas; Miehl, Melanie: Islamisches Alltagsleben in Deutschland, hg. von Wirtschafts- und sozialpolitischen Forschungs- und Beratungszentrum der Friedrich-Ebert-Stiftung Abteilung Arbeit und Sozialpolitik, 2. Aufl., Bonn 2001

Lemmen, Thomas: Islamische Vereine und Verbände in Deutschland, hg. von Wirtschafts- und sozialpolitischen Forschungs- und Beratungszentrum der Friedrich-Ebert-Stiftung Abteilung Arbeit und Sozialpolitik, 2. Aufl, Bonn 2002

Leparmentier, Arnaud: En Belgique, un "exécutif" des musulmans miné par les divisions et les conflits avec le gouvernement, in: Le Monde vom 15. April 2003

Lögering, Aloys: "Islamischer Religionsunterricht" beginnt an niedersächsischen Grundschulen, unter:

www.bistum-osnabrueck.de/downloads/islam_ru.pdf (16.03.03)

Mahathir, Mohammad: Eröffnungsrede zur Islamischen Weltkonferenz vom 16. Oktober 2003, unter:

http://www.fraktuell.de/ressorts/nachrichten_und_politik/dokumentation/?
cnt=327065 (12.11.03)

Meier, Andreas: Politische Strömungen im modernen Islam, Bonn 1995

Ministerium für Bildung, Frauen und Jugend in Rheinland-Pfalz: Pressemitteilung vom 29. April 2004

Ministerium für Kultus, Jugend und Sport Baden-Württemberg: Pressemitteilung vom 15. März 2005, unter:
http://www.km-bw.de/servlet/PB/-s/49fmhl15lyjho112h7dm1o7mxv9o97 lac/menu/1161704/index.html (20.03.05)

Ministerium für Schule, Jugend und Kinder in Nordrhein-Westfalen: Pressemitteilung vom 29. Juni 2004

Ministerium für Schule, Wissenschaft und Forschung in Nordrhein-Westfalen: Erlass des vom 11. Dezember 1979, II A 2.36-6/1 Nr. 3273/79

Ministerium für Schule, Wissenschaft und Forschung in Nordrhein-Westfalen: Presseinformation vom 19.09.02

Ministerium für Wissenschaft und Forschung in Nordrhein-Westfalen:Antwort des Ministeriums für Wissenschaft und Forschung vom 17. Januar 2003 namens der Landesregierung im Einvernehmen mit der Ministerin für Schule, Jugend und Kinder und dem Finanzminister auf dieKleine Anfrage der Abgeordneten Marianne Thomann-Stahl vom 11.Dezember 2002. unter:
http//home.landtag.nrw.de/mdl/marianne.thomann-stahl/126htm (29.08.03)

Ministeriums für Schule und Weiterbildung, Wissenschaft und Forschung in Nordrhein-Westfalen : Runderlaß vom 28.5.1999, AZ. 715.31,20/4-448/99

Ministerium für Schule, Wissenschaft und Forschung in Nordrhein-Westfalen: Pressemitteilung vom 21.05.02

Mohr, Irka-Christin: Islam-Unterricht: Wieviel Religion braucht die Schule. in: ifa – Zeitschrift für Kulturaustausch 4/99, unter:
http://www.ifa.de/zfk/magazin/europa/dmohr.htm (07.08.03)

Mohr, Irka-Christin: Islamischer Religionsunterricht im europäischenVergleich, unter: http://uni-erfurt.de/islamwissenschaft/mohr-vortrag.html (25.03.04)

Muckel, Stefan: Islamischer Religionsunterricht und Islamkunde an öffentlichen Schulen in Deutschland, in: Juristenzeitung 2001, S. 58

Niedersächsisches Kultusministerium: Kultusminister startet Schulversuch Islamischen Religionsunterricht – Bundesweite Pionierrolle, Presseinformation vom 30.05.03

Nordbruch, Götz: Teuflische Feinde, in: Jungle World, Nr. 49 / 2001

Bundesverwaltungsgericht Leipzig: Pressemitteilung Nr. 9/2005: BVerG 6 C 2.04, unter:
http://www.bverwg.de/enid/4c804ad7521869319babeefc7f9856c4,d0fd2a73 65617263685f646973706c6179436f6e7461696e6572092d0935313031/Presse mitteilungen/Pressemitteilungen_9d.html (24.06.05)

Oberverwaltungsgericht Münster: Pressemitteilung vom 2. Dezember 2003

Oebbeke, Janbernd: Islamischer Religionsunterricht an deutschen Schulen – Aktuelle Fragen und Problemstellungen, in: epd-Dokumentation o. Jg., 2000, S. 3

Oebbeke, Janbernd: Islamischer Religionsunterricht – Rechtsdogmatische und rechtspolitische Fragen, in: Bauer / Kaddor / Strobel (Hr.): Islamischer Religionsunterricht: Hintergründe, Probleme, Perspektiven, Veröffentlichungen des Centrums für Religiöse Studien Münster, Band 1, Münster 2004, S. 55

Ostereich, Heide; Reinecke Stefan: "Es geht darum, uns wehzutun", Streitgespräch mit Oguz Ücüncü, Mustagfa Yeneroglu und Eberhard Seidel, in: Die Tageszeitung vom 7. Mai 2004

Öszinmaz, Metin: Zum Curriculum der Islamischen Unterweisung, in: Gottwald, Eckart; Siedler, Dirk Chr.: »Islamische Unterweisung« in deutscher Sprache. Berichte, Stellungnahmen und Perspektiven zum Schulversuch in Nordrhein-Westfalen, Neukirchen-Vluyn 2001 , S. 56

Overmann, Manfred: Emotionales Lernen: Sentio, ergo cognosco, unter: http://www.ph-ludwigsburg.de/franzoesisch/overmann/baf5/5m.htm (07.01.04)

Özdogan, Hasan: Stellungnahme zum Runderlaß Islamische Unterweisung vom 28.5.1999, in: epd-Dokumentation, o. Jg., 2000

Panafit, Lionel: En Belgique, les ambiguïtés d'une représentation "ethnique", in: Le Monde diplomatique vom 16.Juni 2000

Paret, Rudi: Der Koran, Stuttgard / Berlin / Köln, 5 Aufl., 1989

Reichmuth, Stefan: Thema Jihad – Die Muslime und die Option der Gewalt in Religion und Staat. in: Landesinstitut für Schule (Hg.): Zweite Fachtagung "Islamische Unterweisung" als eigenständiges Unterrichtsfach in deutscher Sprache, Schulversuch, 15. bis 16. November 2001 im Landesinstitut für Schule NRW, Bericht und Dokumentation, Soest 2002, S. 19

Rohe, Mathias: Der Islam - Alltagskonflikte und Lösungen, Freiburg / Basel / Wien 2001

Rohe, Mathias: Rechtliche Perspektiven eines islamischen Religionsunterricht in Deutschland, in: Zeitschrift für Rechtspolitik 2000, S.200

Rohe, Mathias: Spezifische Rechtsprobleme des Islamischen Religionsunterrichts in Deutschland, in: Bauer / Kaddor / Strobel (Hg.): Islamischer Religionsunterricht: Hintergründe, Probleme, Perspektiven, Veröffentlichungen des Centrums für Religiöse Studien Münster, Band 1, Münster 2004, S. 79

Rohe, Mathias: Zur Genese des Erlanger Schulversuchs "Islamunterricht", unter: www.zr2.jura.uni-erlangen.de/Schulversuch.pdf (10.03.04)

Salah, Eddine, Ben Abdid: The Schari'a Between Particularism and Universality, in: Ferrari / Bradny (Hg.), Islam and European Legal Systems, Aldershot 2000

Senat der Westfälischen Wilhelms-Universität in Münster: Verwaltungs-und Benutzungsordnung für das Centrum für Religiöse Studien vom 21. Mai 2003

Schakfeh, Anas: Islamischer Religionsunterricht an österreichischen Schulen, in: Baumann, Urs (Hg.): Islamischer Religionsunterricht, Grundlagen, Begründungen, berichte, Projekte, Dokumentationen, Frankfurt a. M. 2001, S. 184

Schmid, Hansjörg: Neue Phase des Zusammenlebens. Schritte auf dem Weg zum Islamischen Religionsunterricht, in: Herder Korrespondenz 59, 5/2005, S. 239
– 244

Schreiner, Peter; Wulff, Karen (Hg.): Islamischer Religionsunterricht. Ein Lesebuch, Münster 2001

Schaible, Tilman: Islamischer Religionsunterricht in Österreich und die aktuelle Situation in Bayern, in: Bauer / Kaddor / Strobel: Islamischer Religionsunterricht: Hintergründe, Probleme, Perspektiven, Münster 2004, S. 87

Schiffauer, Werner: Muslimische Organisationen und ihr Anspruch auf Repräsentativität: Dogmatisch bedingte Konkurrenz und Streit um Institutionalisierung, in: Escudier, Alexandre (Hg.), Der Islam in Europa – Der Umgang mit dem Islam in Frankreich und Deutschland, Göttingen 2003, S. 143

Schiffauer, Werner: Thesenpapier zur Islamischen Gemeinschaft Milli Görüs, unter:
http://www.mi.niedersachsen.de/master/C3221806_N3015436_L20_D0_I5 22.html (10.09.04)

Schnell / Hill / Esser (Hrsg).: Methoden der empirischen Sozialforschung, 6. Aufl., München / Wien / Oldenbourg 1999

Seidel, Eberhard; Dantschke, Claudia; Yıldırım, Ali: Politik im Namen Allahs, Der Islamismus – eine Herausforderung in Europa, 2. Aufl., September 2001

Sekretariat der Deutschen Bischofskonferenz: Stellungnahme der katholischen Kirche zum islamischen Religionsunterricht, Sekretariat der Deutschen Bischofskonferenz, in: CIBEDO Beiträge 13, 1999

Şen, Faruk; Aydın, Hayrettin: Islam in Deutschland, München 2002

Şen, Faruk: Begegnungen: "Islam ist Bestandteil Europas", Interview mit Prof. Dr. Faruk Sen über den Islam, Europa und die Rolle der türkischen Muslime, in: Islamische Zeitung vom 23.05.2003

Siebert, Mathias: Vier Jahre Vorlauf, Interview mit Werner Willker (Radiosendung), unter:
http://www.radiobremen.de/online/gesellschaft/islam_unterricht.html (24.03.04)

Siegele, Anna: Die Einführung eines islamischen Religionsunterrichtes an deutschen Schulen – Probleme Unterrichtsansätze, Perspektiven, Frankfurt 1995

Schröder, Bernd: Islamische Unterweisung in Nordrhein-Westfalen. in: Zeitschrift für Pädagogik und Theologie, Nr.2 (2000)

Siedler, Dirk, Chr.: Kritik und Perspektiven des Schulversuchs Islamische Unterweisung in Nordrhein-Westfalen. Ein Forschungsprogramm zur wissenschaftlichen Begleitung, in: Gottwald, Eckart; Siedler, Dirk Chr.: »Islamische Unterweisung« in deutscher Sprache. Berichte, Stellungnahmen und Perspektiven zum Schulversuch in Nordrhein-Westfalen, Neukirchen-Vluyn 2001

Soester Zentralinstitut Islamarchiv Deutschland: Frühjahrsumfrage (Stand: 15.05.2003), unter: http://www.ekd.de/ezw/36164.html (02.02.04)

Spriewald, Simone: Rechtsfragen im Zusammenhang mit der Einführung von islamischem Religionsunterricht als ordentliches Lehrfach an deutschen Schulen, Berlin 2003

Spuler-Stegemann, Ursula: Muslime in Deutschland – Nebeneinander oder Miteinander?, Freiburg 1998

Spuler-Stegemann, Ursula: Muslime in Deutschland, Organisation und Gruppierungen, in: Landeszentrale für politische Bildung in Baden-Württemberg (Hg.): Der Bürger im Staat, Islam in Deutschland, Heft 4 2001, S. 221

Staatsinstitut für Schulpädagogik und Bildungsforschung (Hg.): Islamischer Religionsunterricht an bayrischen Schulen? – ein Problemaufriss, München 2000

Statistisches Bundesamt: Ausländische Bevölkerung nach Geburtsland am 31.12.2004, unter: http://www.destatis.de/cgi-bin/printview.pl (12.05.04)

Stock, Martin: Beitrag auf den Hohenheimer Tagen zum Ausländerrecht 2004: Auf dem zur Rechtsgleichheit? Integration zwischen Zwang und Förderung, veranstaltet von der Diözese Rottenburg-Stuttgart am 31.1.2004 in Hohenheim, unter:
http://www.jura.uni-bielefeld.de/Lehrstuehle/Stock/Veroeffentlichungen_Vortraege/Vortrag_K.html?&pp=1 (01.03.04).

Stock, Martin: Islamunterricht: Religionskunde, Bekenntnisunterricht oder was sonst?, in: Bielefeldt u.a. (Hg.), Religion und Recht, Band 1, Münster 2003

Tormählen, Andrea: Islam-Unterricht liegt auf Eis. in: Pforzheimer Zeitung vom 7. Juli 2004

Troll, Christian W.: Muslime in Deutschland – Ziele, Strömungen, Organisationen/Strukturen, unter:
http://www.jesuiten.org/aktuell/jubilaeum/files/jahresthema_2001_troll_1.pdf (17.07.04)

Türkisch-Islamische Union der Anstalt für Religion e. V.: Wir über uns, Selbstdarstellung , Köln 1999

Türkische Republik. Ministerpräsidialamt. Präsidium für Religionsangelegenheiten: Beschlüsse des III. Religionsrates zum Thema "Religiöse Bildung und Religiöse Dienste des Präsidiums für für Religionsangelegenheiten im Ausland im Laufe des EU-Beitrittsprozesses" vom 24. September 2004

Universität Osnabrück: Pressemitteilung Nr. 37 vom 10. März 2004

Van de Wetering, Stella: Der Islam im niederländischen Schulwesen, in: Baumann, Urs (Hg.): Islamischer Religionsunterricht – Grundlagen, Begründungen, Berichte, Projekte, Dokumentationen, Frankfurt/Main 2001, S. 219

Verbalnote der türkischen Regierung vom 6. April 1982: Archiv des Landesinstituts

Verband der Islamischen Kulturzentren e. V.: Satzung des Verbandes der Islamischen Kulturzentren e. V., unter: http://www.vikz.de (12.07.04)

Verband der Islamischen Kulturzentren e. V.: Stellungnahme des VIKZ zu der Studie "Islamische Organisationen in der Bundesrepublik Deutschland, eine aktuelle Bestandsaufnahme und Analyse" von Prof. Dr. Udo Steinbach, Köln 1998

Weber, Max: Wirtschaft und Gesellschaft, Köln/Berlin 1964

Wehner, Marlies: »Islamische Unterweisung«. Zur Beteiligung der islamischen Verbände und ihre Kritik des Schulversuchs, in: Gottwald, Eckart; Siedler, Dirk, Chr.: »Islamische Unterweisung« in deutscher Sprache. Berichte, Stellungnahmen und Perspektiven zum Schulversuch in Nordrhein-Westfalen, Neukirchen-Vluyn 2001

Worbs, Susanne; Heckmann Friedrich: Islam in Deutschland: Aufarbeitung des gegenwärtigen Forschungsstandes und Auswertung eines Datensatzes zur zweiten Migrantengeneration, Bundesministerium des Inneren (Hg.): Texte zur inneren Sicherheit, Islamismus, Roggentin 2003, 2. Aufl.

Zentralrat der Muslime in Deutschland e. V.: Gegendarstellung zum Spiegel-bericht vom 24. Dezember 2001

Zentralrat der Muslime in Deutschland e. V.: Lehrplan für den Islamischen Religionsunterricht (Grundschule), Köln 1999

Zentralrat der Muslime in Deutschland e. V.: Pressemitteilung vom 30. August 2000

Zentralrat der Muslime in Deutschland e. V.: Pressemitteilung vom 26. April 1999

Zentralrat der Muslime in Deutschland e. V.: Selbstdarstellung, unter: http://www.islam.de/print.php?site=zmd/selbstdarstellung (22.07.04)

Wissenschaftliche Paperbacks
Theologie

Michael J. Rainer (Red.)
"Dominus Iesus" – Anstößige Wahrheit oder anstößige Kirche?
Dokumente, Hintergründe, Standpunkte und Folgerungen
Die römische Erklärung "Dominus Iesus" berührt den Nerv der aktuellen Diskussion über den Stellenwert der Religionen in der heutigen Gesellschaft. Angesichts der Pluralität der Bekenntnisse soll der Anspruch der Wahrheit festgehalten werden.
Bd. 9, 2. Aufl. 2001, 350 S., 20,90 €, br.,
ISBN 3-8258-5203-2

Rainer Bendel (Hg.)
Die katholische Schuld?
Katholizismus im Dritten Reich zwischen Arrangement und Widerstand
Die Frage nach der „Katholischen Schuld" ist spätestens seit Hochhuths „Stellvertreter" ein öffentliches Thema. Nun wird es von Goldhagen neu aufgeworfen, aufgeworfen als moralische Frage – ohne fundierte Antwort. Wer sich über den Zusammenhang von Katholizismus und Nationalsozialismus fundiert informieren will, wird zu diesem Band greifen müssen: mit Beiträgen u. a. von Gerhard Besier, E. W. Böckenförde, Heinz Hürten, Joachim Köhler, Johann Baptist Metz, Rudolf Morsey, Ludwig Volk, Ottmar Fuchs und Stephan Leimgruber.
Bd. 14, 2., durchges. Aufl. 2004, 400 S., 19,90 €, br., ISBN 3-8258-6334-4

Theologie: Forschung und Wissenschaft

Ulrich Lüke
Mensch – Natur – Gott
Naturwissenschaftliche Beiträge und theologische Erträge
Bd. 1, 2002, 184 S., 17,90 €, br.,
ISBN 3-8258-6006-x

Wolfgang W. Müller
Gnade in Welt
Eine symboltheologische Sakramentenskizze
Bd. 2, 2002, 160 S., 17,90 €, br.,
ISBN 3-8258-6218-6

Gabriel Alexiev
Definition des Christentums
Ansätze für eine neue Synthese zwischen Naturwissenschaft und systematischer Theologie
Bd. 3, 2002, 112 S., 17,90 €, br.,
ISBN 3-8258-5896-0

Günther Schulz; Gisela-A. Schröder; Timm C. Richter
Bolschewistische Herrschaft und Orthodoxe Kirche in Rußland
Das Landeskonzil 1917/1918. Quellen und Analysen
Die vorgelegte Untersuchung, die im Rahmen des Forschungsprogramms der VW-Stiftung „Diktaturen im Europa des 20. Jahrhunderts" entstand, ist dem Reformkonzil der Orthodoxen Kirche in Russland (1917/18) und den Auseinandersetzungen zwischen Kirche, Staat und Gesellschaft in der Russischen Revolution, also zentralen Ereignissen der russischen und europäischen Geschichte des 20. Jahrhunderts, gewidmet. Die Darstellung basiert auf der intensiven Arbeit in den neueröffneten russischen Archiven. Ein großer Teil der Quellen wird erstmals in deutscher Übersetzung oder sogar zum ersten Mal publiziert.
Bd. 4, 2005, 816 S., 79,90 €, gb.,
ISBN 3-8258-6286-0

Klaus Nürnberger
Theology of the Biblical Witness
An evolutionary approach
Bd. 5, 2003, 456 S., 34,90 €, br.,
ISBN 3-8258-7352-8

LIT Verlag Münster – Berlin – Hamburg – London – Wien
Grevener Str./Fresnostr. 2 48159 Münster
Tel.: 0251 – 62 032 22 – Fax: 0251 – 23 19 72
e-Mail: vertrieb@lit-verlag.de – http://www.lit-verlag.de

Herbert Ulonska; Michael J. Rainer (Hg.)
Sexualisierte Gewalt im Schutz von Kirchenmauern
Anstöße zur differenzierten (Selbst-)Wahrnehmung. Mit Beiträgen von Ursula Enders, Hubertus Lutterbach, Wunibald Müller, Michael J. Rainer, Werner Tzscheetzsch, Herbert Ulonska und Myriam Wijlens
Bd. 6, 2003, 192 S., 17,90 €, br., ISBN 3-8258-6353-0

Wilhelm H. Neuser
Die Entstehung und theologische Formung der Leuenberger Konkordie 1971 bis 1973
Bd. 7, 2003, 136 S., 19,90 €, br., ISBN 3-8258-7233-5

Michael Welker; Friedrich Schweitzer (Eds./Hg.)
Reconsidering the Boundaries Between Theological Disciplines. Zur Neubestimmung der Grenzen zwischen den theologischen Disziplinen
Die traditionellen Grenzen zwischen theologischen Disziplinen verschieben sich. Diese Entwicklung, die sich in den letzten Jahren in deutschen und nordamerikanischen Kontexten beobachten läßt, betrifft vor allem den intensivierten Austausch zwischen Exegetischer und Systematischer Theologie und die Annäherung zwischen Praktischer Theologie und Theologischer Ethik. In den Beiträgen dieses Bandes werden diese interdisziplinären Grenzüberschreitungen von führenden Fachvertretern aus Nordamerika und Deutschland vergleichend reflektiert und auf ihre inneren Zusammenhänge hin befragt.
Bd. 8, 2005, 232 S., 19,90 €, br., ISBN 3-8258-7471-0

Paul Weß
Glaube zwischen Relativismus und Absolutheitsanspruch
Beiträge zur Traditionskritik im Christentum. Mit einer Antwort von Hans-Joachim Schulz
In seinem Kommentar zur Konstitution über die göttliche Offenbarung des Zweiten Vatikanums räumt Joseph Ratzinger ein, dass dieses Konzil „das traditionskritische Moment so gut wie völlig übergangen" hat. Die Kirche habe „die Herausarbeitung einer positiven Möglichkeit und Notwendigkeit innerkirchlicher Traditionskritik" versäumt, obwohl sich dieses Konzil „bewusst als Reformkonzil verstand". In diesem Band werden im Anschluss an Überlegungen zur Dogmenkritik von Karl Rahner und Hans-Joachim Schulz erste Schritte unternommen, diese „bedauerliche Lücke" (Ratzinger) zu schließen: zunächst in grundsätzlichen Ausführungen über die Möglichkeiten und Grenzen theologischer Erkenntnis (auch des Lehramts), dann in Beiträgen zu zentralen Fragen des Glaubens und der Kirche: Christologie und Gotteslehre, Erlösungslehre und Ekklesiologie, Theologie des Amtes und der Gemeinde.
Bd. 9, 2004, 224 S., 19,90 €, br., ISBN 3-8258-8026-5

Heinrich Greeven; Eberhard Güting (Hg.)
Textkritik des Markusevangeliums
Professor Dr. H. Greeven D.D., Herausgeber einer ntl. Synopse, hinterließ 1990 eine Textkritik des Markusevangeliums. Dieses Buch, durch Beigaben ergänzt, wird von dem Neutestamentler und Editionswissenschaftler Dr. E. Güting herausgegeben. Auf diese Weise treten die textkritischen Analysen Greevens in den Zusammenhang einer mehr als hundertjährigen Geschichte der textkritischen Forschung. Die Stellungnahmen aller Editoren, von Carl Lachmann bis zu den neuesten Auflagen des Nestle-Aland, werden vollständig mitgeteilt. Fehlerhafte Zeugenangaben in den Apparaten von Synopsen und Texteditionen werden richtiggestellt. Mehr als 420

LIT Verlag Münster – Berlin – Hamburg – London – Wien
Grevener Str./Fresnostr. 2 48159 Münster
Tel.: 0251 – 62 032 22 – Fax: 0251 – 23 19 72
e-Mail: vertrieb@lit-verlag.de – http://www.lit-verlag.de

Variationseinheiten werden unter Erörterung der verwendeten Argumente analysiert.

Bd. 11, 2005, 784 S., 99,90 €, gb.,

ISBN 3-8258-6878-8

Christoph Barnbrock; Werner Klän (Hg.)
Gottes Wort in der Zeit: verstehen –
verkündigen – verbreiten
Festschrift für Volker Stolle
In dieser Festschrift haben Kollegen und Schüler, Freunde und Weggenossen von Volker Stolle fast drei Dutzend Beiträge zusammengetragen. Anlässlich seines 65. Geburtstages legen sie Überlegungen zur Geschichte des Judentums und des Christentums, zur Exegese und Dogmatik, zur Missionswissenschaft und zur Praktischen Theologie vor. Die Autorinnen und Autoren greifen damit auch Impulse auf, die der Jubilar in die Fachdiskussion eingebracht hat, und treten so mit ihm in das Gespräch ein, an dem ihm um der Sache willen so sehr gelegen ist: dass Gottes Wort in der Zeit verstanden, verkündigt und verbreitet wird.

Bd. 12, 2005, 616 S., 39,90 €, gb.,

ISBN 3-8258-7132-0

Ilona Nord, Fritz-Rüdiger Volz (Hg.)
An den Rändern
Theologische Lernprozesse mit Yorick Spiegel. Festschrift zum 70. Geburtstag
Ränder irritieren, sie machen neugierig und ängstlich zugleich. Sie sind oft die interessantesten Orte: vom Rand der Phänomene und des Lebens her, an den Rändern des Alltäglichen bilden und bewähren sich Erfahrung und Erkenntnis.
In der Festschrift zum 70. Geburtstag von Yorick Spiegel sind einunddreißig sehr unterschiedliche Beiträge versammelt aus Kulturtheologie und Religionsphilosophie, aus Ethik und Sozialethik, zu Diagnostik und Therapeutik einschließlich Praktischer Theologie. Sie berichten von Erkundungen an den Rändern theologischen und sozialwissenschaftlichen Fragens zu Beginn des 21. Jahrhunderts. Der Band umfasst eine sozialethische „Zeitansage" von Wolfgang Huber und biographische „Rückblicke" von Ulrich Kabitz. Eine „Bibliographie Yorick Spiegel" schließt den Band ab.

Bd. 13, 2005, 528 S., 29,90 €, br.,

ISBN 3-8258-8319-1

Gerhard Gäde (Hg.)
Hören – Glauben – Denken
Festschrift für Peter Knauer S. J. zur Vollendung seines 70. Lebensjahres
An seinem 70. Geburtstag kann Peter Knauer S. J. auf ein reiches und fruchtbares akademisches Leben zurückblicken. Seine zahlreichen Veröffentlichungen zu theologischen, ethischen, pastoralen und spirituellen Themen in verschiedenen Sprachen sind Zeugnis dafür. Knauer überrascht immer wieder damit, dass er die Dinge in verblüffend scharfsinniger Weise auf den Punkt bringt. Das gehört zu seinen Stärken und ist wohl das, was vielen einen neuen Blick auf den alten Glauben erschlossen hat und ihn neu verstehen lässt. 21 Autorinnen und Autoren ehren Knauer in diesem Band durch ihre Beiträge. Diese sind verschiedenen Schwerpunkten des Knauerschen Schaffens gewidmet und zeigen die Aktualität seiner Fragestellungen und die Kraft seines Denkens, das zum Weiterdenken anregt.

Bd. 14, 2005, 424 S., 34,90 €, br.,

ISBN 3-8258-7142-8

Tilman Beyrich (Hg.)
Unerwartete Theologie
Festschrift für Bernd Hildebrandt
Das Unterlaufen von allzu festgelegten Erwartungen ist das Markenzeichen jeder guten Theologie. Das galt besonders für die theologische Arbeit an den Hochschulen der DDR. Diese Festschrift für Bernd Hildebrandt versammelt solche Begegnungen mit dem Unerwarteten: im Spannungsfeld von Theologie und Kirche, im Gespräch der Theologie mit der Philosophie, in der Bibel selbst und schließlich in Form poetischer Theologie.

Bd. 17, 2005, 296 S., 24,90 €, br.,

ISBN 3-8258-8811-8

LIT Verlag Münster – Berlin – Hamburg – London – Wien
Grevener Str./Fresnostr. 2 48159 Münster
Tel.: 0251 – 62 032 22 – Fax: 0251 – 23 19 72
e-Mail: vertrieb@lit-verlag.de – http://www.lit-verlag.de

Religionswissenschaft: Forschung und Wissenschaft

Jamal Malik (Ed.)
Muslims in Europe
From the Margin to the Centre
This volume embodies an uptodate and sensitive set of studies exploring the ongoing negotiation of European Muslim identities in Europe. The Editor argues there has been hitherto a three-fold response on the part of Muslims in Europe (some of whom are now 3rd generation Europeans) – integrationism, isolationism, and escapism. Today the latter two responses are giving way, it is argued, to an active shaping of Muslim European identities. The central issue remains: what degree of freedom and what potential for cultural and religious diversity can minorities have in an outwardly secular and plural European society?
Bd. 1, 2004, 272 S., 39,90 €, br.,
ISBN 3-8258-7638-1

Klaus Bayer
Religiöse Sprache
Thesen zur Einführung
Religiöse Texte sind meist in besonderer Weise poetisch gestaltet; zudem sind ihre Semantik, Metaphorik und Argumentation oft überraschend. Allerdings finden sich jene Merkmale, die auf den ersten Blick Besonderheiten religiöser Sprache zu sein scheinen, auch in profanen Texten etwa der Politik, des Sports oder der Popkultur. Man darf sich deshalb religiösen Sprachgebrauch nicht als eine Insel der Irrationalität in einem Meer profaner Rationalität vorstellen: Die Unzulänglichkeiten menschlicher Weltbildkonstruktion treten in religiösen Texten allenfalls hier und da besonders deutlich zutage.
Bd. 2, 2004, 128 S., 9,90 €, br.,
ISBN 3-8258-8061-3

Christentum und Islam im Dialog
Christian – Muslim Relations

hrsg. von Prof. Dr. Andreas Feldtkeller (Humboldt-Universität Berlin),
Prof. Dr. Klaus Hock (Universität Rostock),
Prof. Dr. Tarek Mitri (World Council of Churches, Genf)
und Prof. Jorgen S. Nielson (University of Birmingham)

Barbara Bürkert-Engel
Charles de Foucauld: Christliche Präsenz unter Muslimen
Analyse und kritische Auseinandersetzung mit einer Islamrezeption in Biographie und Nachlass
Bd. 1, 2000, 376 S., 25,90 €, br.,
ISBN 3-8258-4873-6

Ulrich Schoen
Gottes Allmacht und die Freiheit des Menschen
Gemeinsames Problem von Islam und Christentum. Mit Geleitworten von Annemarie Schimmel und Klaus Hock und einem aktualisierenden Nachwort des Autors
Wie Gottes Allmacht und die Freiheit des Menschen „unter einen Hut" zu bringen seien, darüber wird in der muslimischen ebenso wie in der christlichen Theologie seit je gestritten. Tiefe konfessionelle Gräben sind so aufgebrochen. Zur interreligösen Beziehung aber liefert diese Frage reichlich Stoff für Polemik. Indem z. B. Christen und Muslimen sich gegenseitig des Fatalismus bezichtigen, bei sich selbst dagegen den Hort der Freiheit erblicken. Bei genauerem Hinsehen stellt sich jedoch heraus, dass Koran und Bibel gleichermaßen die Allmacht Gottes und die Freiheit des Menschen betonen. Und dass in beiden Religionen die schlicht Glaubenden mit diesem Widerspruch leben. Die spitzfindigen Theologen aber, die beide

LIT Verlag Münster – Berlin – Hamburg – London – Wien
Grevener Str./Fresnostr. 2 48159 Münster
Tel.: 0251 – 62 032 22 – Fax: 0251 – 23 19 72
e-Mail: vertrieb@lit-verlag.de – http://www.lit-verlag.de

Erfahrungen mit Hilfe einer unangemessenen Logik versöhnen wollen und dabei „eine Schriftstelle mit der anderen totschlagen", sollten lieber dank sachgemäßer Denkmodelle das von den schlicht Glaubenden gemeinsam Gelebte nachzeichnen. Dieses Gemeinsame wurzelt in einem unfassbaren Untergrund, der durch das im Christentum und im Islam wohl bekannte Bild von der Höhle der sieben Schläfer gekennzeichnet werden kann (siehe Umschlagbild).

Bd. 2, 2003, 280 S., 24,90 €, br.,
ISBN 3-8258-6068-x

Ludger Kaulig
Ebenen des christlich-islamischen Dialogs
Beobachtungen und Analysen zu den Wegen einer Begegnung

Für die katholische Kirche ist der Dialog zwischen Christen und Muslimen in einem vertieften Verständnis des christlichen Glaubens zu einem dringenden Anliegen geworden. Dieser Dialog findet auf unterschiedlichen Ebenen statt. Der Autor versucht, ihre Wahrnehmung zu fördern, ihre Möglichkeiten und Grenzen auszuloten und generell ihr Zueinander zu ordnen. Das Ergebnis wird schließlich als kritisch-würdigender Maßstab an aktuellen Versuchen des christlich-islamischen Dialogs erprobt.

Bd. 3, 2004, 440 S., 34,90 €, br.,
ISBN 3-8258-6453-7

Klaus Hock (ed.)
The Interface between Research and Dialogue: Christian-Muslim Relations in Africa
Adjunct Proceedings of the XVIIIth Quinquennial Congress of the International Association for the History of Religions (5 – 11 August 2000, Durban/South Africa)

In Africa as elsewhere, many scholars of religion are both involved in the study of religions and engaged in the field of dialogue. But how about the relationship between these two domains? Does the engagement in dialogue illegitimately interfere with the commitment to sound research? Should the study of religions be bound to a scientific ethos which furthers the principle of dialogue – or would this turn Religious Studies into an ideological endeavour? Is dialogue possibly a crucial aspect of a future History of Religions, especially in the context of Christian-Muslim relations in Africa?

Bd. 4, 2003, 192 S., 19,90 €, br.,
ISBN 3-8258-6669-6

Britta Kanacher
Christliche und muslimische Identität
Anstöße für eine neue Verständigung

Gegenwärtig lässt sich in vielen Gesellschaften eine wachsende Inhomogenität der Wertorientierungen unter den Individuen erkennen. Hierbei spielt das Aufeinanderprallen von Islam und Moderne eine besondere Rolle. Muslimische Menschen sollen sich innerhalb der Moderne oder für moderne Strukturen von ihrem „traditionell-kollektiviert" orientierten Identitätsverständnis lösen und sich selbst als Subjekt im Rahmen eines „modern-individualistisch" orientierten Identitätsverständnisses begreifen. Der hieraus erwachsenden Konfliktlage kommt nach den schrecklichen Attentaten des 11. September 2001 und den darauf folgenden Geschehnissen besondere Bedeutung zu.

Bd. 5, 2003, 232 S., 17,90 €, br.,
ISBN 3-8258-7094-4

Wolf D. Aries; Rüstem Ülker (Hg.)
Dietrich Bonhoeffer, Alfred Delp und Said Nursi: Christentum und Islam im Gegenüber zu den Totalitarismen
Erträge aus dem II. Said Nursi-Symposium (Haus der Geschichte, Bonn 2004)

Die Bonner Tagung „Islam im Dialog" konzentrierte sich auf einen ungewöhnlichen Aspekt der drei abrahamischen Glaubensweisen. Sie fragte nach den gemeinsamen Erfahrungen in den Leidensgeschichten des vergangenen Jahrhunderts. Dazu wandte man sich drei Persönlichkeiten zu, die in ihrem Leben und Werk nicht nur für ihren Glauben standen, sondern zugleich in der

LIT Verlag Münster – Berlin – Hamburg – London – Wien
Grevener Str./Fresnostr. 2 48159 Münster
Tel.: 0251 – 62 032 22 – Fax: 0251 – 23 19 72
e-Mail: vertrieb@lit-verlag.de – http://www.lit-verlag.de

Weise nachdachten, daß andere daraus Orientierung gewannen: den Protestanten Dietrich Bonhoeffer, den Katholiken Alfred Delp und den Muslim Said Nursi, ohne den vierten, den Juden Leo Baeck, zu vergessen.

Bd. 6, 2005, 144 S., 19,90 €, br.,
ISBN 3-8258-8089-3

Begegnung Christen und Muslime

Safeta Obhodjas; Sargon Boulos
Legenden und Staub
Auf den christlich-islamischen Pfaden des Herzens (Aus dem Bosnischen von Brigitte Kleidt)
Ein Vertreter der modernen arabischen Poesie mit christlichen und eine europäische Prosaautorin mit islamischen Wurzeln trafen sich zufällig in einem deutschen Künstlerdorf. Aus ihren Lebens- und Berufserfahrungen kreierten sie dieses Buch in einer einmaligen Form, die man als "eine Abendland – Morgenland Arabeske" nennen kann. Eine Arabeske, in der sich in jedem Kapitel Authentizität und Literatur mischen, männliche und weibliche Seite der Erfahrungen und Schöpfung spiegeln.
Bd. 1, 2002, 256 S., 17,90 €, br.,
ISBN 3-8258-5583-x

Hanna Kohlbrugge
Der einsame Gott des Islam
Was uns nach dem Islam fragen läßt.
Mit Geleitwort herausgegeben von Hebe Kohlbrugge und Berthold Köber. Redaktion: Sabine Hiebsch
Wer als Christ versucht, den Koran zu verstehen, wird sich über die Bedeutung der unterschiedlichen Begriffe erst klarwerden müssen. So wird er z. B. entdecken, daß die „Barmherzigkeit Gottes" etwas ganz anderes ist als „Allah der barmherzige Erbarmer". Das so beeindruckende Gebet der Muslime stellt uns vor die Frage nach der Bedeutung des Gebetes bei den Muslimen, sowie auch bei den Christen. Es wird deutlich, daß der Koran uns nötigt, die uns bekannten biblischen Worte neu zu entdecken. Voreilige Gedanken über die Gleichstellung beider erweisen sich dann als verfehlt.
Bd. 2, 2003, 280 S., 19,90 €, br.,
ISBN 3-8258-6175-9

Dorothee Palm
Dialog der Herzen
Christlich-islamische Paare
In der Diskussion um interkulturelles Zusammenleben wurde die religiöse Dimension bisher kaum berücksichtigt. An der Schnittstelle von Bireligiosität und Bikulturalität berichten christlich-islamische Paare, die im „Dialog der Herzen" stehen. Dorothee Palm, Islamwissenschaftlerin und vergleichende Religionswissenschaftlerin, engagiert sich seit Jahren im interreligiösen Dialog, beispielsweise in der Christlich-Islamischen Gesellschaft e. V. Die von ihr geführten Interviews veranschaulichen eine Situationsanalyse, die mit konkreten Ratschlägen und Empfehlungen für christlich-islamische Paare verbunden ist. Mit einem Vorwort von Prof. Dr. Karl-Josef Kuschel.
Bd. 3, 2003, 112 S., 12,90 €, br.,
ISBN 3-8258-6812-5

LIT Verlag Münster – Berlin – Hamburg – London – Wien
Grevener Str./Fresnostr. 2 48159 Münster
Tel.: 0251 – 62 032 22 – Fax: 0251 – 23 19 72
e-Mail: vertrieb@lit-verlag.de – http://www.lit-verlag.de